大魚讀品
BIG FISH BOOKS

让日常阅读成为砍向我们内心冰封大海的斧头。

婴儿时期的我。

与弟弟胡什哈尔在明戈拉。

父亲的朋友希达亚图拉抱着我在我们的第一栋校舍外留影。

我的外祖父马力克·扬泽·汗在香格拉。

父亲儿时的家。

祖父（我叫他巴巴）与我和胡什哈尔在明戈拉家中合影。

与弟弟胡什哈尔一起看书。

与胡什哈尔在香格拉欣赏瀑布美景。

学校组织的野餐。

起初，民众纷纷向法兹卢拉慷慨解囊。

为缅怀哈吉巴巴高中自杀式袭击事件的遇难者而登台演讲。

参演校园话剧。

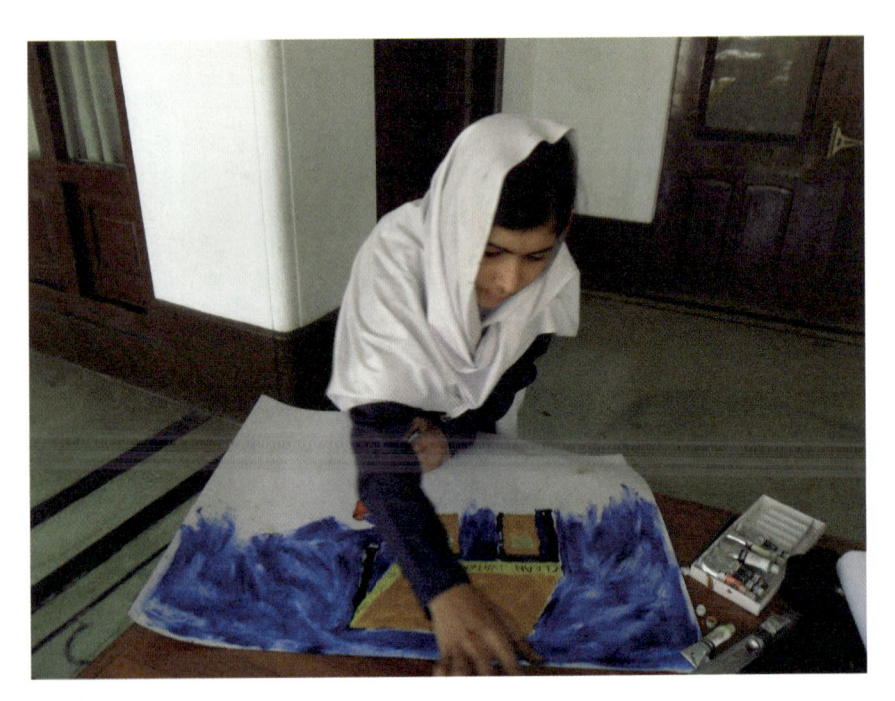

在学校画画。

与阿塔尔在明戈拉家中的花园里堆雪人。

游览斯帕班迪 —— 父亲求学时生活过的地方。

在学校朗读文章《闪光的未必是金子》。

在巴基斯坦国父真纳陵墓前。

父亲与斯瓦特的长者们在一起。

被炸毁的学校。(版权所有 ©Kh Awais。)

我遭遇枪击的校车。(版权所有 ©Asad Hashim/Al Jazeera。鸣谢半岛电视台英语频道、半岛电视台网站友情提供。)

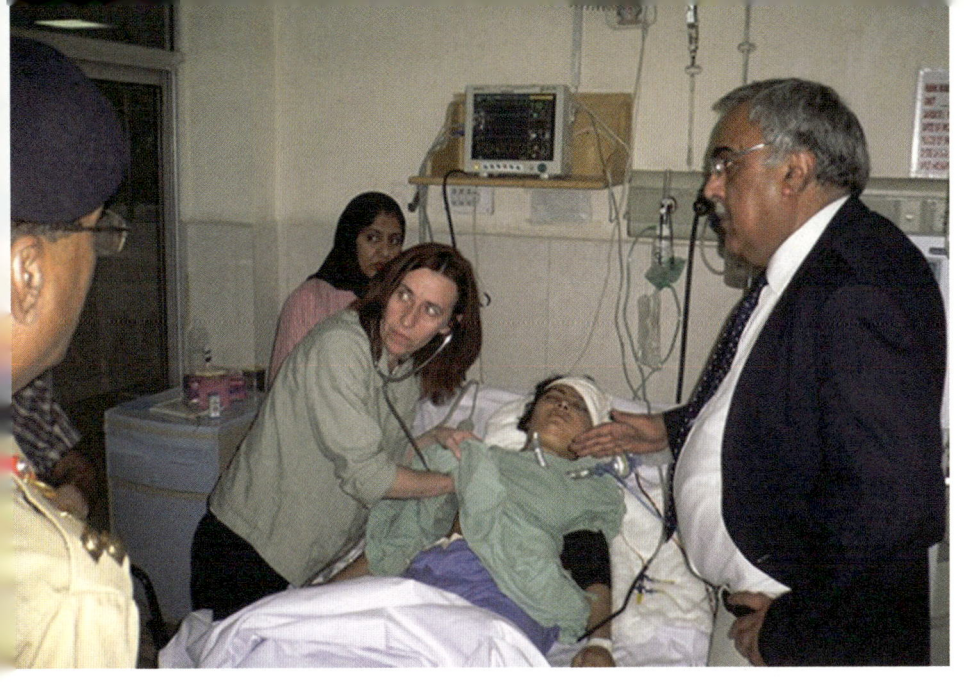

菲奥娜医生和贾维德医生在我的病床前。（版权所有 © 伯明翰大学医院 NHS 基金会信托基金；经伯明翰伊丽莎白女王医院许可使用。）

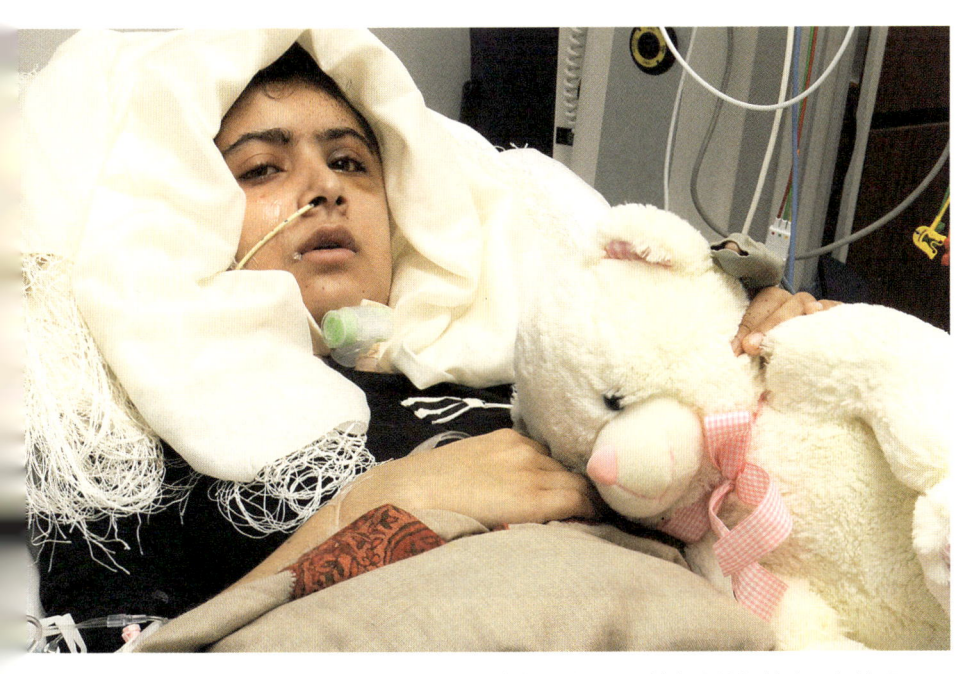

初到伯明翰的医院时。（版权所有 © 伯明翰大学医院 NHS 基金会信托基金；经伯明翰伊丽莎白女王医院许可使用。）

我在医院看书。(版权所有 © 伯明翰大学医院 NHS 基金会信托基金；经伯明翰伊丽莎白女王医院许可使用。)

我们校长玛丽亚姆女士（左）与莎兹娅在一起，莎兹娅是与我同遭枪击的女生之一。

朋友们在教室里为我保留了一个座位（最右）。

男校校长阿姆贾德先生每天早上都向我的海报致意。（版权所有©Justin Sutclife，2013年。）

在联合国总部与潘基文秘书长、戈登·布朗先生及亲朋好友合影。(版权所有 © 联合国图片库/Eskinder Debebe；经联合国图片库许可使用。)

十六岁生日当天在联合国发言。(版权所有 © 联合国图片库/Rick Bajornas；经联合国图片库许可使用。)

与母亲在麦地那。

我们一家在伯明翰的新家外。(版权所有©Antonio Olmos。)

我是马拉拉

[巴基斯坦] 马拉拉·尤素福扎伊
[英] 克里斯蒂娜·兰姆 — 著

齐彦婧 — 译

I Am Malala

广东旅游出版社
中国·广州

图书在版编目（CIP）数据

我是马拉拉 /（巴基）马拉拉·尤素福扎伊，（英）克里斯蒂娜·兰姆著；齐彦婧译. -- 广州：广东旅游出版社，2025.3. -- ISBN 978-7-5570-3435-1

Ⅰ. K833.538.4

中国国家版本馆 CIP 数据核字第 2024RH4765 号

广东省版权局著作权合同登记号 图字：19-2024-308 号

I Am Malala by Malala Yousafzai
This edition published by arrangement with Little, Brown and Company, New York, USA.
Simplified Chinese translation copyright © 2025 by Beijing Xiron Culture Group Co., Ltd.
All rights reserved.

我是马拉拉
WO SHI MALALA

出 版 人：刘志松
责任编辑：陈　吉
责任技编：冼志良
责任校对：李瑞苑

广东旅游出版社出版发行
地址：广州市荔湾区沙面北街 71 号首、二层
邮编：510130
电话：020-87347732（总编室） 020-87348887（销售热线）
投稿邮箱：2026542779@qq.com
印刷：三河市中晟雅豪印务有限公司
　　（地址：三河市沟阳镇错桥村）
开本：880 毫米 ×1230 毫米　1/32
字数：254 千
印张：10
版次：2025 年 3 月第 1 版
印次：2025 年 3 月第 1 次印刷
定价：58.00 元

【版权所有　侵权必究】
如发现图书质量问题，可联系调换。质量投诉电话：010-82069336

写给每个遭遇不公的女孩，每个被迫沉默的女孩。

一同呐喊，我们就能被世界听见。

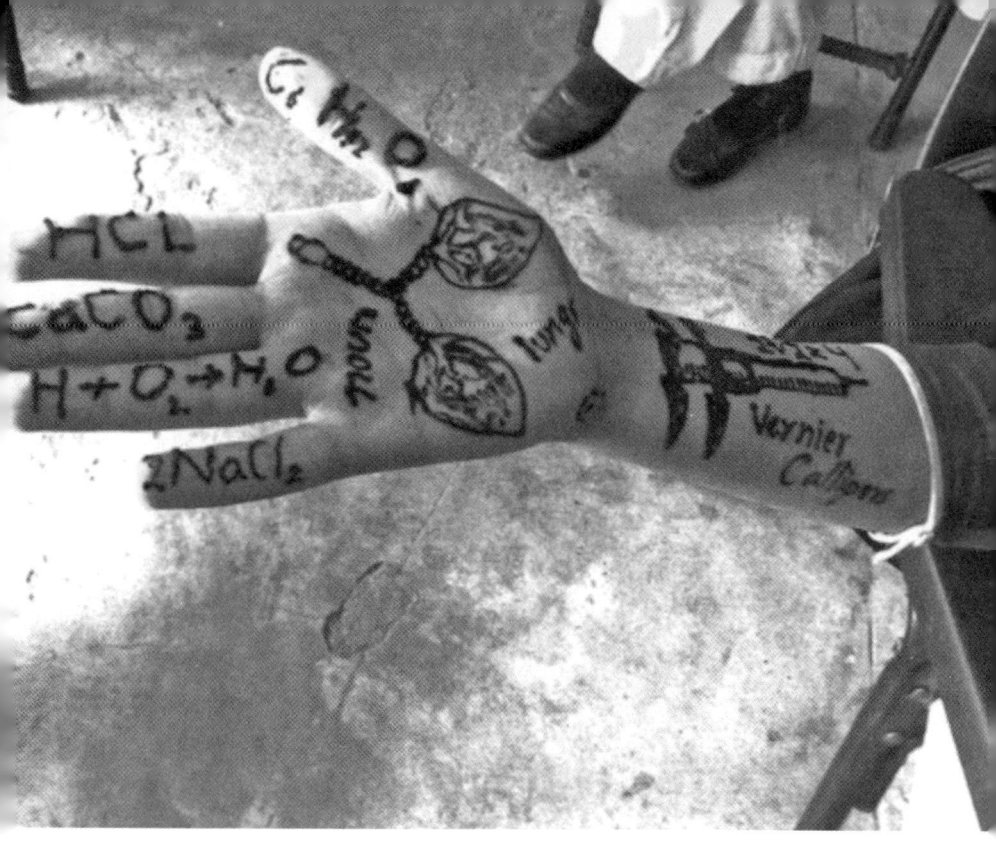

马拉拉手上的海娜手绘[1]图案不是传统的鲜花与蝴蝶，而是微积分算式和化学分子式。

1　海娜手绘（Henna decorations），一种古老的身体装饰艺术，用海娜草的叶子磨成糊状物在皮肤上进行彩绘。——编者注（本书中注释除特别说明者外均为译注）

目录

2015年6月，英格兰，伯明翰   1
序幕　那一天，我的世界不复从前   9

第一部　塔利班到来之前   001

1. 女儿诞生   003
2. 我的父亲"猎鹰"   016
3. 成长在校园   028
4. 我们的村庄   042
5. 我为什么不戴耳环，普什图人为什么从不道谢   050
6. 垃圾山的孩子们   059
7. 想让学校关张的穆夫提   067
8. 强震之秋   078

第二部　死亡之谷   083

9. 电台毛拉   085
10. 太妃糖、网球和斯瓦特的佛像   095
11. 聪明的班级   105
12. 血色广场   116
13. 古尔·玛凯的日记   121
14. 异样的和平   130
15. 离开河谷   139

第三部　三个女孩，三颗子弹　　　147

　　16　悲伤之谷　　　149
　　17　为长高祈祷　　　162
　　18　女人与海　　　173
　　19　秘密的塔利班化　　　181
　　20　谁是马拉拉？　　　189

第四部　生死之间　　　195

　　21　"真主啊，我把她托付给你"　　　197
　　22　通向未知的旅程　　　210

第五部　第二次生命　　　219

　　23　"伯明翰，头部中枪的女孩收"　　　221
　　24　"他们夺走了她的笑容"　　　235

后记　一个孩子，一位老师，一本书，一支笔……　　　245
特殊用语表　　　255
巴基斯坦及斯瓦特大事年表　　　259
致谢　　　263
关于马拉拉基金会　　　267
马拉拉与本书编辑朱迪·克莱恩的对谈　　　269
供大家探讨的问题与议题　　　279

2015年6月,英格兰,伯明翰

这本书出版已有两年,而我遭遇枪击已经是三年前的事了,那个10月的中午,我放学后乘校车回家,在路上被塔利班的子弹击中。这三年来,我们家经历了许多变化。我们被连根拔起,带离了巴基斯坦斯瓦特河谷[1],运送到英国第二大城市伯明翰的一座砖房里。这有时显得极不真实,我甚至掐了掐自己,看是不是在做梦。我已经十七岁了,但不变的是我依然不喜欢早起。最令人吃惊的是,现在我总是被父亲叫醒。他每天早上都第一个起床,给我、母亲以及两个弟弟阿塔尔和胡什哈尔做早餐吃。当然,他才不会默默干活儿,而是大张旗鼓地为我们解说他怎么挤果汁、炒鸡蛋、热面饼、从橱柜里取出蜂蜜。"不就是做个早餐嘛!"我调侃道。而且他也破天荒地开始出门购物,尽管他特别讨厌这项任务。他去超市的次数已经多到对架上的商品如数家珍,而以前,他可是连牛奶的价格都不知道的!"我变得像女人一样了。我是真正的女权主义者!"他说,我则笑着拿东西扔他。

然后我和弟弟们会匆匆出门,去各自的学校上学。跟我们一起上学的,还有我们的母亲托尔·佩凯。说真的,这其实才是最大的变化。她一星期有五天在语言学校上课,学习读写和英语。母亲没受过

---

[1] 斯瓦特河谷(Swat Valley),古代乌苌国所在地,曾是犍陀罗平原和面向中亚的北部山区之间的商贸枢纽,也是巴基斯坦反恐重地。

教育，或许正是因此，她才一直极力主张我们去上学。"不要等到多年以后才幡然醒悟，意识到自己都错过了什么。"她说。她在这里的生活困难重重，因为直到今天，她无论是购物、看医生还是去银行取钱都无法与人交流。开始学习之后，她逐渐变得自信，能在家门之外理直气壮地说话，而不只是在家中跟我们交流。

两年前，我以为我们绝不可能习惯这里，但现在，伯明翰让我们开始有了家的感觉。之前我觉得这里永远也无法取代斯瓦特，我日思夜想的家乡，但最近，当我外出旅行，从别处回到这个新家，我的确能感受到家的温暖。我甚至不再抱怨伯明翰阴雨连绵的天气，尽管每次听这里的朋友在华氏 68 度或 77 度[1] 的气温下抱怨好热，我都很想笑。对我而言，这就是春天的温度。我在新学校也交到了一些朋友，不过莫妮巴依然是我的死党，我们每次打 Skype[2] 都会聊上好几个小时，交换近况。听她讲起家乡斯瓦特的聚会，我多希望自己也在。有时我也会跟莎兹娅和凯纳特聊天，她们就是那两个跟我一起在校车上中枪的女孩，她俩现在都在威尔士的大西洋联合世界书院（Atlantic College）上学。对她们而言，远离家乡，在另一种文化中生活并不轻松，但她们深知这是个难得的机会，能帮助她们实现梦想、回馈社区。

这里的教育体系跟巴基斯坦很不一样。在原来的学校，我曾被认为是"天才少女"。我想当然地以为自己到哪儿都是最聪明的，无论努不努力都能考第一。而在英国，老师们对学生的要求更加严格。在巴基斯坦，我们喜欢把答案写得很长。说真的，你完全可以把你想写的都放上去；考官有时看累了，并不会读完所有内容，但依然会给你高分。而在英格兰，问题往往比答案还长。巴基斯坦考官们相对宽

1　分别为 20 摄氏度和 25 摄氏度。
2　一款即时通信软件。

松，也许是因为我们能读书就已经很不容易。我们没有好的科学实验室，也没有高档的电脑和完善的图书馆。我们有的只是一位老师，站在白板前面对手捧教科书的学生。在家乡，我才读了八九本书，大家就开始用"博览群书"来形容我了。而到了英国，我见到了读过几百本书的女生。现在，我明白自己的阅读量少得可怜，我想把那几百本书全都读完。明年我会参加GCSE考试[1]，然后再参加大学入学考试。我希望能进入大学，攻读政治与哲学。

我依然相信自己会回到斯瓦特，再次与我亲爱的朋友和老师相见，重返我的学校和家园。或许我还得继续等待，但我坚信这一天一定会到来。我的愿望是回到自己出生的国家，为那里的人民服务。我梦想有一天能成为一位有影响力的巴基斯坦政治家。不幸的是，下令袭击我的斯瓦特塔利班头目法兹卢拉大毛拉[2]，现在已经成了全巴基斯坦的塔利班首领。这更加剧了我回国的风险。不过即使不存在这样的威胁，我也决心继续留学深造，增强自己的力量，义不容辞地投身那场斗争，向愚昧与恐怖主义宣战。我打算更多地了解历史，广结贤士，倾听他们的观点，博采众长。

我的学业和课外活动十分繁忙，但也结交了一些朋友，会趁课间休息和午餐时间跟他们聊天。他们喜欢谈论体育赛事，而我则喜欢读《时代》和《经济学人》杂志。总而言之，我们没多少闲暇时间——这里的学校功课很多！

多亏这里了不起的医生们，我现在非常健康。刚出院时，我每星

---

1 GCSE是英国学生完成第一阶段中等教育会考所颁发的证书，相当于中国国内的初中毕业考试文凭。——编者注
2 *大毛拉*（*maulana*），伊斯兰教高级神职人员的称号。法兹卢拉大毛拉（Maulana Fazlullah，1974—2018），原名法兹卢拉·哈亚特（Fazlullah Hayat），巴基斯坦塔利班领导人，TNSM头目苏菲·穆罕默德的女婿兼接班人，马拉拉枪击事件的幕后主使，2018年死于美军空袭。

期都得做康复理疗，而且需要很多支持。医生说我面部神经的功能已经恢复了百分之九十六。耳蜗埋植手术帮我重获了听力，医生还说将来他们或许会开发出更好的新技术。我不再头疼，还开始参加体育运动，尽管大家发球时都会特别小心，免得砸到我的头！有几项运动还成了我的长项，像绕圈球和板球，不过当然，我那两个弟弟可不这么认为。

他俩已经适应了这里的生活，尽管我跟胡什哈尔还是整天拌嘴。阿塔尔会逗得我们全家捧腹大笑。他用词夸张，活力无限，把我们所有人都搞得筋疲力尽。

最近我跟他吵了一架，因为他抢走了别人送我的iPod。"马拉拉，我是因为知道你已经有两个iPod才把它拿走的。"他说。我则回答："问题在于你不能未经允许就拿别人的东西。"

阿塔尔的眼泪可以收放自如，他顿时号啕大哭。"我也需要一些东西来享受生活呀。"他大发牢骚，"我住在这栋房子里，就跟坐牢似的。马拉拉，大家都说你是世界上最勇敢的女孩，但我觉得你是世界上最无情的女孩！你把我们弄到这鬼地方来，而且连iPod都不给我！"

在许多巴基斯坦朋友眼中，我们或许非常幸运，能生活在英国，住漂亮的砖房，上很好的学校。我父亲在巴基斯坦领事馆担任教育专员，同时身兼联合国的全球教育顾问。对于有抱负的巴基斯坦年轻人而言，这可以说是梦寐以求的生活。

但如果你被迫流亡海外，远离自己的故土，远离你父辈、祖辈生长的土地，远离你们长达几个世纪的悠久历史，你会感觉非常痛苦。你无法再触摸家乡的土壤，聆听河流甜美的吟唱。富丽堂皇的酒店、在宫殿中举办的大会，都代替不了家的感觉。

这在我母亲身上体现得尤为明显。她虽然身在伯明翰，心却在斯瓦特——她的思乡病非常严重。有时她大半天都抱着电话，跟斯瓦特的亲友聊天，说的话比对我们说的都多。

不过最近英国皇家医学会（Royal Society of Medicine）为表彰挽救我生命的医生而在伦敦举办了一场庆典，母亲第一次坐到台上，这对她而言真是个重大突破。

我们在全球都受到热情的接待，人们也对我这本书反响热烈——它让更多人知道了我们的故事。对此，我们全家感激不尽。

我把得到的奖金寄回斯瓦特，资助孩子们上学或帮助成年人经营小本买卖，像是开店或买出租车来开，让他们能赚钱养家。我们收到了数不清的来信，其中一封甚至来自一位远在日本的老人。他写道："我是个贫穷的老人，但我也想出一份力。"他还随信附上了一张一万日元的钞票。他没有留下回信地址，我们甚至没法向他道谢。

我与我创办的马拉拉基金会（Malala Fund）中的成员一同前往肯尼亚，为马赛马拉人民建立了一所学校。这里的人们令人惊叹——他们高挑而骄傲，裹着鲜红的斗篷，向我们讲述令人难以置信的故事。他们的传说甚至比我们普什图人的还要丰富多彩。马赛马拉的老人都没受过教育，但现在所有的孩子都走进了课堂。这并不容易，因为政府只为八年级以下的孩子提供免费教育，八年级以上，他们就必须自费上学了。

马赛人告诉我们，直到不久前，这里的男孩还得在行完割礼之后立刻去丛林里猎杀两头雄狮，再带回尸骸。随后，长者会猛地拔下男孩的两颗门牙——想想那该多疼！——能忍住不哭的人，就有资格成为马赛族勇士。

今天，他们的习俗已经改变。他们告诉我们，要是把狮子全都杀死，许多野生动物也会消亡，所以现在成为勇士的不再是猎杀狮子的人，而是受教育程度更高的人。他们甚至有了女性马赛勇士，也不再给本族的女人行割礼。

我在尼日利亚度过了十七岁生日，我来到这里，是为了支持那些被极端组织"博科圣地"武装分子劫持的女孩。在4月里一个寂静的夜晚,她们被歹徒从宿舍中掳走。这些女孩都是我的同龄人,都梦想着有一天能成为医生、教师或科学家。她们都是非常勇敢而与众不同的女孩,因为在尼日利亚北部,只有百分之四的女孩能完成学业。世界的关注很容易转向新的事件,而我不希望人们这么快就把她们遗忘。马拉基金会打算在这里再启动一个项目。

为了宣传马拉基金会,我们去白宫拜会了贝拉克·奥巴马总统。我们先跟米歇尔·奥巴马和他们的大女儿玛利亚见了面,她们送给我们一些由白宫养殖的蜜蜂酿造的蜂蜜。接着,我们在椭圆办公室见到了奥巴马总统,那间办公室其实很小。他走到门外迎接我们,非常认真地听我们讲话。

收到来自白宫的访问邀请时,我们表示接受,但有一个条件:如果只是去拍几张照片,那我们不去也罢;但如果奥巴马总统愿意倾听我们的心声,那我们就欣然前往。他们的答复是:你们尽可以畅所欲言。我们真的这么做了!那是一场严肃的会议。我们强调了教育的重要性,谈到了美国在巴基斯坦这样的国家支持独裁政权、实施无人机轰炸的行为。我对奥巴马总统说,与其依靠战争消除恐怖主义,不如通过教育来将它铲除。

过去一年来,作为一名教育活动者,我通过马拉基金会不知疲倦地工作着。我前往战火纷飞的地带,向人们揭示无法上学的儿童面临的困境。我在约旦、巴基斯坦、肯尼亚和尼日利亚开展了项目。我与世界各国领导人进行交谈,敦促他们提高本国的教育经费,并促使富裕国家为发展中国家提供更多教育援助。我们做得越来越多,但我很清楚,还有更多事情等着我们去做。我感谢真主赐予我这样一个平台,让我能奔走游说。这将成为我毕生的事业,也是我的使命、我的梦想。

我决定通过马拉基金会呼吁,为身在约旦的叙利亚难民争取教育机会。我来到叙利亚边境，亲眼看见大批难民逃往约旦。他们徒步穿越沙漠，来到这里，只背了几件衣服。许多孩子脚上都没穿鞋子。见他们过得这么苦，我崩溃大哭。难民安置点的孩子大都没有上学，有的是因为根本没有学校，有的是因为走路上学太不安全，有的又是因为孩子们的父亲惨遭杀害，他们不得不辍学去打工挣钱。我亲眼看见许多孩子冒着酷暑站在路旁，乞求一份养家糊口的工作，比如搬运沉重的石材。

我心如刀绞。他们何罪之有，又做了什么，只能这样在异乡漂泊？为什么这些无辜的孩子必须经受如此深重的苦难？为什么他们无法上学读书，安享宁静的生活？

我见到一个名叫蜜祖恩的女孩，她与我同龄。她每天走访于帐篷间，劝说人们把孩子送去上学。她告诉我，她将来想当记者，告诉人们世界上正在发生什么。我问她："如果你无所不能，你会做些什么？"她这样回答："我想回到家乡，阻止战争。"

我们接触了许多机构，让更多人看到难民们的可怕遭遇，为他们争取更多支持。我们还以马拉拉基金会的名义在当地开展项目，帮助叙利亚难民适应约旦的学校。

而我自己也是一名难民，被迫离乡去国。正如父亲所说，我们或许是全世界待遇最好的难民，能住在一栋漂亮的房子里，什么也不缺，但我们依然牵挂着祖国。这三年来，我们经历了许多改变，但我骨子里还是从前的马拉拉，那个在斯瓦特上学的女孩。我的生活变了，但我没变。你要是去问我母亲，她就会说："嗯，马拉拉也许懂事了一些，不过在我们家，她还是那个爱争吵的女孩，总把衣服扔在这儿，裤子扔在那儿；她依然是那个邋里邋遢的姑娘，总嚷着'我的作业还没做呢'。"有些东西，纵然只是细枝末节，也不会真的改变。

序幕

那一天，我的世界不复从前

我来自一个在午夜缔造的国度。而我与死神擦肩那一刻，时间刚过正午。

一年前，我出门上学，从此再也没能回家。我被一名塔利班武装分子开枪击中，在昏迷中飞离了巴基斯坦。有人说我不会再回巴基斯坦了，但在内心深处，我相信自己一定会回去。没人愿意被迫远离故土，与心爱的祖国分离。

如今我每天清晨睁开眼睛，总希望看到的是原来那个堆满自己物品的房间，地上到处是我的衣服，架上摆满我在学校获得的奖杯。而其实我身在异国，这里的时间比我亲爱的巴基斯坦、比我在斯瓦特河谷的老家要晚五个小时。我的祖国却仿佛比这里落后好几个世纪。这里有着你能想象得到的一切便利。每只水龙头都能源源不断地流出清水，冷热由人控制；无论昼夜，电灯只需轻轻一按开关就会亮起，再也不必点燃油灯；炉灶直接就能烹饪，不用劳烦任何人去巴扎[1]扛煤气罐回家。这里的一切都是那么现代，你甚至能买到开袋即食的熟食。

我站在窗前，看到高耸的楼群和长长的街道，街上车流如织，车辆有序地列队前行，两旁的灌木和草坪修剪整齐，人行道整洁如新。闭上眼，恍然间，我仿佛回到了家乡的河谷——眼前浮现出巍峨的雪

---

[1] 巴扎（bazaar），波斯语，意为集市、农贸市场。——编者注

山、绿浪翻滚的田野和碧波荡漾的河流——一想到生活在斯瓦特的人们，我的心都化了。我想象自己重返学校，见到了我的朋友和老师。我再次与死党莫妮巴团聚，跟她坐在一起谈天说地，嬉笑打闹，好像我从不曾离开。

下一秒，我陡然记起自己其实身在千里之外，在英国的伯明翰。

剧变发生那天，是 2012 年 10 月 9 日，星期二。那个日子本就不怎么轻松，因为那天是我们的考试日，不过我身为一个书痴，并不像其他同学那么忐忑。

那天早上，我们像往常一样乘着三轮摩托驶上哈吉巴巴路一侧的泥泞小道，这种摩托车被漆得五颜六色，突突冒着黑烟，每辆车一般能挤下五六个女生。塔利班当政后，我们学校摘掉了招牌，伐木场对面的白墙上只剩一扇雕花的铜门，让人看不出端倪。

但在我们这些女生心中，那扇门好比一个施了魔法的入口，通向独属于我们的天地。我们一跨进门就一把拽下头巾，有如风拨开云层，露出阳光。我们迈着纷乱的步伐一路飞奔，冲上台阶。台阶尽头是座开阔的庭院，四周是各个教室的门。我们冲进教室，放下书包，然后立刻出来参加早会，所有人都立正站好，背对群山。一名女生会高喊"*Assaan bash*"，意思是"稍息"，于是我们所有人闻声而动，啪地伸出脚踝，答一声"真主"。接着她又喊"*Hoo she yar*"，也就是"立正"，我们又啪地收起脚踝，再答一声"真主"。

这所学校是父亲在我出生之前创办的。在我们身后的墙上，"胡什哈尔学校"几个大字浮在我们头顶，以红白两色的油漆骄傲地写成。我们学校每星期有六个上午上课。我十五岁，读九年级。在课堂上，我们背诵化学方程式，学习乌尔都语语法，用英语写作文并总结出"欲速则不达"之类的哲理。我们还会绘制血液循环图——我的同学将来大都想当医生。很难想象有人会把这视作威胁。然而，在我们校门之外，不仅有斯瓦特最大城市明戈拉的喧嚣，还有禁止女孩上学的塔利班。

那天早晨一切如常，只是我起得比平时稍晚。考试日的上学时间是九点而不是八点，这正合我意，因为我讨厌早起，而这天我能睡到日上三竿，睡到公鸡打鸣、宣礼员召集礼拜结束。父亲第一个来叫我。"起床啦，贾尼·穆（jani mun）。"他说。这个词在波斯语中是"灵魂伴侣"的意思，他总在新的一天开始时这样叫我。"让我再眯几分钟吧，阿巴（aba），求你了。"我央求道，把脑袋更深地埋进被窝。接着母亲走进来，大喝一声："皮硕（pisho）。"这个词是"猫咪"的意思，是她对我的称呼。我这才发现时候已经不早，嚷道："巴比（bhabi），我要迟到啦！"按照我们的传统，男人都是你的"兄弟"，女人都是你的"姐妹"。我们的族人就是这样看待彼此。所以父亲第一次带母亲去学校时，老师们都叫她"嫂子"，也就是"巴比"。这个称谓就这样流传下来。现在，我们所有人都管她叫"巴比"。

我的卧室位于房子前部，是个狭长的房间，里面只摆了一张床和一个橱柜。橱柜是我自己用奖金买的，我曾因为在河谷地区呼吁和平、为女孩争取受教育的权利而获奖，于是拿出一部分奖金买下了它。橱柜里，金色的塑料奖杯和奖牌摆满了好几层隔板，都是我在学校考第一名的奖品。我几乎次次都考第一，只失手过两回——每次都败在同班的劲敌马勒卡·努尔手下。我暗下决心，今后绝不能再被她赶超。

学校离我家不远，我之前一直走路上学。但在去年年初，我开始跟别的女生一起坐三轮摩托车上学，放学再坐校车回家。这段路只有短短五分钟车程，我们会沿着那道臭水沟行驶，途经胡马雍医生植发诊所的巨幅广告。最近，学校有位谢顶的老师头上突然冒出不少头发，我们就开玩笑说他肯定照顾了胡马雍医生的生意。我喜欢坐车上学，因为这样就不用像走路那样弄得满头大汗，路上还可以跟朋友聊天，和校车司机奥斯曼·阿里聊八卦。奥斯曼是我们的"巴伊·占"（*bhai jan*），也就是"兄弟"。他总爱讲些离奇的故事，逗得我们前仰后合。

我开始坐车，是因为母亲不放心我独自走路上学。我们这一整年都不断受到恐吓。有些威胁登在报上，有些则是托人转交的字条或口信。母亲很担心我，不过塔利班从没把哪个小女孩列为袭击目标，所以我反而更担心父亲，因为他总在公开场合跟塔利班唱反调。8月，父亲的好友，与他并肩作战的社会活动家扎希德·汗在祈祷途中面部中枪。我知道大家都在提醒父亲："一定要多加小心，下一个就轮到你了。"

汽车开不进我家那条街，所以每次回家我都得在水沟旁那条路上下车，穿过一道带栅栏的铁门，再爬一段台阶。我一直以为自己要是遇袭，就一定是在这段台阶上。像父亲一样，我也爱沉溺幻想。在课堂上，我偶尔会走神，想象回家时，那段台阶上突然跳出恐怖分子，向我开枪。我很好奇自己到时候会是什么反应。我会脱下鞋子扔向他吗？不过转念一想，我又觉得这跟恐怖分子的行径没什么两样。还是恳切地请求吧："好吧，你们尽管开枪，但在开枪之前，请先听我说。你们这样做大错特错。我并不是针对你们，只是希望每个女孩都可以上学。"

我并不怎么害怕，不过也开始在每晚睡前确认大门已经锁好，还向真主发问，想知道死后的世界是什么样的。我把这些全告诉了死党莫妮巴。我俩从小住在一条街上，小学时就成了好友。我跟莫妮巴无话不谈，能从流行音乐一直聊到《暮光之城》系列电影，再聊到哪种美白面霜最好用。她梦想成为服装设计师，又担心家里人不会支持，于是索性对外宣称她将来想当医生。在我们这个社会，女孩子即使有机会工作，也很少能从事教师或医生以外的职业。但我是个例外——我从不掩饰自己将来不想当医生，而想成为发明家或政治家。每当有什么事情不对劲,莫妮巴总能发现苗头。"别担心。"我安慰她说,"塔利班从没把哪个小女孩当作目标。"

校车一到,我们就冲下台阶。别的女生跨出铁门之前都会裹好头巾,然后上车坐到后排。我们的校车其实就是俗称的"戴纳"（dyna）——一辆白色的丰田城镇之王微型卡车,车上平行摆放着三条长凳,中间一条,两侧各有一条。二十名女生和三位老师挤坐在车里。我坐在左侧,两旁分别是莫妮巴和低我们一届的学妹莎兹娅·拉姆赞。我们怀抱着各自的考试袋,书包搁在脚边。

后来的事,我只有模糊的印象。我记得戴纳里闷热难耐。天气迟迟不见转凉,唯有遥远的兴都库什山脉还残存着薄薄一层积雪。我们所在的后车厢没有窗户,两侧只挂着厚重的塑料布,不时拍打窗框。塑料布早已变黄,还结着厚厚一层灰,根本看不到外面。我们只能从车后望见巴掌大的天空,偶尔瞥见太阳。此时的太阳就像一颗昏黄的圆球,浮在遮天蔽日的沙尘之中。

我记得校车像往常一样,一过检查站就拐下大路,绕过那座废弃的板球场。之后的事,我就完全没印象了。

在关于枪击的梦中,我梦见父亲也在车上,跟我一起中了枪。梦中我的周围人山人海,我四下张望,搜寻着父亲的身影。

而在现实中,我们的校车突然被截停在路上,左侧是一座杂草丛生的陵墓,墓主是斯瓦特第一位统治者的财政大臣谢尔·穆罕默德·汗;右侧则是零食加工厂。我们应该是刚过检查站,才开出不到两百米远。

我们看不见车前的情形,但好像有一名穿浅色衣服的青年突然冲到路中央,挥手示意我们停车。

"这是不是胡什哈尔学校的校车？"他问司机。奥斯曼大哥觉得这是明知故问,校名明明就印在车身两侧。"可不是嘛。"他回答。

"我需要收集几名学生的信息。"对方说。

"那你应该去找校办。"奥斯曼大哥表示。

他话音未落,另一名白衣青年就蹿到车后。"瞧啊,是记者来找你做采访了。"莫妮巴说。当时,在父亲的带领下,我已经开始在各大会议上发言,为女孩受教育的权利疾呼,反对塔利班这种禁止我们女性公开露面的人。我接受过许多记者的采访,连外国记者都有。但我从没遇到过半路拦车的记者。

来人戴着一顶大檐帽,看上去像大学生模样。他跳上后挡板,在我们头顶弯下腰。

"你们谁是马拉拉?"他问。

我们谁也没吭声,但有几个女生转头看我。全车只有我一个女生没有遮起面容。

这时,那人举起一支漆黑的手枪。事后,我得知那是一把柯尔特45型手枪。几个女生尖叫起来。莫妮巴告诉我,当时我攥紧了她的手。

后来,我从朋友口中得知袭击者一共开了三枪,一枪接一枪地连续射击。第一枚子弹钻进我左侧的眼眶,停在我左肩下方。我瘫倒在莫妮巴身上,左耳血流如注。另外两枚子弹因此而偏离目标,打在我旁边的女生身上。其中一枚击中了莎兹娅的左手,另一枚射穿她的左肩,击中了凯纳特·里亚兹的右臂。

事后,朋友们告诉我,她们看见袭击者开枪时,手在剧烈地颤抖。

到了医院,我的长发和莫妮巴的大腿早已浸满鲜血。

谁是马拉拉?我就是马拉拉。而这里讲述的,就是我的故事。

第一部

PART ONE

塔利班到来之前

BEFORE THE TALIBAN

Sorey sorey pa golo rashey
Da be nangai awaz de ra ma sha mayena

我宁可光荣地收殓你的尸体,看上面缀满子弹,也不愿得知你在战场上畏首畏尾,裹足不前。

——普什图传统对句

1 女儿诞生

我出生时，村里人都替我母亲惋惜，也没人来向我父亲道贺。随着最后一颗星星闪烁着消隐，我在黎明时分诞生。这在我们普什图人眼中是个吉兆。父亲没钱上医院，也请不起助产士，只好请一位邻居来帮忙接生。我父母的第一个孩子是个死胎，而我一出生就拳打脚踢，哭闹不止。这是一个生了儿子要鸣枪庆祝的国度，这是一个女儿们必须藏在帘后、一生只能烧菜做饭和生儿育女的国度。在这样一个国度，我是一个女孩。

对大多数普什图人而言，女儿出生那天是个失落的日子。父亲的表哥杰汉·谢尔·汗·尤素福扎伊是为数不多来庆祝我诞生的人，甚至还送了一大笔礼金。他同时也带来了一份庞大的族谱，能上溯到我的曾曾祖父达洛谢尔·尤素福扎伊，却只将男丁记录在案。但齐亚丁，也就是我的父亲，可不像大多数普什图男人那样。他接过族谱，从自己的名字上延伸出一道棒棒糖形状的线条，在线条一头写下"马拉拉"这个名字。父亲的表哥惊讶地笑了。但父亲毫不在意，他说我出生后，他望着我的眼睛，一下就爱上了我。他向所有人宣告："这孩子绝不一般。"他甚至请朋友们往我的摇篮里抛撒果干、糖果和硬币，这通常是男孩子才有的待遇。

我的名字，取自迈万德的马拉莱，阿富汗伟大的女英雄。普什图族是个骄傲的民族，由许多星散在巴基斯坦与阿富汗之间的部落组成。千百年来，我们都遵循一套名为"普什图瓦里"（Pashtunwali）的准则，它要求我们热情待客，而它最看重的价值莫过于"南"（nang），也就是"荣誉"。普什图人最怕颜面扫地。对普什图男人而言，受辱就等于万劫不复。我们有句老话："没有荣誉，万事皆虚。"我们的族人总在争斗、结怨，以至于在普什图语中，"表亲"——塔尔布尔（*tarbur*）——也有"敌人"的意思。但每当有外敌觊觎我们的土地，我们又总能同仇敌忾。第二次英阿战争爆发后，在1880年那场最大的战役中，马拉莱鼓舞了阿富汗军队的士气，阿军最终击溃了英军。这是每个普什图孩子从小就耳熟能详的故事。

马拉莱来自迈万德，是牧羊人之女。迈万德是一座小镇，坐落在坎大哈城[1]西面那片尘土飞扬的平原上。她长到十几岁时，千千万万阿富汗人奋起反抗英国侵略者，她的父亲和未婚夫都在其列。马拉莱和许多女人一起从村庄奔赴前线，照料伤员，运送饮水。眼看族人节节败退，旗手倒下时，她一把掀起白色的头巾，冲到队伍前方，带头上阵杀敌。

"年轻的爱人啊！"她高呼，"安拉做证，若你在迈万德战役中苟且幸存，定是有人饶你不死，好留下耻辱的象征。"

马拉莱在战火中死去，但她的话语和勇气鼓舞了本族男人的士气，帮他们扭转了战局。他们歼灭了一整个英军旅，这是英军有史以来最惨痛的败绩。这让阿富汗人无比自豪，阿富汗最后一任国王甚至在喀布尔市中心竖起一座纪念碑，纪念马拉莱的胜利。后来我在高中读到了夏洛克·福尔摩斯系列侦探小说，发现这正是华生医生在与大侦探搭档之前受伤的那场战役，不禁哑然失笑。马拉莱就是我们普什图人的圣女贞德。阿富汗有不少女校都以她的名字命名。但我的祖父，一位伊斯兰学者兼本村教士，却不赞成父亲给我起这个名字。"这名字很凄惨，"他说，"是悲痛欲绝的意思。"

我还是个婴儿时，父亲会给我唱白沙瓦的著名诗人拉赫马特·沙

---

[1] 坎大哈城（Kandahar），阿富汗第二大城市，位于阿富汗南部，靠近巴基斯坦，有众多普什图人聚居。

阿·萨耶勒写的一首歌。最后一句是这么唱的：

> 啊，迈万德的马拉莱，
> 醒来吧，教普什图人领会荣誉之歌，
> 你诗意的话语扭转了乾坤，
> 我请求你，再一次苏醒。

父亲把马拉莱的故事讲给每个来家里做客的人听。我喜欢这个故事，也喜欢人们喊我的名字，喜欢听它在风中留下悠长的余音。

我们生活在世界上最美丽的地方。我的家乡斯瓦特河谷，是个天堂般的群山之国，有奔流的瀑布和纯净的湖水。河谷的入口有一块路牌，上书"欢迎来到天堂"。斯瓦特古称乌苌国，"乌苌"就是花园的意思。我们的田野上百花盛开，橡树的枝头坠满美味的果实，矿场盛产绿莹莹的宝石，河中游弋着成群的鲑鱼。人们常说斯瓦特是"东方瑞士"——这里甚至有巴基斯坦第一处滑雪场胜地。巴基斯坦富人会来斯瓦特度假，呼吸新鲜空气，饱览壮美的景色，参加我们的苏非派[1]音乐舞蹈节，随音乐载歌载舞。不少外国人也会来河谷游览，无论他们来自哪国，我们一律管他们叫"盎格雷赞"（*angrezan*）——也就是"英国人"的意思。河谷甚至接待过英国女王，当时她下榻在白色宫殿，这座宫殿以大理石砌成，与泰姬陵取材相同，建造者是我们的王公、斯瓦特的第一任"瓦里"（*wali*）——就是"统治者"的意思。

斯瓦特的历史也十分独特。如今，这里隶属于开伯尔-普什图省（Khyber Pakhtunkhwa），也就是巴基斯坦人所说的KPK省，但在历史

---

[1] 伊斯兰教派别之一，主张生活俭朴、默祷沉思。

上，斯瓦特曾完全独立于巴基斯坦其他地区。我们以前是个土邦[1]，与相邻的吉德拉尔土邦、迪尔土邦三足鼎立。殖民地时代，我们的王公效忠英国，但仍然统治着自己的国土。1947年，英国承认印度独立并将印度一分为二，我们被并入新成立的巴基斯坦国，不过依然享有自治权。斯瓦特的流通货币是巴基斯坦卢比，但巴基斯坦政府唯一能干涉的只有我们的外交政策。瓦里负责掌管司法，调停部落纠纷，征收*乌苏尔税（ushur）*——一种什一税——并用税款修建道路、医院和学校。

我们距离首都伊斯兰堡的直线距离只有一百英里[2]，但感觉上那里简直像另一个国家。去伊斯兰堡至少要五小时车程，得穿越马拉根德山隘。那是一道开阔的山坳，多年前，我们的先辈曾在一位名叫赛义德拉毛拉[3]的传教士（英国人称他为"疯狂的苦行僧[4]"）带领下，在马拉根德险峻的峰峦间抗击英军。温斯顿·丘吉尔就在这批英军当中，他后来以这场战役为题材写了本书，而且我们直到今天都把其中一座山峰称作"丘吉尔的尖木桩"，尽管他在书中并没说我们什么好话。隘道尽头有座带绿色穹顶的圣殿，人们会往里面投掷硬币，感谢真主保佑他们旅途平安。

我认识的人没有一个去过伊斯兰堡。在情况恶化之前，我们绝大多数人，比如我母亲，都从没走出过斯瓦特河谷。

我们住在明戈拉市，河谷地区最大的城镇，其实应该说是唯一的城镇。明戈拉曾是个不起眼的小地方，不过后来周边的村落中有许

---

[1] 土邦（princely state），英国殖民地时期南亚和东南亚部分地区保存的土著王公领地的总称。——编者注
[2] 约161公里。
[3] 讲授伊斯兰教神学和宗教法律的教师。
[4] 原文是"Mad Fakir"，Fakir是一个伊斯兰术语，传统上是指放弃世俗财产，将生命奉献给真主崇拜的苏非派穆斯林苦行僧。——编者注

多人陆续迁来，把这里弄得又脏又乱、拥挤不堪。明戈拉有宾馆和大学，还有一座高尔夫球场和一个巴扎，巴扎以出售传统刺绣和珍贵的宝石著称，各种商品应有尽有。马格哈札溪盘绕着流经巴扎，溪水被人们丢弃的塑料袋和垃圾染成了浑浊的褐色，完全不像山间的溪流或宽阔的斯瓦特河那样清澈。斯瓦特河就在近郊，人们会到河边垂钓鳟鱼，我们放假时也会去河边玩耍。我家住在*古尔卡达区*（*Gulkada*），"古尔卡达"就是"鲜花盛开之地"。不过这个城区以前还有个名字，叫作"*布特卡拉*"（*Butkara*），即"佛像所在之地"。我家附近的一块空地上就散落着神秘的古迹——俯卧的雄狮、残缺的廊柱、无头的佛像，不过最诡异的还要数那成千上万把石伞。

伊斯兰教在11世纪传入这片河谷，当时加兹尼[1]的马哈茂德苏丹从阿富汗前来进犯，统治了斯瓦特河谷。不过在更久远的古代，斯瓦特曾经是个佛国。佛教徒于2世纪来到河谷，这里至少有五百年处在他们的国王统治之下。来自中国的云游者曾在故事中描绘斯瓦特河畔的一千四百座佛寺，写到寺院的钟声如何在河谷中奇妙地回荡。而今，那些寺庙早已灰飞烟灭，但在斯瓦特地区，无论走到哪里，你总能看到它们的遗迹静静矗立在报春花和各种野花丛中。我们常在石雕佛像间野餐，看着富态的佛像面带微笑，盘腿趺坐在莲花之上。许多故事都讲到佛祖曾亲临河谷，来追寻这片宁静。而且，据说佛祖的一部分骨灰就葬在这里，安放在一座宏伟的舍利塔内。

我家附近的布特卡拉废墟[2]特别适合玩捉迷藏，简直像有魔力一样。几位外国考古学家曾来这里发掘遗迹，据他们说，这里在古代曾是供

---

[1] 加兹尼（Ghazni），阿富汗东部城市，加兹尼省省会，古代为佛教中心，683年被阿拉伯帝国攻占。
[2] 布特卡拉佛塔（the Butkara stupa）是巴基斯坦斯瓦特地区明戈拉附近的一座重要佛塔。它可能是由孔雀王朝的阿育王建造的，但一般认为其年代略晚于公元前2世纪。——编者注

人朝拜的圣地,遍布金色穹顶的美丽庙宇,庙中长眠着佛国的国王。我父亲写过一首诗,就叫《布特卡拉的遗迹》,完美概括了佛寺与清真寺和谐共存的景象:"当宣礼塔传出真理之声/佛陀也展露笑颜/历史断裂的链条再度相连。"

我们居住在兴都库什山脉的山阴,山上就是人们狩猎野山羊和金鸡的地方。我家住的是平房,一栋真正的水泥房子。房子左侧有一道楼梯,通向平坦的屋顶,屋顶面积很大,可以当我们这些孩子的板球场。这座屋顶就是我们的乐园。日暮时分,父亲总爱呼朋引伴,在屋顶上围坐品茶。有时我也会加入,跟他们坐在一起,看远处炊烟袅袅,听蟋蟀奏响夜曲。

河谷里到处栽满果树,结出的无花果、石榴和桃子无比香甜。我家在花园里种了葡萄、番石榴和柿子。我家前院有棵李树,树上的果子甜美至极。我们总得争分夺秒,赶在鸟儿们之前摘下果子。那棵树特别招鸟儿们喜欢,连啄木鸟也不例外。

从记事起,我就知道母亲会对鸟儿们说话。我们屋后有座游廊,女人们常常在那里聚集。我们也尝过饥饿的滋味,所以母亲每次总会多做点饭分给穷人。分完之后要是还有剩余,她就拿来喂鸟。我们普什图人爱唱"塔帕"(tapa),一种传统的对句。母亲会一边撒米一边唱道:"花园屠鸽,断不可行;杀死一只,吓退一群。"

我喜欢坐在屋顶眺望群山,浮想联翩。群山之中最高的那座是形似金字塔的埃卢姆山。它高耸入云,永远戴着一条轻盈柔软的云朵项链,是我们普什图人心中的圣山。山顶终年积雪,夏天也冰雪覆盖。我们在学校里学到,公元前327年,早在连佛教徒都没进入斯瓦特的时候,亚历山大大帝[1]从阿富汗前往印度河,就曾在途中行经此地,率

---

[1] 亚历山大三世(前356—前323),古代马其顿王国国王。在东起印度河、西至尼罗河与巴尔干半岛的领域,建立了亚历山大帝国。——编者注

领千万头大象、千万名士兵扫荡这片河谷。斯瓦特人逃到山上，深信登上这样的高度会有神明庇佑。然而亚历山大大帝是一位坚毅而百折不挠的领袖。他造了一架木梯，站在上面能把弓箭射到山顶。他向上爬呀爬呀，不断攀登，最后终于摘下木星，作为他无穷力量的象征。

我从屋顶上欣赏山中的四季。秋天山间凉风送爽。冬天四处白雪皑皑，屋檐下坠满匕首似的细长冰凌，我们总喜欢把它们掰下来玩。我们四处奔跑，堆起雪人和雪熊，还试着去接雪花。春天，整个斯瓦特河谷一派葱茏。尤加利花瓣纷纷飘散，落入房间，染白一切，风中花香弥漫。夏天是我出生的季节，也许这正是我最爱夏天的原因，尽管明戈拉的夏季炎热干燥，人们倾倒垃圾的河段臭气熏天。

我刚出生那会儿家里还很穷。父亲刚跟朋友创办了他们的第一所学校，我们一家都住在学校对面一座有两个房间的棚屋里。一个房间住着我们一家三口，另一个房间用来招待客人。房子里没有浴室和厨房，母亲只好在地上烧柴做饭，洗衣服还得去蹭学校的水龙头用。村里随时都有人在我家借住。热情好客是构成普什图文化的重要一环。

我出生两年后，弟弟胡什哈尔呱呱坠地。我们依然去不起医院，所以他也像我一样在家中出生。他被命名为胡什哈尔，和父亲的学校同名，这个名字取自我们普什图族的民族英雄、战士兼诗人胡什哈尔·汗·哈塔克[1]。母亲求子心切，见儿子出生，喜悦之情溢于言表。我觉得弟弟看上去又瘦又小，像芦苇一样弱不禁风。可他却是母亲的心肝宝贝，她的*尼亚兹比恩*（*niazbeen*）。我感觉他的愿望就是她的圣旨。他总吵着要喝茶——我们传统的茶，得加奶、糖和豆蔻——最后母亲被他搞得筋疲力尽，索性把茶冲得极苦，让他难以下咽。母亲想为他买个新摇篮，但父亲没有答应——我出生时父亲买不起摇篮，

---

[1] 胡什哈尔·汗·哈塔克（Khushhal Khan Khattak，约1613—约1689），阿富汗诗人，曾为哈塔克部族酋长，被誉为"普什图文学之父"。

他们只好从邻居那儿弄了只旧摇篮给我睡，它甚至都不是二手的，而是三手或四手的。"那只摇篮马拉拉能睡，他也能睡。"父亲说。又过了五年左右，我父母又生下一个男孩——眼睛闪亮、个性像松鼠一样好奇的阿塔尔。父亲说，有了他，我们的小家就圆满了。三个孩子对斯瓦特人来说并不算多，这里的人大都生七八个孩子。

胡什哈尔只小我两岁，所以我一般都跟他玩，但我俩整天吵架。他会哭着去找母亲告状，我则跑去找父亲评理。"怎么啦，贾尼？"父亲会问我。像父亲一样，我也是天生的双关节，大拇指可以向后弯曲。走路时，我的脚踝会咔咔作响，让大人们十分难堪。

母亲是个美人，父亲把她捧在手心，仿佛她是一只易碎的瓷瓶。不同于大多数普什图男人，他从不对妻子动粗。母亲的名字叫托尔·佩凯，意思是"乌黑的长发"，虽说她的头发其实是红棕色的。她出生时，我的外祖父扬泽·汗正在听阿富汗的广播，无意中听到了这个名字。我多希望自己也能像她一样，肤色白如百合，五官精致，双眸碧绿晶莹，可我偏偏继承了父亲的长相，皮肤灰黄，鼻子扁平，有一双棕色的眼睛。我们普什图人有个传统，每个人都要有自己的昵称——我还是个婴儿时，母亲就开始喊我"皮硕"，还有几位表亲叫我"拉奇"（lachi），也就是普什图语中的"豆蔻"。黑皮肤的人名字中往往带"白"，矮个子的人名字中往往带"高"。我们普什图人的幽默还真是古怪。而父亲在家族中的昵称是"卡什塔·达达"（khaista dada），意为"俊美之人"。

大约四岁时，我曾问父亲："阿巴，你的皮肤是什么颜色？""我也不知道。应该不太黑也不太白吧。"父亲回答。

"就像奶和茶混在一起的颜色。"我说。

父亲是个爱笑的人，但他小时候特别介意自己皮肤黝黑，甚至会去地里挤水牛的奶，用它来洗脸，以为这能美白皮肤。直到认识母亲之后，他才不再对自己的肤色耿耿于怀。赢得这样一位美人的爱，令他信心倍增。

在我们这个社会，婚姻主要由家庭包办，我父母却是自由恋爱。他俩相遇的故事我讲多少遍都不觉得腻。他俩都来自香格拉县——斯瓦特地区一处偏远的河谷——分别住在两座不同的村庄，父亲的叔叔住在母亲的姨妈家隔壁，父亲每次去叔叔家学习都能看到母亲。两人频繁地眉目传情，足以确认互有好感，但我们的传统并不允许男女彼此表白心迹。所以，父亲只好写诗送给母亲，但母亲并不怎么识字。

"我爱他的思想。"母亲说。

"我爱她的美貌。"他笑道。

他们之间有个巨大的障碍——我的外祖父与祖父不和。所以父亲提出要娶我母亲托尔·佩凯时，两家自然都不支持这门亲事。尽管如此，祖父依然表示这应该由父亲自己决定，不过祖父答应遵照我们普什图族的传统，托一位理发师去提亲。这次求婚遭到了外祖父马力克·扬泽·汗的拒绝，但父亲锲而不舍，说服祖父请理发师再去提一次亲。扬泽·汗的*胡吉拉*（*hujra*）是男人们相聚议事的地方，我父亲常去那里，渐渐跟扬泽·汗熟络起来。外祖父足足让我父亲等了九个月，不过最终还是点了头。

母亲的家族出过许多强悍的女性和有影响力的男性。母亲的祖母——也就是我的外曾祖母——在孩子们很小时就成了寡妇，后来，她的长子，年仅二十五岁的扬泽·汗与另一个家族失和，被投入监狱。为了让儿子获释，我外曾祖母不惜独自步行四十英里[1]，翻山越岭去找一位有权势的表亲申诉。我想，母亲大概也会为我们做同样的事。母亲大字不识一个，但父亲愿意与她分享一切，向她讲述自己这一天的经历，无论好坏都毫无保留。她常常开他玩笑，还会告诉他某人也许不是个值得信赖的朋友，父亲说她每次都看得很准。大多数普

1　约64.4公里。

什图男人都不会这么做,因为向女人倾吐烦恼容易被视作软弱。"他竟然征求老婆的意见!"在他们眼中,这样的评价堪称奇耻大辱。我觉得我父母非常恩爱,生活中充满欢声笑语。见到我们的人,都说我们是幸福的一家。

母亲十分虔诚,每天都做满五次礼拜,虽说她没法去清真寺做礼拜,因为那里仅限男性出入。她不喜欢舞蹈,认为这是对真主的冒犯,不过她喜欢梳妆打扮,喜欢穿戴美丽的服饰,比如带花边的衣服,还爱戴金项链和金手镯。我隐约觉得她可能对我有点失望,因为我实在太像父亲,对衣着和饰品漠不关心。逛巴扎会让我哈欠连天,但我喜欢关起门来跟同学一起跳舞。

小时候,我们大部分时间都待在母亲身边。父亲忙于工作,总不在家,不仅要操心学校事务、主持文学社和部落会议,还要保护环境、保卫我们的河谷。父亲虽然来自偏远山村,却凭借教育与人格魅力让我们一家过上了衣食无忧的生活,也为自己赢得了声誉。

大家都喜欢听父亲讲话,每当傍晚有人来家里做客,我总是特别高兴。我们会爬上屋顶,围坐在一块长长的塑料布旁,上面摆满母亲烹制的美食。按照习俗,我们用右手吃饭,把米饭和肉捏成饭团。入夜之后,我们会点起油灯,坐在光晕中驱赶苍蝇,在墙上投下舞动的剪影。夏天里,屋外常常电闪雷鸣,每到这时,我就会更紧地靠在父亲膝头。

我会聚精会神地听他讲那些故事,关于敌对的部落,关于我们普什图族的领袖与圣贤,这些故事的体裁往往是叙事长诗,父亲会用低沉的嗓音朗诵,有时还会动情地落泪。我们也像斯瓦特河谷的大部分居民一样,属于尤素福扎伊部落。尤素福扎伊(Yousafzai,也写作Yusufzai或Yousufzai)是最大的普什图族部落,起源于坎大哈,目前分布在巴基斯坦和阿富汗。

16世纪时,我们家族的祖先从喀布尔迁到斯瓦特。他们在喀布尔扶持了一位遭到本族人罢黜的帖木儿帝国皇帝,帮他夺回了王位。皇帝封他们为朝廷命官，允许他们建立军队，但又听信亲友说尤素福扎伊一族拥兵自重，可能会颠覆他的统治。于是，皇帝在一个月黑风高之夜设宴款待所有的汗，趁他们大快朵颐之际派人将他们重重包围。最终，大约六百名汗惨遭屠戮。只有两人侥幸逃脱，携族人逃往白沙瓦。过了一段时间，他们走访斯瓦特，寻求几个部落的支持，希望有朝一日能重返阿富汗。但面对斯瓦特的湖光山色，他们流连忘返，转而决定定居在这里，赶走别的部落。

尤素福扎伊家族把土地全部分配给男性成员。他们遵循一套古怪的机制，叫作"沃许"（wesh），按照它的规定，所有族人每隔五到十年必须易村而居，在男人当中重新分配土地，确保机会均等，人人都可能分到良田或瘠土。根据设想，这套机制能防止敌对部族陷入争斗。这些村落的首领叫作"汗"，所有的平民，包括手艺人和劳工，都是他们的佃户。佃户必须向汗缴纳地租，租金一般是他们的一部分收成。佃户还得加入汗领导的部落武装，每块土地必须出一名男丁。每位汗都有一支数百人的民兵部队，既是为应对部族争斗，也用于劫掠其他村庄。

在斯瓦特，尤素福扎伊家族没有领袖。由于群龙无首，汗之间争斗频发，甚至家族内部也常有冲突。尤素福扎伊家族的男性人人都有步枪，虽说他们如今已不再像别的普什图人那样，扛着枪四处招摇。以前我曾祖父会向大家讲述他小时候亲历的枪战。20世纪初，斯瓦特周边地区大都被英国人占领，我们的族人开始担心自己的土地也会被英国人夺去。他们厌倦了无休止的流血冲突，决定物色一个刚正不阿的人来统辖这个地区，化解部族纷争。

在经历了几名不成器的统治者之后，1917年，汗们决定推举一位名叫米安古尔·阿卜杜勒·沃杜德的人做斯瓦特的统治者。我们亲切地称他为巴德沙阿老爷。他虽然是文盲，却为河谷带来了和平。他没能解除各部族的武装，因为拿走普什图人的枪就等于要他们的命，不过他在全斯瓦特的山区修建了一座座堡垒,并组建了一支军队。1926年,他登上瓦里之位,成为英国承认的国家首脑。他架设了斯瓦特最早的电话系统,兴办了第一所小学,废除了"沃许"制度,因为持续的迁居让人们无法出售土地,导致他们不愿好好盖房,也不肯栽种果树。

巴基斯坦建国两年后,也就是1949年,巴德沙阿老爷把王位传给了长子米安古尔·阿卜杜勒·哈克·杰汉泽布。我父亲常说:"巴德沙阿老爷带来了和平,他儿子则带来了繁荣。"在我们心中,杰汉泽布统治时期,就是斯瓦特历史上的黄金时代。他曾在白沙瓦上过英国学校,而且,大概正因为他父亲是文盲,所以他对办学特别热衷,建了不少学校,还修建了医院和道路。20世纪50年代,他废除了陈旧的税制,平民无须再向汗缴纳地租。但人民依然缺乏言论自由,任何胆敢批评瓦里的人都有可能被逐出河谷。在我父亲出生的1969年,瓦里放弃了王位,斯瓦特被并入巴基斯坦西北边境省。而就在几年前,我们省改名为开伯尔-普什图省。

所以,我一出生就是个骄傲的巴基斯坦女孩,尽管我也像所有斯瓦特人一样,认为自己首先是斯瓦特人,其次是普什图人,最后才是巴基斯坦人。

*　　*　　*

我家这条街上有个跟我差不多同龄的女孩叫萨菲纳,就住在离我家不远的地方,她家还有两个兄弟,一个叫巴布尔,另一个叫巴西特,年纪跟我的两个弟弟相仿。我会跟他们一起在街上或屋顶上打板球。但我知道等再大一点,我们女孩子就必须足不出户了。社会对我们的期望是烧菜做饭、服侍父兄。男孩和男人能在城内自由来去,母亲和我出门却必须有男性亲属陪同,即使这位男性只是个五岁的小男孩!这就是我们所谓的传统。

我从小就暗下决心,将来绝不过这种生活。父亲总说:"马拉拉将来会像鸟儿一样自由。"我梦想像亚历山大大帝那样,登上埃卢姆山的顶峰,伸手去触摸木星,甚至梦想有朝一日能走出河谷。然而,望着弟弟们在屋顶上恣意奔跑,放起风筝,娴熟地收放手中的长线,与对方的风筝缠斗,我不禁想问:身为一个女儿,我再自由又能有多自由?

2 我的父亲"猎鹰"

我一直知道父亲口齿不大伶俐。有时他话到嘴边却说不出来,卡在一个音节上不断重复,像唱片跳针似的,而大家都在等他蹦出下一个音节。他说这就像嗓子里突然冒出一堵墙,阻塞了咽喉。"M""P""K"这几个音都是对他虎视眈眈的敌人。我会开玩笑说他叫我贾尼,是因为这个词比马拉好发音。口吃对父亲这样一个痴迷文字、热爱诗歌的人而言非常可怕。他的父母各有一位口吃的兄弟,不过我们几乎可以断定,祖父的态度更加重了父亲的问题。祖父的嗓音就像某种高亢的乐器,说起话来声如洪钟,铿锵有力。

"把话吐出来啊,儿子!"父亲每次卡壳,祖父都会咆哮。祖父的名字叫拉胡尔·阿明,这是天使加百列的圣名,意为"诚实之人"。祖父很为这个名字骄傲,自我介绍时总会背一段有他名字出现的诗句。即使在最好的状态下,他也没什么耐心,会突然因为不起眼的小事暴跳如雷——比如丢了母鸡或杯子打碎了之类的。他会气得满脸通红,抄起水壶和锅就扔。我从没见过祖母,不过父亲说她曾这样奚落祖父:"真主在上,愿祂在我死后赐你一个不会笑的妻子,正像你只会对我们皱眉一样。"

祖母特别担心父亲的口吃,曾在他很小的时候带他见过一位圣人。两人先坐长途大巴,再步行一小时上山,最后才来到圣人所在的山丘上。祖母的外甥法兹利·哈基姆不得不把我父亲扛在肩上赶路。那位圣人名叫莱万诺·皮尔,意思是"疯者之神",因为据说他能让精神病人迅速平静下来。祖母一行人被带到皮尔跟前,圣人让父亲张嘴,啪地把一口唾沫吐进父亲嘴里。他取出一些"古尔"(*gur*)——

一种甘蔗做的黑糖——含在嘴里滚动，让它沾满唾液。然后他取出黑糖，放到祖母跟前，让她每天取一点给父亲服用。这个偏方并没治好父亲的口吃，事实上，有人觉得他的口吃更严重了。因此，当我父亲十三岁时告诉祖父他入围了一项演讲比赛时，祖父惊奇不已。"就凭你？"拉胡尔·阿明边问边笑，"你两分钟才说得完一句话。"

"您就别担心了。"我父亲说道，"只要把演讲稿写好就是，我会背下来的。"

祖父是出了名的演讲高手。他在沙阿布尔村一所公立高中担任神学教师，也是本地一座清真寺的伊玛目[1]。他的演讲引人入胜。他在星期五的礼拜仪式上讲经，布道广受欢迎，有人甚至专程从山区赶过来听，有骑驴子来的，还有步行来的。

我父亲的兄弟姐妹众多。他有个比他年长许多的哥哥——赛义德·拉姆赞，我管他叫汗伯伯——还有五个姐妹。他们一家住在巴卡纳村，村里条件艰苦，他们全家都挤在一间摇摇欲坠的平房里，屋顶是泥糊的，雨天雪天就会漏水。像大多数人家一样，他们家的女儿也都闭门不出，儿子们则外出上学。"她们只是在等着嫁人而已。"父亲说。

我的姑姑们失去的绝不仅仅是上学的机会。我父亲每天早餐都吃奶油和牛奶，他的姐妹们却只能喝没加奶的茶。家里即使有鸡蛋，也只会留给儿子。如果晚餐吃鸡，女儿们就只能分到鸡翅和鸡脖子，美味的鸡胸肉则归我父亲、伯父和祖父享用。"我很小的时候就意识到自己跟姐妹们不大一样。"父亲说。

父亲村里几乎没什么消遣。那座村庄小得连一座板球场都装不下，只有一户人家有电视。每逢星期五，他们两兄弟就悄悄溜进清真

---

1 伊玛目（Imam），是阿拉伯语，意为领袖等。起初是哈里发的头衔，即穆罕默德的继承人，政教合一领袖。后来逊尼派的伊玛目仅在清真寺主持礼拜的人；什叶派的伊玛目则是最高的宗教领袖，人和真主之间的中介，有特别神圣的意义。

寺，听我祖父在台上对着信众滔滔不绝地讲上个把小时，为他的表现惊叹，翘首期待他最后提高音量、震得房梁都开始颤抖的那一刻。

祖父曾在印度留过学，在那里见过不少伟大的演说家和政治领袖，比如穆罕默德·阿里·真纳[1]（我们巴基斯坦的国父）、贾瓦哈拉尔·尼赫鲁[2]、圣雄甘地[3]，还有为我们普什图族谋求独立的伟大领袖汗·阿卜杜勒·加法尔·汗[4]。巴巴（*baba*，这是我对祖父的称呼）甚至亲历过1947年8月14日午夜印度脱离英国殖民统治，获得解放的那一刻。他有台旧收音机，以前总爱用它听新闻，这东西直到现在还在我伯伯家里。布道时，他常常用国际时事和历史事件举例，还会引述《古兰经》和圣训中的故事，引用先知穆罕默德（愿主赐福之，并使其平安）[5]的话语。他还喜欢谈论时事。在父亲出生的1969年，斯瓦特正式并入巴基斯坦。这引起不少斯瓦特人不满，他们对巴基斯坦的司法体系怨声载道，认为它远比先前的部族律法缓慢、低效。我祖父则痛斥森严的社会等级、汗们代代相传的权力，还有悬殊的贫富差距。

我的祖国或许历史并不悠久，但可惜的是，它已经经历过太多次

---

[1] 穆罕默德·阿里·真纳（Mohammad Ali Jinnah，1876—1948），巴基斯坦立国运动领导人。1947年巴基斯坦自治领成立时，任首任总督和制宪议会主席。在巴基斯坦有"国父"之誉。他早年投身印度独立运动，后来立场发生变化，转而谋求在南亚建立独立的伊斯兰国家。
[2] 贾瓦哈拉尔·尼赫鲁（Jawaharlal Nehru，1889—1964），1947年印度独立后的首任总理。
[3] 圣雄甘地（Mahatma Gandhi），即莫罕达斯·甘地（Mohandas Gandhi，1869—1948），印度国大党领袖，带领印度脱离英国殖民统治，实现独立。1948年遇刺身亡，其非暴力思想在全世界影响深远。
[4] 汗·阿卜杜勒·加法尔·汗（Khan Abdul Ghaffar Khan，1890—1988），提倡非暴力抵抗与和平主义，有"边境上的甘地"之称。
[5] 此处原文为"PBUH"，即Peace Be Upon Him，是伊斯兰教的敬语，在书面提及穆罕默德和其他先知的名字时使用。

军事政变。父亲八岁时，一位名叫齐亚·哈克[1]的将军夺取了政权。他的画像直到今天依然随处可见。他逮捕了我们的民选总理佐勒菲卡尔·阿里·布托[2]，以叛国罪论处，最终把布托吊死在拉瓦尔品第监狱的绞刑台上。时至今日，人们谈起布托，依然认为他是一位魅力非凡的领导者，他们说在巴基斯坦所有的领袖当中，他是第一个愿意站出来为百姓说话的人，尽管他自己是封建贵族，家中有成片的杧果园。他惨遭处决的消息震惊了世界，这损害了巴基斯坦的国际形象。美国切断了对巴基斯坦的援助。

为了赢得国内民众的支持，齐亚将军发起了一场伊斯兰化运动，要把巴基斯坦塑造成一个正统的伊斯兰国家，军队不仅要捍卫国土，还要捍卫国家的意识形态。他向全国人民喊话，说服从政府是他们的义务，因为他的政府恪守伊斯兰教准则。他甚至想规定我们做祈祷的方式，在各地区设立了"*萨拉特*"（*salat*）——祈祷委员会——连我们这种偏远山区也不例外，还任命了十万名祈祷监察员。在此之前，毛拉几乎是个丑角——父亲说每逢婚宴，他们只会灰溜溜地待在角落，早早离席——但齐亚将军上任后，他们开始得势，甚至被召集到伊斯兰堡学习如何布道。连我祖父都去了。

在齐亚统治下，巴基斯坦女性所受的限制陡然增多。真纳曾说过："没有妇女与男人并肩作战，任何斗争都不会成功。世界上有两种力量，一种是剑，另一种是笔。但还有第三种力量比这两者都要强大，那就是女性的力量。"齐亚却开始实施一项律法，将女性所示证据的效力削减到只有男性的一半。很快，巴基斯坦的监狱就塞满了女囚。有位十三岁少女遭到强暴，不幸怀孕，最终却因通奸罪入狱，而

---

[1] 齐亚·哈克（Zia ul-Haq，1924—1988），1977年发动军事政变，1978—1988年任巴基斯坦总统。
[2] 佐勒菲卡尔·阿里·布托（Zulfikar Ali Bhutto，1928—1979），巴基斯坦第四任总统。1967年创建巴基斯坦人民党，任主席。1971年任总统。1973年改任总理兼外交部长。

这仅仅是因为她没法找到四名男性来证明自己受了侵害。没有男人的许可，女人甚至不能在银行开户。巴基斯坦是曲棍球强国，但齐亚规定国家女子曲棍球队只能穿宽松的长裤而不是短裤比赛，还彻底禁止女性从事另一些运动。

许多宗教学校（madrasa）都在此时创立。普通学校的宗教研究课，也就是我们所说的"*迪尼亚*"（*deeniyat*），全部改成了"*伊斯兰米亚*"（*Islamiyat*），即伊斯兰教研究。这门课至今仍是巴基斯坦学童的必修课。我们的历史课本被大幅删改，巴基斯坦被塑造成"伊斯兰教的桥头堡"，就跟这个国家不是 1947 年才成立似的。课本还对印度教徒和犹太教徒极尽诋毁。我们曾三度与宿敌印度开战，读了这本教材，任何人都会以为巴基斯坦三次都战胜了印度，但实际上，我们三战三败。

父亲十岁那年，国内局势风云骤变。1979 年圣诞节刚过，苏联入侵巴基斯坦的邻国阿富汗。为了逃避战争，数百万阿富汗人穿越边境进入巴基斯坦，齐亚将军为他们提供了庇护。一夜之间，巴基斯坦大地上冒出成片的白色帐篷，其中大部分在白沙瓦，直到今天还有一些留在那里。三军情报局[1]是巴基斯坦最大的情报机构，隶属军方。它推行了一项宏大的计划，从难民营招募阿富汗人，把他们训练成抵抗军战士，或称"圣战士"。阿富汗人以骁勇善战著称，然而负责这项计划的伊玛目上校[2]却抱怨他们桀骜难驯，要把他们组织起来简直像"给青蛙称重"。

苏联入侵阿富汗后，曾被国际社会抛弃的齐亚将军摇身一变，成了冷战中一位伟大的自由卫士。美国人再度与我们结盟，因为当时苏

---

[1] 三军情报局（Inter Services Intelligence Directorate，简称"ISI"），巴基斯坦最高情报机构，总部位于拉瓦尔品第，后迁至伊斯兰堡。
[2] 伊玛目上校（Colonel Imam），即苏丹·阿米尔·塔拉尔准将（Brigadier Sultan Amir Tarar，1944—2011），巴基斯坦陆军将军兼特种作战专家，曾任巴基斯坦驻阿富汗赫拉特总领事。

联是他们最大的对手。几个月前,我们的邻国伊朗爆发革命,推翻了沙阿[1]的统治,美国中央情报局(CIA)丧失了中东地区最大的据点。巴基斯坦很快填补了这个空缺。数十亿美元从美国和其他各个西方国家流入我们的国库,他们还向我们提供武器,帮助三军情报局训练阿富汗人抵抗苏军。齐亚将军受邀出访西方各国,在白宫面见罗纳德·里根总统,在唐宁街十号拜会玛格丽特·撒切尔首相。他得到了这些西方领导人的高度赞扬。

佐勒菲卡尔·阿里·布托总理当年让齐亚将军统率三军,是因为觉得他不够聪明,构不成威胁。他笑称齐亚是他的"猴子",但齐亚这个人其实诡计多端。他立足阿富汗拉拢盟友,不仅吸引了想遏制共产主义思想蔓延的西方各国,也拉近了与苏丹、塔吉克斯坦等国穆斯林的关系,后者视巴基斯坦为伊斯兰国家之一员,认为它正遭受异教徒的攻击。金钱从阿拉伯世界滚滚涌来,其中要数沙特阿拉伯最为慷慨,美国援助什么,他们也输送什么。与金钱一同涌入的还有志愿军人,其中就有一名来自沙特的百万富翁,名叫奥萨马·本·拉登。

我们普什图族的聚居区横跨两国,被巴基斯坦与阿富汗的边境线一分为二,但我们心里并不承认这道由英国人在一百年前划定的边界。因此,出于宗教与民族的双重原因,对苏联的入侵,我们也满腔怒火。清真寺的教士们常在布道时谈起苏联对阿富汗的占领,斥苏联人为异教徒,号召信徒加入圣战(jihad),宣称这是好穆斯林应尽的义务。在齐亚将军统治下,圣战似乎成了伊斯兰教的第六大支柱,与我们从小习得的伊斯兰教五功地位相当——我们的五功,一是"念"功,即赞念安拉,承认安拉的存在和独一无二;二是礼拜(namaz),指一日五次的跪祷;三是交纳天课(zakat),法定必须完成的施舍;四是斋戒(roza),指斋月期间从早到晚禁食;五是朝觐(Haj),指前

---

[1] 沙阿(Shah),古代伊朗君主的头衔。

往麦加朝圣,每个身康体健的穆斯林一生至少要去一次。父亲说美国中央情报局在很大程度上助长了圣战思想在我们国家的蔓延。难民营的孩子们甚至会领到由美国的大学编写的课本,算术都用战斗举例。书中会出现这样的例子:"已知有10名苏联异教徒,穆斯林杀死5人,则余下5人",或是"15枚子弹减去10枚子弹,等于5枚子弹"。

父亲家那条街上有一些少年投身圣战,远赴阿富汗作战。他记得有一天,一位名叫苏非·穆罕默德的大毛拉来到他们村,号召年轻人加入他的行列,共同抗击苏联。不少人起而响应,扛着老旧的步枪甚至斧头、火箭筒奔赴战场。那时我们还不知道,短短几年后,这位大毛拉领导的组织就成了斯瓦特的塔利班组织。当时我父亲还是个十二岁的少年,不能参加圣战。但苏联人在阿富汗深陷十年,几乎跨越了20世纪80年代。父亲从孩子长成了一个十几岁的少年,也决心加入圣战。如今他祈祷时已经不再那么严格,但当时,他每天天不亮就出门,步行去邻村的一座清真寺跟一位年长的*塔利布*(talib)学习《古兰经》。"塔利布"这个词当时还只是"宗教学生"的意思而已。父亲跟他学了三十章经文,不但要背诵,还得阐释,这对小男孩而言是很少见的。

那位塔利布把圣战说得天花乱坠,父亲受了蛊惑。塔利布不断在父亲面前强调人生苦短,村里的年轻人也没多少出路。我们家族没多少土地,父亲又不愿像他的许多同学那样不得不南下,去煤矿上务工。采矿不仅艰苦,还很危险,意外去世的矿工不在少数,村里每年都会运回好几批棺材。在村里,少年们最好的出路无非是去沙特阿拉伯或迪拜的建筑工地干活儿。所以,天堂和那里的七十二名处女会带来怎样的诱惑,也就不难想象。父亲每天夜里都会祈祷:"真主啊,请让穆斯林向异教徒宣战,请允许我用生命去保卫你,为你殉道。"

那时,穆斯林似乎成了父亲最重要的身份。他开始使用"齐亚丁·潘奇皮丽"这个名字——潘奇皮丽是一个教派的名称——也开始蓄须。后来他说，那其实就是洗脑。他觉得当时如果有机会的话，自己甚至会考虑成为自杀式炸弹袭击者。好在他从小就是个爱提问的孩子，从不会不假思索地对别人的话全盘接受，凡事总爱问个为什么。虽说我们的公立学校提倡死记硬背，但也不允许学生质疑老师。

差不多就是在他渴望以身殉道、升入天堂那段时间，他认识了母亲的哥哥法伊兹·穆罕默德，开始接触她的家人、光顾她父亲的胡吉拉。母亲的家庭深入参与本地政治，属于世俗民族主义党派，对参战持反对态度。当时，拉赫马特·沙阿·萨耶勒，那位曾写诗歌颂我的同名女英雄的白沙瓦诗人，创作了一首著名的诗歌。他把阿富汗的战事比作"大象的战争"，认为它只是美、苏两个超级大国之间的较量，与我们无关，还说我们普什图人"如同被两头猛兽践踏的青草"。我小时候，父亲常把这首诗背给我听，但我并不理解其中的含义。

父亲对法伊兹·穆罕默德钦佩有加，非常认同他的理念，尤其支持他想在巴基斯坦终结封建制和资本主义制度的愿望，在这两种制度下，国家长期由几个大家族把持，穷人愈加贫困。父亲感到自己正在被两种极端的力量撕扯，一头是世俗主义和社会主义，另一头是伊斯兰好战派。我想，他最终选择了一条折中的道路。

父亲非常敬重祖父，给我讲过他的许多事迹，但父亲也承认，祖父没能达到他自己严苛的标准。巴巴的演讲激情澎湃，深受听众喜爱，倘若能在处事方面更加圆融，不要总跟表亲和比他阔绰的人攀比，他就可以成为一位了不起的领袖。在普什图社会，人们很难接受表亲比自己更受欢迎、更加富有或更有权势。祖父有位表哥也跟他在同一所学校教书。入职时，这位表哥把自己的年龄改得比祖父年轻许多。普什图人一般并不知道自己确切的生日——我母亲就不知道自己生在哪天。我们普什图人对年份的记忆往往依赖重大事件，比如一场强烈的地震。不过祖父知道这位表兄确实比他年长得多。祖父怒不可遏，竟花了一整天时间乘大巴去明戈拉见斯瓦特的教育局局长。"大人，"祖父说，"我有个表兄大我十岁，你们却认定他比我小了十岁。"局长听了，问他："知道了，大毛拉，那你想让我们在证件上怎么写呢？把你的出生日期定在奎达[1]地震那年怎么样？"祖父点头同意，于是他就成了1935年生人，比他表哥年轻了不少。

家族中这种明争暗斗导致父亲常常被表亲欺负。他们知道父亲对自己的长相缺乏自信，因为在学校，老师们总是偏爱那些白皙俊美的少年。所以他们会把他堵在放学路上，笑他又矮又黑。根据我们的习俗，人遇到这种冒犯必须奋起反抗，无奈的是，父亲的个头比他们矮小太多。

而且父亲还觉得自己无论做什么都无法取悦祖父。巴巴写得一手好字，父亲也会刻苦练字，一练就是好几个小时，但巴巴从没夸过他一句。

父亲的信心是祖母给的——父亲是她最心爱的孩子，她深信父亲前途无量。她非常爱他，总会多留些肉和奶油给他，自己宁可不吃。那时村里的学习条件十分艰苦，连电都没有，父亲只好待在胡吉拉挑灯夜读。一天晚上他困得睡了过去，油灯翻倒在地。幸好祖母在火势蔓延之前找到了他。正因为有祖母的信任，父亲才敢于沿着自己选择的道路骄傲地前行，这正是父亲日后指引我走上的道路。

不过祖母也跟父亲生过一回气。那时，一些圣人会来各村游历，他们来自一个叫迪莱·赛丹的圣地，在村里讨要面粉。有一天祖父和祖母不在，几位圣人来父亲家敲门。父亲找到装玉米的木匣，撕掉封条，打开匣子，往他们碗里装满玉米。祖父和祖母回家后大发雷霆，把父亲狠狠打了一顿。

普什图人出了名地节俭（虽说我们对客人非常大方），巴巴更是精打细算。要是哪个孩子不慎弄撒了食物，他会立刻暴跳如雷。他对

---

[1] 奎达（Quetta），巴基斯坦俾路支省省会。

自己要求严苛，所以想不通别人为什么不能像他一样。作为教师，他可以在为儿子缴纳学校的体育活动费、童军入队费时享受折扣。折扣很少，大多数老师都懒得申请，祖父却非逼着父亲去申请不可。不消说，父亲自然是一万个不情愿。他在校长办公室门外等候着，止不住地冒汗，进门之后，他的口吃比任何时候都要严重。"我感觉就像拿尊严去换了区区五卢比。"父亲告诉我。祖父从不给父亲买新书，而是请自己的得意门生在年末把教材留给父亲，再让父亲自己到这些人家中去取。父亲无地自容，却又别无选择，因为他实在不想沦为文盲。他的每本教材上都写着其他男生的名字，唯独没写过他自己的名字。

"用别人的旧书也没什么不好。"父亲说，"但我实在太想拥有一本新书了，太希望书是父亲自己花钱买的，没有别人用过的痕迹。"

父亲特别反感祖父的吝啬，于是成了一个在物质和精神上都十分慷慨的人。他决定跟表亲们和解，结束长久的恩怨。校长的妻子病倒了，父亲站出来为她献血。校长大为震撼，为曾经刁难他而道歉。父亲每次跟我讲小时候的事，总不忘解释祖父尽管很难相处，却给了他一件最珍贵的礼物——教育。祖父把他送进公立高中学习英语，接受现代教育，而不是送他去上宗教学校。作为伊玛目，祖父因此遭到非议。祖父还激发了父亲对学习与知识的热爱，让他深切地认识到什么是人应得的权利，而我又从父亲那里继承了这一点。在星期五的布道中，祖父总会谈到穷人与地主，解释真正的伊斯兰教为什么具有反封建性质。祖父还特别重视语言文字，会讲波斯语和阿拉伯语。他为父亲诵读诗人萨阿迪[1]、阿拉马·伊克巴尔[2]和鲁米[3]的伟大诗作，嗓音充满

1　萨阿迪（Saadi，约1208—约1291），波斯诗人，被誉为"伟大的人道主义者"。
2　阿拉马·伊克巴尔（Allama Iqbal，1877—1938），南亚穆斯林诗人、哲学家、政治家。他的民族思想在巴基斯坦建国过程中发挥了重要作用。
3　鲁米（Rumi，1207—1273），波斯诗人、哲学家、教法学家。作品中有着浓厚的苏非派神秘主义思想。

激情与热忱,仿佛他面对的是一整座清真寺的信徒。

父亲渴望变得能言善辩,希望自己能声音洪亮、口齿伶俐。他知道祖父特别希望他将来能当医生,可他尽管学习优异、诗才出众,数学等理科成绩却不理想,总感觉自己没能达到祖父的期望。正因如此,他才决定参加本地区一年一度的演讲比赛——他想为祖父争光。大家都觉得他是不是疯了。老师和朋友纷纷出面劝阻,祖父也不情愿帮他写演讲稿。但最终,祖父还是为他准备了一篇漂亮的讲稿,父亲照着它一遍又一遍地练习。他在家中毫无隐私可言,只好去山间漫步,把每个字都铭记于心,让天空和鸟儿当他的听众。

父亲的老家没什么消遣,所以到了比赛那天,台下聚集了大批观众。其他选手纷纷上台,其中一些人以过人的口才著称。终于,父亲听到了自己的名字,登上讲台。"我站在台前,双手发抖,双腿发颤,而且我太矮了,几乎完全被讲台挡住了视线,心里怕得要命,连台下观众的面孔都看不清了。我的掌心不断渗出汗珠,嘴唇干得像纸。"他告诉我。他尽量不去想那些拗口的辅音,它们横在他面前,只等他犯错,好卡住他的咽喉。没想到,他一开口,那些语句便倾泻而出,如蝴蝶振翅般一气呵成。他的声音不如祖父洪亮,但他澎湃的激情如此耀眼。越往下讲,他就越有信心。

他讲到最后,观众中爆发出热烈的掌声与喝彩。而最让他高兴的是,拿了第一名之后,他登台领奖,看见祖父也在为他鼓掌,人们拍着祖父的后背道贺,祖父一脸陶醉。"这是他第一次为我的成绩微笑。"父亲说。

自那之后,当他的每场演讲比赛父亲都能入围,祖父为他撰写讲稿,而他几乎每次都能夺魁,逐渐成了当地有名的演讲能手。父亲成功地把弱项变为强项。祖父终于开始在人前称赞父亲。他会骄傲地说:"齐亚丁就像一只*沙希恩*(shaheen)。"沙希恩——也就是猎鹰——能飞到别的鸟类无法企及的高度。"把名字改成'齐亚丁·沙希恩'吧。"他吩咐父亲。父亲照做了一段时间,后来却不再这样署名,因为他意识到猎鹰虽然飞得高,却是一种残忍的飞禽。他给自己冠上了我们部族的姓氏,自称齐亚丁·尤素福扎伊。

3 成长在校园

母亲六岁上学，但只读了一个学期。跟村里别的女孩不同，她的父兄都支持她上学。他们班基本全是男生，她是唯一的女生。她骄傲地背着书包来到学校，宣称自己比那些男生都要聪明。但她的表姐妹整天待在家里玩耍，她看得眼红。如果上了学，将来也只能洒扫做饭、生儿育女，那上学好像就没什么必要。所以有一天，她卖掉了教材，换来九个安那[1]，买了几颗硬糖，从此再也没有回到学校。她父亲什么也没说。她说他其实根本没注意到这件事，因为他每天一大早吃了玉米面包和奶油就出门，腋下绑着他的德制手枪，终日埋头处理本地政务，忙着疏解家族纠纷。再说，除了我母亲，他还有七个孩子要操心呢。

直到遇见父亲，母亲才开始后悔。这个男人博览群书，给她写她读不懂的信，还立志要创办自己的学校。作为妻子，她想帮他实现这个理想。办学是我父亲从小到大的愿望，但由于缺乏人脉和资金，这个梦想很难实现。他认为世上没有什么比知识更重要。他还记得自己曾对村里那条河有过许多困惑，想知道河水来自哪里、去向何方。直到学习了从降雨到海水的循环过程，他才找到答案。

村里那所学校只有一栋教学楼，还十分低矮。他有许多课都是在树荫下上的，坐在光秃秃的地上听讲。学校没有厕所，学生们得去农田里方便。但他还是觉得自己非常幸运。他的姐妹——也就是我那几位姑姑——也像千百万巴基斯坦女孩一样，没上过一天学。有机会

---

[1] 印度、缅甸和巴基斯坦等国曾使用的一种辅币。

接受教育，是父亲的福分。他认为，巴基斯坦问题的根源，就在于教育的匮乏。民众的无知使得政客能轻易愚弄百姓，也使得糟糕的官员能在选举中连任。他认为学校应该向所有人开放，无论贫富，不分性别。父亲梦想中的学校不但要有课桌课椅，还得配备图书室和电脑，墙上得挂着鲜艳的海报，而且最重要的是，必须有自己的卫生间。

祖父却对小儿子另有一番指望——他希望父亲从医——祖父只有这两个儿子，他盼着父亲能早日赚钱，贴补家用。父亲的哥哥赛义德·拉姆赞在本地一所学校已经当了好几年老师。他带着妻儿与祖父住在一起，把薪水积攒起来，等攒够了钱就在房子一侧用水泥盖起一间小胡吉拉，用来招待客人。赛义德会从山里带木柴回来生火，下班后还会下地干活儿，照顾家里那几头水牛。他还会帮巴巴干些重活儿，比如清除屋顶的积雪之类的。

父亲参加了大学入学考试，被杰汉泽布大学录取，这是斯瓦特最好的继续教育机构，祖父却不肯负担他的生活费。祖父当年在德里接受的是免费教育——像塔利布一样，他也住在清真寺，吃穿都靠当地人捐助。杰汉泽布大学不收学费，但生活费需要父亲自己解决。巴基斯坦没有助学贷款，父亲也从没进过银行。杰汉泽布大学位于塞杜沙里夫——明戈拉的姊妹城——父亲在那里举目无亲，没有亲戚能让他借住。整个香格拉县就只有这一所大学，而要是不能上大学，父亲就永远无法走出山村，实现梦想。

父亲走投无路，在绝望中痛哭。就在他毕业前不久，他挚爱的母亲也与世长辞。他知道她要是还在，一定会全力支持他读书。他苦苦恳求祖父，却一无所获。他唯一能指望的只有在卡拉奇的姐夫。祖父曾暗示这位姐夫也许会收留父亲，让他去那里上大学。而这位姐夫不久就要携姐姐回村里吊唁我祖母了。

父亲暗暗祈祷他们会同意。他们前脚刚到村里，祖父后脚就提出了这个请求，要知道他们才刚刚赶了三天的路，旅途劳顿、筋疲力尽,所以这位姐夫当场就拒绝了祖父。祖父大怒,整个治丧期间没再跟他们说过一句话。父亲痛感错失良机,觉得自己将来恐怕也只能像哥哥一样,在本地当个教书匠。汗伯伯工作的学校位于一个叫色雾的山村,从祖父家到那里大约要走一个半小时的山路。学校没有校舍,老师们得借用清真寺的大殿为百余名五到十五岁的学童上课。

色雾村居住着古吉尔人、科希斯坦人和米安人。在我们的观念中,米安人是贵族或地主,古吉尔人和科希斯坦人则是照料水牛的农人,也就是我们所说的"山民"。他们的孩子总是邋里邋遢。普什图人尽管自己也不富裕,却对他们嗤之以鼻。"这些人又黑又脏,还笨得要命。"人们会说,"不识字就不识字吧。"据说老师们都不肯去这些山沟里的学校教书,会跟同事约好,每天只抽一个人去学校授课。如果学校有两位老师,他们就一人上三天课,互相帮对方签到。如果有三位老师,那么每个人只上两天课就行。而即使去了学校,他们也只是手持长棍震慑学生,让他们保持安静而已,因为他们一致认定让这些孩子读书毫无用处。

我伯伯不像他们这么敷衍。他喜欢这些山民,敬重他们活得顽强。所以,他一般都会到校上课,试着认真教这些学生。父亲中学毕业后无事可做,就主动提出去学校帮哥哥上课。这个决定,让他交了好运。我的另一位姑姑嫁到了色雾村,当时有个名叫纳西尔·帕查的亲戚正好在她家做客,看到了父亲在课堂上的表现。帕查在沙特阿拉伯一处建筑工地务工,挣钱寄给家人。父亲告诉他自己刚刚从高中毕业,有资格进入杰汉泽布大学深造。但他没说自己上不起大学,怕祖父脸上无光。

"要不你来我家住吧?"纳西尔·帕查提议。

"啊,安拉在上,我真是求之不得。"父亲连忙说。就这样,帕查和他的妻子巴赫米娜·佳雅给了父亲第二个家。他们的两个儿子也成了他的第二家人。他们住在斯帕班迪,通往白色宫殿那条路上的一座美丽的山村,父亲说那地方有种浪漫的气质,能带给人无限遐想。父亲乘大巴来到这里,发现这里比老家的村子大多了,简直像进了城一样。作为客人,他受到了热情的款待。佳雅填补了他母亲去世留下的空缺,成为父亲生活中最重要的女性。当时有位村民来向她告状,说我父亲跟对街的一个女孩眉来眼去,但佳雅坚决维护父亲。"齐亚丁干净得就像一张白纸。"她说,"你还是管好自己的女儿吧。"

到了斯帕班迪,父亲才知道女性也可以活得自由自在,不必像老家的女人那样终日闭门不出。斯帕班迪的女人有个据点,地处山顶,风景绝佳,只有女人才有资格聚在那里闲话家常。女性在家门之外有个聚会地点,这相当少见。也正是在斯帕班迪,父亲结识了他的导师阿克巴尔·汗。阿克巴尔自己从没上过什么学,却借钱给父亲读书。阿克巴尔·汗也像我母亲一样,虽然没受过什么正规教育,但拥有另一种智慧。父亲常对我讲起阿克巴尔·汗和纳西尔·帕查的友善与慷慨,想借此告诉我一个道理:助人者,人恒助之。

父亲上大学那年,恰逢巴基斯坦历史上一个重要的转折点。那年夏天,正当他行走在群山之间时,齐亚将军死于一场神秘的空难。许多人都说飞机是被一枚藏在杧果箱里的炸弹炸毁的。父亲大一时,巴基斯坦举行了全国大选,贝娜齐尔·布托[1]最终获胜,她父亲就是那位在我父亲小时候被处决的总理。贝娜齐尔·布托是巴基斯坦乃至整个伊斯兰世界第一位女总理。一夜之间,人人都对未来充满期待。

曾在齐亚统治时期屡遭禁止的学生组织开始重焕活力。父亲很快参与到学生政治活动当中,逐渐凭借出众的演讲与辩才崭露头角。他

---

[1] 贝娜齐尔·布托(Benazir Bhutto, 1953—2007),巴基斯坦著名政治家,曾两度出任巴基斯坦总理,佐勒菲卡尔·阿里·布托之女。2007年在拉瓦尔品第参加竞选集会时遇刺身亡。

被推举为巴克图学生联盟（PSF）[1]的秘书长，这个组织把为普什图人争取平等权益视为己任。当时军队、官僚体系和政府中的主要职位均由旁遮普人把持，因为他们背靠规模最大、实力最强的省份[2]。

另一个主要学生组织是"伊斯兰学生组织"（IJT），这是宗教政党伊斯兰大会党[3]下设的学生团体，该党在各大高校都很有势力。他们免费为学生提供教科书，还设立了奖学金，但他们的政治理念十分保守，还喜欢派人在校园里巡逻，热衷于破坏音乐演出。这个政党与齐亚将军关系密切，在选举中屡战屡败。当时在杰汉泽布大学，这个组织的主席由伊赫桑·乌尔哈克·哈卡尼担任。他跟我父亲既是劲敌又互相欣赏，后来真的成了莫逆之交。哈卡尼说，他毫不怀疑，假如父亲生在一个富裕的汗家庭，一定能当上巴克图学生联盟的主席，并成为一位政治家。学生社团活动最看重辩论水平和个人魅力，政党政治却离不开金钱。

大一那年，他们最激烈的一场辩论围绕萨尔曼·拉什迪[4]的一部小说展开。大多数穆斯林视之为渎神之作，它引起了强烈的公愤，几乎成了人们唯一谈论的话题。令人费解的是，这本书刚出版时几乎无人问津——其实它并没有在巴基斯坦发售——但没过多久，一位与我国情报部门关系密切的毛拉开始在各大乌尔都语报纸上连续刊发文章，谴责这本书亵渎先知，宣称好穆斯林都应该站出来反对这本书。很

1　巴克图学生联盟（Pakhtoon Students Federation，简称"PSF"），巴基斯坦学生组织，成立于1957年，代表普什图族学生的利益。巴克图是普什图的别称。
2　指旁遮普省，巴基斯坦人口最多的省份。
3　伊斯兰大会党（Jamaat-e-Islami Party），一个在南亚地区具有重要影响力的伊斯兰政党，成立于1941年，在英属印度时期作为一个伊斯兰运动组织开始活动。1947年印度分治后，伊斯兰大会党在印度和巴基斯坦分裂为两个独立的组织，即孟加拉国伊斯兰大会党和巴基斯坦伊斯兰大会党。
4　萨尔曼·拉什迪（Salman Rushdie，1947— ），印度裔英国作家，2022年8月在美国纽约州的一场演讲上遇刺受伤。

快，全巴基斯坦的毛拉都开始谴责这部小说，要求将它列为禁书。各地都爆发了愤怒的示威游行。其中最暴力的一次发生在1989年2月12日的伊斯兰堡，抗议者在美国文化中心门口焚烧美国国旗——尽管鲁西迪及其出版人都是英国公民。警察向人群开枪，造成五人丧生。愤怒的浪潮所席卷的不只是巴基斯坦。两天后，伊朗最高领袖、大阿亚图拉霍梅尼[1]签发了一项法特瓦[2]，悬赏刺杀鲁西迪。

在父亲他们大学，学生们进行了一场激烈的辩论，现场座无虚席。不少学生都主张将这本书封禁、焚毁，支持执行法特瓦。父亲也认为这本书冒犯了伊斯兰教，但他坚决支持言论自由。"我们应该先把这本书读完再说。况且，我们为什么不自己写一本书去反击它呢？"他这样提议。最后，他用令祖父引以为傲的洪亮嗓音质问："难道伊斯兰教脆弱到经不起一本书的批评？这绝不是我心中的伊斯兰教！"

刚从杰汉泽布大学毕业那几年，父亲在一所著名的私立学校教英语。但这份工作薪水微薄，每个月只能挣一千六百卢比（约合十九美元）。祖父怪他不往家里寄钱。而这点工资也不足以让他像梦想的那样，为心爱的托尔·佩凯办一场婚礼。

父亲的好友穆罕默德·纳伊姆·汗也是他在学校的同事，他慷慨解囊，摔碎装满存款的陶土钱罐资助我父亲。他跟父亲是大学同学，一起拿到了英语专业学士和硕士学位，两个人都对教育事业充满热忱，也都烦透了这所学校的严苛与死板。父亲向往自主办学的自由，

---

[1] 霍梅尼（Khomeini，1900—1989），伊朗前最高领袖，早年教授什叶派神学。20世纪60年代初成为伊朗六位大阿亚图拉之一，领导反对国王巴列维实行的社会经济改革，长期流亡土耳其和伊拉克。1979年伊朗伊斯兰革命胜利后返国，建立伊朗伊斯兰共和国。阿亚图拉是伊斯兰教什叶派高级宗教学术职衔，其中最著名、最有声望的称"大阿亚图拉"，有权对宗教问题做最终法律裁决。
[2] 法特瓦（Fatwa），伊斯兰国家的宗教法令。

看不惯学校鼓励服从、对开放的心态与创造性思维百般打压的做法，希望能启发学生独立思考。纳伊姆跟学校行政部门起了摩擦，丢掉了工作，于是他俩决定着手创办自己的学校。

他们起初想把学校设在父亲的老家沙阿布尔村，因为那里学校紧缺。"相当于在没有商店的地方开店。"父亲评论道。但去村里勘查校舍时，他们发现村里到处都挂着一所新学校的横幅广告——有人捷足先登了。两人索性决定去明戈拉办一所英语培训学校。公立学校的教学质量堪忧，私立机构能提供更优质的英语培训。

父亲还在学校教书，抽不开身，所以纳伊姆平时就走街串巷，寻找能租的校舍。一天，他兴冲冲地打来电话，说找到了理想的地点。那栋楼房位于一处名叫兰蒂卡斯的富人区，一共两层，一楼正在招租，环绕建筑的围墙圈出一座庭院，可供学生活动。上一任房客办的也是一所学校——华美达学校。创始人给学校起这么个名字，居然是因为他去土耳其旅游时见过一家华美达酒店！但后来这所学校关门歇业，这本该为父亲他们敲响警钟。而且这栋楼就在河边，人们会向河里倾倒垃圾，天气一热就臭气熏天。

下班后，父亲去看房。那晚夜空晴朗，一轮明月高挂树梢，这被父亲视为大吉之兆。"我心花怒放，"他回忆道，"觉得自己就要梦想成真了。"

纳伊姆和父亲动用了全部积蓄，投入了六万卢比，又借来三万卢比粉刷校舍。两人住进学校对面的一座棚屋，开始挨家挨户上门招生。只可惜这里没几个人想学英语，而额外的支出也耗尽了他们的收入。父亲毕业后依然积极参与政治讨论，每天都有他的同道中人来家里或学校吃午餐。"我们可没钱招待这么多人！"纳伊姆抱怨道。他们渐渐意识到，好朋友并不一定适合一起做生意。

雪上加霜的是，香格拉县的亲友得知父亲有了住处，一茬又一茬地来访。我们普什图人有个规矩，无论多不方便都不能拒绝接待亲友。我们不在乎隐私，拜访某人之前也没有预约这一说。客人们可以随心所欲地不请自来，待到他们想走为止。对创业者而言，这不啻为一场噩梦，差点儿把纳伊姆逼疯。他跟父亲开玩笑说谁家再有亲戚来住，谁就得支付罚款。所以，父亲总劝纳伊姆的亲戚留下来过夜，好让他也受罚！

过了三个月，纳伊姆的忍耐达到了极限。"我们早该开始收学费了。可现在倒好，只有要饭的来咱们家敲门！咱们根本不可能成功。"他又加了一句，"我受够了！"

这时，两位昔日的好友已经不说话了，还得请本地长老出面调解。父亲实在不想失去学校，只好答应偿还纳伊姆的投资。但他并不知道上哪儿去弄这笔钱。好在这时他的另一位大学同学希达亚图拉伸出了援手，答应出资，接替纳伊姆的位子。两位新搭档又开始挨家挨户地招生，号称他们办的是一种新式的学校。父亲这个人很有魅力，希达亚图拉说他属于那种去你家做客就能跟你朋友混熟的人。不过人们虽然喜欢跟他聊天，却依然想送孩子去名校就读。

他俩把学校命名为"胡什哈尔学校"，灵感来自父亲崇拜的一位英雄。他叫胡什哈尔·汗·哈塔克，来自斯瓦特南部的阿卡拉，既是战士，也是诗人。17世纪时，他试图团结所有的普什图部落，共同对抗莫卧儿帝国的入侵。纳伊姆·汗为学校拟了一句座右铭，父亲和希达亚图拉用油漆把它写在校门边上："我们致力于为您构建新时代的召唤。"父亲还设计了一枚徽章，上面以普什图语铭刻着哈塔克的名言："我以阿富汗的荣耀之名，系上我的宝剑。"父亲希望人们能受到伟大民族英雄的感召，但必须以我们这个时代的方式作战——用笔，而不是宝剑。我们必须携手对抗愚昧，正如哈塔克想联合全体普什图人共同抗击外敌一样。

只可惜没几个人买他们的账。等到开学那天，他们只招到三个学生。但父亲依然坚持上课前要先唱国歌，好让这一天有个像样的开始。父亲的侄子阿齐兹来学校帮忙，国歌一唱完，他就会升起巴基斯坦国旗。

招到的学生实在太少，他们没钱为学校添置设备，信用也濒临破产。亲戚们都不肯再借钱给他们，而且希达亚图拉不满地发现，父亲还欠了许多大学同学的钱，所以他们才会三天两头收到催款的信件。

更糟的情况出现在父亲去为学校办注册手续的时候。他苦等了好几个小时，终于被领进了教育官员的办公室。那位官员坐在屋里，面前是堆积如山的文件，周围坐着几个溜须拍马的家伙，正在喝茶。"这算哪门子学校？"官员瞟了一眼父亲的申请表，不屑地问，"你们有几个老师？才三个而已！你们的老师都没接受过正规培训。现在真是什么人都觉得自己能办学校！"

办公室里的人哄堂大笑，对父亲冷嘲热讽。父亲愤怒不已，这名官员显然是想索取贿赂。普什图人最受不了被人看扁，父亲也不打算为自己应得的权利额外付钱。再说他跟希达亚图拉都快揭不开锅了，遑论行贿。当时学校的注册费大概是一万三千卢比，要是那些官员觉得你兜里有钱，价格还会水涨船高。学校还必须定期请官员享用丰盛的午餐，吃的不是全鸡宴就是刚从河里打上来的新鲜鳟鱼。官员们会打电话来预约巡视时间，顺便列出菜单。"我们办的是学校，不是养鸡场。"父亲曾这样抱怨。

因此，面对这名索贿的官员，父亲使出多年来在辩论中蓄积的力气，对他反唇相讥。"你问这些干吗？"他质问对方，"这里到底是办事处、警察局还是法庭？难道我是罪犯？"他决意挑战这名官员的权威，让办学者免受欺侮和腐败困扰。他知道要做到这一点，自己必须具备一定的实力，于是加入了一个名叫斯瓦特私立学校协会的组织。当时这个组织规模很小，只有十五名成员，父亲很快当上了协会的副主席。

别的办学者早就对索贿习以为常，父亲却坚信只要所有学校联合起来，就能抵制腐败。"办学又不是犯罪。"他告诉大家，"你们凭什么给他们好处？你们这是要教育下一代啊，不是要开妓院！政府官员不是老板，而是公仆。"他提醒众人，"他们领了薪水，就该为你们服务。你们才是教育他们子女的人。"

他很快当上了协会的主席，不断扩大协会规模，最终吸纳了四百位校长。突然间，校长们形成了一股力量。但父亲一直是个浪漫主义者，从来都没什么商业头脑，也正是在这个时期，他和希达亚图拉山穷水尽，甚至没法继续在本地的商店赊账，连茶叶或糖都买不起了。为了创收，他们在学校开了一间糖果铺，每天一大早就出去买点心来卖给孩子们吃。有一次父亲甚至进了一批玉米粒，连夜做成一袋袋爆米花供糖果铺出售。

"面对层出不穷的问题，我有时会绝望甚至濒临崩溃。"希达亚图拉说，"但齐亚丁始终坚强不屈，斗志昂扬。"

父亲坚信他们必须有远大的目标。一天，希达亚图拉招生回来，恰好撞见父亲在办公室里跟巴基斯坦电视台驻明戈拉的负责人洽谈广告合作。那人走后，希达亚图拉哑然失笑。"齐亚丁，我们连电视都没有。"他指出，"就算做了广告我们也看不到啊。"但父亲是个乐天派，从不向现实低头。

有一天，父亲告诉希达亚图拉他要回村待几天。其实他是结婚去了，但他没向明戈拉的朋友走漏半点风声，因为他没钱请他们赴宴。依照我们普什图人的习俗，婚宴要连办几天几夜。后来母亲常常提醒父亲，婚礼当天他其实根本不在现场。他直到最后一天才赶到，家人把一本《古兰经》和一块披巾举过他们头顶，又拿出一面镜子，让他们看镜中的彼此。许多普什图夫妻都是包办婚姻，对他们而言，这是他们第一次看到对方的模样。有人抱来一个小男孩放在他们膝头，祝他们早生贵子。

依照我们的传统，娘家要为新娘准备家具或冰箱，婆家得送她黄金首饰。祖父不肯花那么多钱买黄金,早已债务缠身的父亲只好又去借钱给母亲买手镯。完婚之后,母亲搬到祖父和伯父家中。父亲每隔两三周回村探望她一次。当时,他计划等学校一办起来就把母亲接到明戈拉居住。但巴巴不断抱怨母亲住在家中,增加了他的开销。母亲的日子过得非常煎熬。她自己存了点钱,就用这笔积蓄雇了辆面包车,把她送到了明戈拉。他们根本不知道该靠什么生活。"我们只知道爸爸不想让我们住在家里。"父亲说,"那时我对家里意见很大,但后来我却很感激他们,因为他们迫使我自立自强。"

可他忘了告诉合伙人自己结婚的事。见我父亲带着妻子回到明戈拉,希达亚图拉惊掉了下巴。"我们根本没能力赚钱养家。"他告诉父亲,"这儿哪有地方给她住啊?"

"没事的。"父亲回答,"她可以帮我们洗衣做饭。"

能搬到明戈拉生活,母亲兴奋极了。这里在她眼中是一座现代化的大都市。小时候,她曾跟朋友们坐在河边聊未来的梦想,大多数女孩子都说她们梦想结婚生子,为丈夫做饭。轮到母亲时,她说:"我想住到城里,饿了就从外面买烤肉串和馕饼吃,不用自己做饭。"但来到明戈拉之后,她并没过上那种生活。我家的棚屋只有两个房间,一间是希达亚图拉跟父亲的卧室,另一间是个小办公室。家里没有厨房,也没有下水管道,母亲搬来之后,希达亚图拉就只能住进办公室,睡在一张硬木椅上。

父亲事事都征求母亲的意见。他会说:"佩凯,这个我不懂,快来帮我看看。"甚至在他们为学校粉刷墙壁时,她也会去帮忙,提着灯笼给他们照明,好让他们在断电之后继续干活儿。

"齐亚丁是个顾家的好男人,他俩感情好得不得了。"希达亚图拉说,"我们所有人都受不了妻子,他却跟妻子如胶似漆。"

没过几个月,母亲就怀孕了。他们的第一个孩子在1995年出生,是个女孩,但生下来就已经死去。"我们住的地方满是污泥,卫生状况堪忧。"父亲说,"我一直以为女人不去医院也能生孩子,像我们村里的母亲和姐妹那样。母亲就是那样生了十个孩子。"

学校不断亏损。他们有好几个月都发不出教师工资,也交不起校舍的房租。金匠不断上门讨债,索要为母亲做结婚手镯的费用。父亲会沏上一壶好茶,给他一些饼干,指望这能让他满意而归。希达亚图拉笑道:"你以为他喝点茶就满意了?他要的是钱。"

当时他们已经陷入绝境,父亲不得不把金手镯当掉。在我们的文化中,结婚首饰是夫妻感情的象征。女人们往往会卖掉首饰支持丈夫创业,或是帮他们支付出国的费用。之前父亲随口就答应要资助侄子上大学,当时母亲已经拿出了手镯——幸好那次有父亲的表亲杰汉·谢尔出手相助——而且她并不知道父亲其实连买手镯的钱都没付清。得知父亲贱卖了手镯,母亲大发雷霆。

情况似乎已经糟到了极点,没想到这时明戈拉地区居然又暴发洪水。雨下了整整一天,临近傍晚,他们接到了洪水警报,所有居民必须紧急撤离。当时母亲不在家中,希达亚图拉见水位涨得太快,想让父亲帮他把东西搬到二楼,免得被淹。他却怎么也找不到父亲。他冲到门口大喊:"齐亚丁,齐亚丁!"为了寻找父亲,希达亚图拉险些丧命。校外狭窄的街道已经被洪水淹没,水很快漫过他的脖颈。电缆垂下来,随风摆荡。眼看它们就要碰到水面,希达亚图拉吓得僵在原地。电缆一旦碰到洪水,他就会触电。

最后他终于找到了父亲,父亲说他听见一个女人高声哭喊着她丈夫还被困在家中,于是立刻冲进屋里救人,接着又抢救了他们家的冰箱。希达亚图拉听得火冒三丈。他怒斥父亲:"你宁可去救那个女人的丈夫,也不顾自己家的房子!就因为听见有女人在哭?"

等到洪水退去,他们发现家园和校园全都毁了:他们的家具、地毯、书籍、衣物和音箱上都裹着厚厚一层污泥,恶臭熏天。他们没地方睡觉,也没有干净衣服可穿。好在邻居阿曼·乌丁先生收留他们过了一夜。他们足足花了一周时间才清理干净。而仅仅十天后，他们又遇上了第二场洪水，当时他俩都不在家，污泥再次涌入房间。没过多久，一位来自巴基斯坦水利水电开发署（WAPDA）——也就是水电公司——的官员来到家里，声称他们对水电表动了手脚，想让他们花钱摆平。父亲严词拒绝，结果收到一张巨额罚单。他们根本付不起罚款，父亲只得托一位政界的朋友出面平息此事。

办学的梦想越来越遥不可及，但父亲不愿就这样放弃。再说他现在还有一家人要养呢。1997年7月12日，我来到这个世界。一位有经验的邻居来帮母亲接生，父亲则在学校等待消息，一得到通知就飞奔回家。母亲原本还有些惴惴不安，不敢说生的是女儿而不是儿子。但父亲说他凝望着我的眼睛，心中洋溢着欢乐。

"马拉拉是个小福星。"希达亚图拉说，"她出生之后，我们就交了好运。"

但好运并没有立刻降临。1997年8月14日是巴基斯坦建国五十周年的纪念日，全国都举行了游行和纪念活动。父亲的朋友伊赫桑·乌尔哈克·哈卡尼却发起了一场静坐示威，想告诉人们这个日子并不值得庆祝，因为斯瓦特从并入巴基斯坦那天起就民不聊生。他们戴上黑色的袖章表示抗议，指责那些庆典毫无意义。最终，他们遭到逮捕，得付一大笔罚款才能重获自由，而他们无力支付。

我出生几个月后，学校楼上空出三个房间，我们所有人都搬了进去。这栋房子有水泥墙和自来水，条件比泥糊的棚屋改善了许多，但里面依然拥挤不堪，因为我们还跟希达亚图拉住在一起，而且家里几乎每天都有客人来住。父亲最早创办的是所小学，男女同校，规模很小。到我出生时，学校已经有了五六位教师和百名学生，每人每月缴纳学费一百卢比。父亲既是老师，也是会计和校长，还负责扫地、刷墙和打扫厕所。他会爬上电线杆张贴招生广告，尽管他有恐高症，每次爬梯子都会双腿打战。水泵坏了，他也得亲自下井去修。每次看见他消失在井里，我总会号啕大哭，以为他再也不回来了。每个月付完房租和工资，我们就没剩多少钱吃饭了。由于喝不起奶茶，我们一向只喝绿茶。但经过一段时间的经营，学校逐渐实现了收支平衡，父亲开始着手创办第二所学校，打算把它命名为"马拉拉教育学院"。

学校是我的乐园，任我自由来去。父亲说，我还没学会说话，就已经摇摇晃晃地走进教室，学老师的样子咿咿呀呀了。一些女老师，像乌尔法特老师，会把我抱在膝头，就像我是她们的小宠物似的，她们有时甚至会把我带回家玩一阵子。我三四岁时就被放在大孩子班上。我坐在教室里，好奇地听他们上的每一节课，有时还会学老师讲课。可以说，我从小就是在学校里长大的。

与纳伊姆合伙办学的经历让父亲认识到，好朋友不一定适合一起做生意。希达亚图拉最终也离开了学校，开始自己办学。他们把学生分成两拨，一人掌管两个年级。他们并没向学生透露这些安排，想让大家觉得学校只是扩大了规模，有了两栋校舍。希达亚图拉尽管已经不再跟父亲说话，却特别挂念我，还会专程赶来看我。

2001年9月某天下午，希达亚图拉又来看我，这时现场一片骚动，不断有人赶来我家。人们说纽约有栋高楼遭遇了严重的袭击，两架飞机撞了上去。那时我才四岁，还什么都不懂。其实这件事就连大人都很难想象——斯瓦特最高的建筑是一座医院和一家旅店，只有两三层楼高。这件事似乎离我们非常遥远，我甚至不知道什么是纽约、什么是美国。学校就是我的世界，我的世界就是学校。那时我们不会想到，"9·11"事件也会颠覆我们的世界，并将战争带进我们的河谷。

4　我们的村庄

我们普什图人有个传统，孩子出生第七天要办一场"沃玛"（woma），"沃玛"就是"第七"的意思。到了那天，亲朋好友、邻里乡亲都会到家里来看宝宝。父母没给我办"沃玛"，因为他们没钱买山羊和稻米来招待客人，祖父也因为我不是男孩而不肯出资赞助。弟弟出生后，巴巴想给他办"沃玛"，但父亲拒绝了他。父亲说既然马拉拉没办，那弟弟也不该办。不过外祖父在我出生之前就去世已久，我只有巴巴这一位祖父，所以跟他还是很亲。父母说我身上兼具祖父和外祖父两人的特质——我像外祖父一样幽默聪慧，又像祖父一样能说会道！上了年纪之后，巴巴的胡子白了，脾气也平和了许多。我很喜欢回村里看他。

每次见到我，他总会唱起同一首歌，因为他一直对我含义悲伤的名字耿耿于怀，想为它注入一丝欢乐。"马拉拉来自迈万德，人世间数她最快乐。"（*Malala Maiwand wala da, Pa tool jehan ke da khushala da.*）

我们每年都会回村里过尔德节。我们会穿上自己最好的衣服，挤上飞行巴士——一种小巴，车身漆得五颜六色，车上挂满叮叮当当的链条——赶往北部的巴卡纳村，那是我们家族在香格拉县的发源地。我们每年要过两次尔德节，一次是标志斋月结束的"开斋节"，人称"小尔德节"；另一次是纪念先知伊卜拉欣向真主献祭儿子伊斯玛仪的"古尔邦节"，也称"大尔德节"。节庆的日期由一个宗教委员会公布，他们会观测新月，根据它出现的时间决定。一从广播中得知日期，我们便动身了。

出发前一天晚上，我们会兴奋得夜不能寐。只要道路没有毁于暴雨和塌方，这段路一般是五小时车程。飞行巴士会在第二天一早上路。我们紧赶慢赶来到明戈拉汽车站，身上背着大包小包，里面塞满为亲友准备的礼物——有刺绣的披肩、一盒又一盒的玫瑰、用开心果做的点心，还有村里买不到的药品。有人还会带上几大袋糖和面粉，包裹全都绑在车顶，堆得像一座小山。我们鱼贯上车，抢着坐靠窗的座位，尽管车窗上总是蒙着厚厚一层灰，几乎看不到什么风景。在斯瓦特，长途汽车车身两侧都画着风景画，图案有粉色和黄色的花朵，有荧光橘的老虎，还有白雪覆盖的群山。我的两个弟弟特别希望某辆车能画上 F-16 战斗机或核导弹，尽管父亲说那帮政客但凡能少花点钱制造核武器，国家的教育经费都不至于不够。

我们的车子驶出巴扎，驶过牙医广告上的血盆大口，驶过摆满木笼的推车——笼中挤满目光机警、红喙白羽的鸡，驶过橱窗里陈列着结婚金手镯的首饰店。我们驶出明戈拉向北开去，经过的最后几家店铺是几座棚屋。棚屋看上去摇摇欲坠，仿佛只是因为靠在一起才没有坍塌，屋前放着成堆的翻新轮胎，是为了应对前方崎岖的山路而准备的。接着，我们的车子驶入最后一任瓦里修建的公路，左侧是开阔的斯瓦特河，右侧是陡峭的山崖，山里蕴含着丰富的翡翠矿藏。几家观光餐厅散落在河边，巨大的玻璃窗宽敞明亮，不过我们从没进去过。途中，我们会与一些满脸尘土的孩子擦身而过，他们背着大捆的干草，被肩上的重担压弯了腰；我们还会经过牧羊人身旁，看他们赶着脏兮兮的羊群四处转悠。

车子继续向前，沿途的景致开始变换：郁郁葱葱的稻田散发着清新的香气，果园里种满杏树和无花果树。车子有时经过跨建在溪上的大理石作坊，排污废料染白了溪流。这令父亲愤怒不已，他总会说："瞧这些恶棍都干了什么，把我们美丽的河谷全给毁了。"道路逐渐从河岸剥离，化作狭窄的山道，在冷杉林立的高地上蜿蜒向前，车子不断爬升，直到我们开始耳鸣。秃鹫在山顶的遗迹上盘旋，那里曾耸立着首任瓦里建造的堡垒。汽车铆足了劲,艰难地爬坡。每次遇到卡车在有盲区的急弯超车,我们的司机总会破口大骂。我那两个弟弟最喜欢这个,还会嘲笑我和妈妈,把山下的汽车残骸指给我们看。

终于,我们来到"天弯",这道山隘是香格拉峰顶的入口,让人恍若置身世界之巅。站在天弯之上,我们俯瞰群山,感觉千峰万仞都在我们脚下。远处,白雪覆盖的马拉姆·贾巴山傲然挺立,山上坐落着我们斯瓦特的滑雪场。道路两旁有清泉、瀑布,停车休憩、喝杯茶时,我们能呼吸到清新的空气,感受杉树与松树的馨香。我们贪婪地深深吸气。香格拉县群山环抱,层峦叠嶂,只能从峰峦间瞥见一线天空。天弯一过,道路再度蜿蜒而下,沿古厄本河延伸,然后逐渐变窄,化作崎岖小道。过河只能走吊桥,要么就得借助滑索,坐进一只金属吊篮里滑到对岸。外国人管这种吊桥叫"敢死桥",但我们很喜欢走。

打开地图,你会发现斯瓦特是一道狭长的河谷,由众多较小的河谷连缀而成,我们管这些小河谷叫"达勒"(*darae*),它们就像树木的枝丫,向河谷两侧延伸。我们村坐落在河谷中段的东侧。村庄在卡纳谷内,河谷两侧都是悬崖峭壁,窄得连一座板球场都装不下。我们村名叫巴卡纳村,但这片河谷里其实有个由三座村庄组成的聚落——沙阿布尔村是其中最大的一座,巴卡纳村就是父亲的老家,卡尔沙特村是母亲家所在的村庄。河谷两端各有一座大山——南面那座是托加尔,意思是黑山;北面的是斯平加尔,也就是白山。

我们一般会去巴卡纳村的祖父家过节,住在父亲从小长大的房子里。它也像这里的大多数房屋一样,由岩石和泥浆垒砌而成,有着平坦的屋顶。不过我更喜欢住在卡尔沙特村,跟母亲那边的表亲待在一起,他们住的是水泥房,还带洗手间,而且我还会有好多玩伴。母亲和我住在楼下,那是女眷的住处。女人们整天都在带孩子,还得给待在楼上胡吉拉的男人们做饭。我跟表姐阿妮萨和松布尔住一个房间，里面有个清真寺形状的时钟，还有一个壁橱，里面存放着一把步枪和几包染发剂。

在村子里，一天开始得很早。听到公鸡打鸣和女人们给男人做早餐时叮叮当当的杯盘碰撞的声音，就连我这个爱赖床的人也不得不早早起床。清晨，阳光从黑山的顶峰反射下来；当我们在做每日五次礼拜中的第一次——*晨礼*（*fajr*）时，我们会向左望去，看见白山的顶峰被第一缕阳光染成金色，如一位白皙的淑女额前垂挂着一道金链。

接着，山中往往会降下小雨，万物被涤荡一新。山间鲜绿的台地上云朵飘浮，人们在地里栽种了萝卜与核桃树。蜂箱星散四周。我爱那些浓稠的蜂蜜，喜欢用核桃蘸它吃。卡尔沙特村一头的小河中有水牛栖息。那里有一间棚屋，里面有一架木制的水车，能带动巨大的石磨，把小麦和玉米磨成面粉，再由几位少年装袋打包。旁边还有间更小的棚屋，里面有控制面板，上面密布着错综的电线。村里没有政府供电，村民们只得靠这种简易水利装置自己发电。

时间推移，日头升高，白山上渐渐金光普照。日暮时分，白山没入阴影，阳光一点点爬上黑山。我们依照山峰上阴影的位置确定做礼拜的时间。当阳光爬上某块岩石，我们就知道行*晡礼*（*asr*）的时间到了。而每到傍晚，当白山的雪顶比清晨更加摄人心魄，我们就知道该行*昏礼*（*makkam*）了。在村里任何地方都能看见白山。父亲告诉我，在小时候的他眼里，白山就是和平的象征，像一面白色的旗帜飘扬在我们河谷的尽头。那时，他还以为这片小小的河谷就是整个世界，人只要越过接天的山际线，就会跌到世界之外。

我虽然生在城市，却也继承了父亲对大自然的热爱。我喜欢肥沃的土壤和葱茏的草木，喜欢庄稼与水牛，还喜欢走在路上，看金灿灿的蝴蝶绕着我翩翩起舞。村里很穷，但我们每次回乡，亲戚们总会为我们奉上一桌盛宴，摆上一碗又一碗女人们亲手烹煮的鸡肉、米饭、菠菜和辣羊肉。餐后还有一碟碟脆苹果、黄蛋糕和一大壶奶茶。孩子们没有玩具，也无书可读。男孩们只能在河谷里打板球，而就连那颗球都常常是一团用皮筋捆着的塑料袋做的。

我们村是个被遗忘的角落。喝水得到山泉去挑。村里为数不多的几栋水泥房屋，都属于有男人在矿上或波斯湾务工的家庭，那些男人会给家里寄钱。我们普什图族有四千万人口，其中有一千万人离乡背井，在外务工。父亲说，可悲的是，这些人很难回到家乡，因为他们必须不停地工作，确保家人能维持新式的生活。村里有许多人家都没有男人。男人们每年只回来一次，九个月后，家里一般都会添丁。

山坡上零星散落着用篱笆条和灰泥搭成的房屋，就像我祖父家的房子那样。这些房屋常被山洪冲毁。到了冬天，住在里面的孩子有时会被冻死。村里没有医院，只有沙阿布尔村有间诊所。另外两个村要是有人病了，亲戚们就得用木担架把病人抬到沙阿布尔村去。我们开玩笑说，木担架就是香格拉县的救护车。如果病人病情严重，村民们就只能乘长途汽车把病人送到明戈拉去，除非他们运气够好，认识家里有车的朋友。

政客们通常只会在大选期间来村里走访，承诺会修路、架电缆、接水管、办学校，还会给本地的头面人物塞钱、捐发电机，这些人就是我们所说的"关系人"，他们会指导本地人投票。当然，这些事都只跟男人有关，村里的女人没资格投票。这些政客一旦成功当选，进入国会，就会彻底消失在伊斯兰堡。如果当选为省议员，则会消失在白沙瓦，从此音讯全无，那些承诺也没了下文。

村里的表亲会取笑我的城里人做派。我不爱打赤脚，还喜欢看书，说话带城里口音，总说明戈拉俚语。我的衣服基本都是在商店里买的，不像他们都是自家做的。亲戚们有时会问："你能帮我们煮鸡肉吗？"我则会回答："不能。鸡是无辜的，我们不应该宰杀它们。"他们觉得我是城里人，很时髦。但他们不知道的是，伊斯兰堡人和白沙瓦人会觉得我土得掉渣。

有时，家里人会一起去山上或河边远足。那条溪流水面开阔，在积雪消融的夏季，溪水会变得深而湍急，无法直接蹚过。男孩们会用蚯蚓钓鱼，用线把它们像穿项链一样穿成一串，挂到长杆一头。有人会吹起口哨，相信这样能引鱼上钩。那种鱼并不怎么美味，鱼嘴粗糙而坚硬，我们管它叫洽克笛（chaqwartee）。有时，女孩们会带上一罐罐米饭和果子露，结伴去河边野餐。我们最喜欢玩"结婚"游戏。所有人分成两拨，代表两个家庭，每家都得嫁出一个女儿，这样我们就能办一场婚礼。两拨人都想拉我入伙，因为我是明戈拉来的，时髦得很。所有女孩中最漂亮的是坦泽拉，我们一般会把她分到对方那组，让她嫁过来当我们的新娘。

珠宝首饰是结婚游戏的重头戏。我们会给新娘戴上耳坠、手镯和项链，边唱宝莱坞歌曲边为她梳妆打扮。然后我们会用从母亲那儿要来的化妆品给她化妆，用热石灰和苏打粉为她染白双手，再用海娜花为她染红指甲。装扮完毕，新娘就开始哭泣，我们会摸摸她的头，劝她不要担心。"人都是要结婚的。"我们会说，"善待你的公婆，这样他们才会好好对你。细心照料你的丈夫，祝你幸福。"

有时村里会有真正的婚礼。持续数日的盛大婚宴常常弄得主人倾家荡产或债台高筑。新娘会穿上华美的嫁衣，浑身缀满黄金，再戴上双方父母赠送的项链和手镯。而在另一些时候，人们会从矿区运回一副胶合板棺材。女人们会到死者的妻子或母亲家中陪她们哭泣，凄厉的哭声响彻河谷，令我不寒而栗。

村里晚上黑得伸手不见五指，只有山上人家忽明忽灭的油灯透出点点微光。村里年老的妇人们没读过书，肚子里却装满故事，还会背普什图对句，也就是我们所说的"塔帕"。背塔帕是我祖母的强项。这些对句的题材通常是爱情故事或普什图人的生活。"没有一个普什图人情愿离乡背井，"祖母会这样唱道，"除非是因为贫穷，抑或爱情。"姑姑们则会拿鬼故事吓唬我们，其中就有萧谷帝的故事。她们说他有二十根指头，会爬到我们床上睡觉，我们被吓得嗷嗷叫。但在普什图语中，"脚趾"和"手指"都叫指头，所以其实每个人都有二十根指头，但我们谁也没转过这个弯来。为了让我们早早洗漱，姑姑们还会讲恐怖女人莎莎卡的故事，她满手污泥，满嘴臭气，要是你没有洗头洗澡，她就会来追你，把你变得肮脏不堪，头发脏得像老鼠的尾巴，里面爬满虫子。她甚至可能会取你性命。到了冬天，要是大人不想让孩子去雪地里玩，就会讲那只一定要第一个踏上雪地的狮子或老虎的故事。只有等它先在雪地上留下脚印，我们才能去外面玩雪。

我们一天天长大，村里的生活开始显得乏味。我们村只有一台电视，摆在村里一个大户人家的胡吉拉里，而且全村上下没有一台电脑。

村里的女人出门必须遮起面容，也不能跟亲戚以外的男人见面或交谈。我穿戴比较时髦，而且到了十几岁都不戴头巾。有个表哥看不惯我这样，就跑去质问父亲："她为什么不遮起面容？"父亲则回答说："她是我的女儿。你少管闲事。"但亲戚中还是有人在背后议论我们，说我们不守普什图瓦里。

我为身为普什图人而自豪，但有时我也觉得我们似乎有太多的清规戒律，对女性尤其如此。我们家有个女工叫沙希达，独自带着三个年幼的女儿。她告诉我，她十岁就被父亲卖给一个年长男人，那人是有家室的，却还想娶个年轻姑娘。不过女孩们消失倒也不全是因为嫁人。我们村有个十五岁的美丽少女，名叫希玛。大家都知道她爱上了一位少年。那少年有时会从她家门前经过，她总会默默凝望着他，那双每个女孩都羡慕的眼睛上黑长的睫毛轻轻颤动着。在普什图人的观念中，女子向男子眉目传情是家族的耻辱，男人却没有这样的禁忌。她最终死于非命，据说是自杀身亡，但后来我们才知道她其实是被家里人毒死的。

我们这里有个习俗，叫作"斯瓦拉"（swara）。根据这项习俗，人们可以把一个女孩送给敌对的部落，以此解决争端。这种做法虽然已被政府禁止，但在民间依然盛行。我们村有个寡妇叫索拉娅，嫁给了一个来自敌对家族的鳏夫。寡妇没有家族的首肯是不能再婚的。索拉娅的族人发现她擅自嫁了人，怒不可遏。他们不断对鳏夫的家族发出威胁，村里的长老只得专门召开支尔格（jirga）大会，解决这起纠纷。根据支尔格的裁决，鳏夫的家族必须接受惩罚：他们得交出家族中最美丽的女孩，嫁给对方最差劲的男子。那位新郎一无是处，而且一文不名，新娘的父亲还得负担他们所有的开销。为了平息一场与她无关的纠纷而毁掉一个女孩的一生，这究竟有什么道理？

我向父亲抨击这种现象时，父亲告诉我阿富汗的女性更不容易。我出生前一年，一个名叫塔利班的组织在一名毛拉的带领下占领了阿富汗，开始焚烧女子学校。他们强迫男性蓄灯笼似的长须，还规定女性必须穿罩袍。那就像被一只巨大的布制羽毛球罩着走路似的，只能透过眼前那扇带格栅的小窗往外瞧。天气一热，里面就热得像火炉。我起码不必穿那种东西。父亲还说，塔利班甚至不允许女性大笑，也禁止她们穿白色的鞋子，因为白色是"属于男人的颜色"；妇女会被关起来殴打，仅仅因为她们涂了指甲。听到这些，我不寒而栗。

我读的是《安娜·卡列尼娜》、简·奥斯丁作品这类书籍，我对父亲那句"马拉拉将来会像鸟儿一样自由"深信不疑。得知阿富汗女性的悲惨遭遇，我庆幸自己是斯瓦特人。我曾说过："在我们这里，女孩子可以上学。"但其实塔利班离我们只有一步之遥，而且他们和我们一样，也是普什图人。我眼中的河谷是个阳光普照的明媚之地，但我不知道的是，在群山背后，阴云正在悄然聚集。那时，父亲总对我说："马拉拉，我会捍卫你的自由。你只管去追逐你的梦想吧。"

5 我为什么不戴耳环，普什图人为什么从不道谢

到了七岁，我已经习惯了当全班第一。每当同学们遇到困难，都会来请教我。"马拉拉是天才少女。"我们班的同学会这样说。而且我也是出了名地踊跃，对课外活动来者不拒——从羽毛球到戏剧，再到板球、美术，甚至包括唱歌，尽管我的歌声并不动听。因此，当一个名叫马勒卡·努尔的同学转到我们班时，我并没放在心上。马勒卡·努尔这个名字的意思是"光之女王"，她还宣称自己将来要当巴基斯坦第一位女军事领袖。她的母亲是另一所学校的老师，这很少见，要知道我们的母亲都不工作。刚到班上时，她显得沉默寡言。在此之前，第一、二名的角逐总在我和好友莫妮巴之间展开，莫妮巴的字写得漂亮，卷面总是十分工整，这在考试当中特别加分，但我知道我写的内容更胜一筹。所以后来看到马勒卡·努尔在期末考试中拿到第一时，我简直傻了眼。回到家，我哭得停不下来，还得让母亲来哄。

差不多就在那时，我们搬了家，不再跟莫妮巴住在同一条街上，而是搬到了另一个街区，我在那儿连一个朋友也没有。这条街上有个比我小一点的女孩，叫萨菲纳，我们渐渐玩到了一起。她在家中备受宠爱，有数不清的洋娃娃，首饰也多得塞满了一整只鞋盒。她却总盯着我那只粉色的塑料玩具手机，那是父亲送我的礼物，是我仅有的几件玩具之一。父亲总用手机打电话，我也有样学样，拿玩具手机假装打电话。结果有一天，玩具手机不见了。

几天后，我看见萨菲纳也在玩一只玩具手机，看上去跟我那只一模一样。"你这是从哪儿弄来的？"我问她。"在巴扎买的呀。"她

回答。

我现在觉得她说的应该是实话，但当时，我想的却是："她竟然这么对我，那我也要这样对她。"我那段时间常去她家做作业，每次去她家，我都会顺手拿走一样东西，主要是玩具首饰，像耳环、项链之类的玩意儿。这毫无难度。我一开始只觉得刺激，但这种感觉并没维持太久。很快，我的顺手牵羊发展成一种强迫性行为，我怎么也停不下来。

一天下午放学，我像往常一样一回到家就直奔厨房找点心吃。"巴比！"我嚷道，"我饿坏啦！"但母亲一声不吭。她正坐在地上捣香料，把色泽明丽的姜黄和小茴香捣成粉末，空气中弥漫着浓郁的香气。她一下接一下地捣着，始终不肯看我。是我做错了什么吗？我垂头丧气地回到房间，打开壁橱，发现自己偷来的东西都不见了。我的劣迹败露了。

表姐里纳走进来说："他们早知道你在偷东西了，一直想等你亲口承认，结果你却不知悔改。"

我顿时心头一沉。我低着头回到母亲身边。"你犯了错，马拉拉。"母亲说，"你是不是想让我们为没钱给你买这些东西而抬不起头？"

"不是的！"我撒了谎，"我没偷。"

但母亲知道我确实偷了。"是萨菲纳先偷的。"我继续狡辩，"她偷了爸爸给我买的粉色玩具手机。"

母亲不为所动。"萨菲纳比你小，你应该教她学好，"她说，"给她带个好头。"

我哭了起来，开始不停地道歉。"千万别告诉爸爸。"我恳求母亲。我承受不了父亲的失望，被亲生父母鄙视的感觉可怕至极。

这并不是我第一次顺手牵羊。我小时候有一次跟母亲逛巴扎，看见一辆推车上堆满了杏仁。杏仁看上去是那么可口，我忍不住抓了一把。母亲喝止了我，向摊主赔了不是。但摊主勃然大怒，不肯罢休。

那时我家还很穷，母亲打开钱包，数着里面还剩多少钱。"十卢比卖给我行吗？"她问。"没门儿，"老板说，"杏仁贵着呢。"

母亲很生气，把这件事告诉了父亲。父亲听了立刻赶到巴扎，把那位摊主的杏仁全买了下来，带回来盛在一只玻璃盘里。

"杏仁是个好东西。"他说，"睡前配牛奶吃，有益智补脑的功效。"但我知道他手头并不宽裕，他把杏仁装在盘子里，是为了让我铭记自己的错误。我暗下决心，今后绝不再偷。可现在我居然重蹈覆辙。母亲带着我去向萨菲纳和她父母道歉。对我而言，迈出这一步十分艰难。萨菲纳只字未提我的玩具手机，我感觉很不公平，但什么也没说。

尽管心情低落，我还是庆幸这一切终于结束了。那天之后，我再也没有撒过谎或偷过东西。不说一句谎话，不拿一枚硬币，就连父亲放在家里给我们买零食的零钱都没拿过。我也不再佩戴首饰，因为我问自己：*这些吸引我的小玩意儿到底有什么魔力？我为什么要为几个不值钱的小首饰而丢掉人格？* 但我依然羞愧难当，直到今天都会在祈祷时向真主道歉。

我父母无话不谈，所以爸爸很快也知道了我难过的原因。从他的眼神中，我看出自己辜负了他的期望。我多想让他重新以我为荣，就像我夺得年级第一的奖杯时那样。或者就像那次，我们幼儿园的乌尔法特老师告诉他，在乌尔都语刚开课时，我在黑板上写下"请只说乌尔都语"，想帮大家更快地掌握这门语言。或者又像那次，我在普什图语作文比赛中一举夺魁。

父亲用伟人童年犯错的故事来安慰我。他引用莫罕达斯·甘地的名言，告诉我："若犯错不自由，则自由无价值。"我们也在学校学到过穆罕默德·阿里·真纳的故事。他的童年在卡拉奇度过，那时他家没有电灯，他只好借着路灯学习。他建议其他男生改打板球，而不是在尘土飞扬的地上玩弹珠，这样就不会弄脏衣服和手。父亲在办公室外挂着一幅裱好的摹本,那是亚伯拉罕·林肯一封书信的普什图语版本,收信人是林肯儿子的老师。这封信文辞优美,提出了不少有价值的建议。林肯在信中写道:"如果可以,请教他领略书本的美妙……但也请给他时间思考,让他去叩问那些永恒的谜题——譬如空中的飞鸟、阳光下的蜜蜂、绿坡上的花朵。请告诉他,失败远比作弊光荣。"

我想,是人总会犯错,重要的是你能从错误中学到什么。这就是我对普什图瓦里颇有微词的原因。它规定人受了委屈就必须报复,可是冤冤相报何时了?家族中要是有人受伤或遇害,族人就必须杀害对方家族中的任意一名男性,用复仇来维护家族的荣誉。恩怨就这样周而复始,永无止境。我们甚至有这样一句谚语:"普什图人报仇,二十年不晚。"

我们这个民族盛产谚语,其中一句是"普什图的石头不会被流水磨去锋芒",意思是我们这个民族从不原谅,从不遗忘。这就是我们很少说谢谢的原因,我们相信普什图人会对别人的恩情没齿不忘、涌泉相报,就像他们永远不会忘记复仇一样。恩情只能用恩情偿还,而不是轻飘飘地说一句"谢谢"。

为了提防仇人,许多人家居住的院落都带有围墙和瞭望塔。我们认识很多家族纷争的受害者。谢尔·扎曼就是其中之一,他是父亲的老同学,考试总胜父亲一筹。祖父和伯伯以前常开父亲玩笑,说他"比不上谢尔·扎曼",把父亲气得够呛,甚至曾盼着山上能落下一块石头,把扎曼砸扁。不过谢尔·扎曼没上大学,而是在村里的药房当起了药剂师。有一次,他的家族为一小片林地跟表亲起了冲突,谢尔·扎曼带着两个兄弟去看那块地,在途中被他的叔父及同伙偷袭,三兄弟全部遇难。

父亲在我们社区很受尊敬,常有人请他调解争端。他从不认为巴达尔(*badal*)——即复仇——能解决问题,总想试着让大家明白,继续诉诸暴力对双方都没有好处,最好放下仇恨,让生活继续。但村里有两户人家，他始终无法劝服。两家的宿怨由来已久，以至于所有人都忘了因何而起——可能只是些小小的怠慢，毕竟我们是个容易头脑发热的民族。其中一家的兄弟率先出手，袭击了另一家的叔伯。而对方很快也以牙还牙。他们的生命就这样被消耗着。

我们普什图人觉得这套机制很好，因此犯罪率一向低于非普什图地区。但在我看来，如果有人杀了你的兄弟，你并不该去杀死对方或他们的兄弟，而应该教导他们。我在这方面深受阿卜杜勒·加法尔·汗启发，他被称为"边境上的甘地"，把非暴力哲学引入我们的文化当中。

偷窃也同理。有些人，比如我，被发现之后就发誓绝不再犯。另一些人则会说："哦，这没什么大不了的，只是件小玩意儿而已。"下次他们就会偷大一点的东西，再下次还会更大。我们国家有太多政客对偷窃不以为意。他们很富有，国家却很贫弱，而他们还在不断地掠夺。他们中大多数人不缴税，但这还不算什么。他们从国有银行贷款，却不偿还。他们把政府项目分包给朋友或某些厂商，顺便中饱私囊。他们中许多人都在伦敦拥有豪华的公寓。

我们的人民在忍饥挨饿，由于持续停电而只能在黑暗中枯坐，孩子们不能上学，因为父母需要他们打工挣钱。我不知道看到这一切，那些政客怎么能心安理得？父亲说巴基斯坦受了诅咒，有太多钻进钱眼里的政客。他们不在乎军方有没有好好驾驶巴基斯坦这架飞机，他们很乐意远离驾驶舱，坐进头等舱，拉上窗帘享受美食与服务，不顾我们普通人在经济舱里挤作一团。

我出生时，巴基斯坦在某种程度上是民主国家，政权在贝娜齐尔·布托和纳瓦兹·谢里夫之间更替，两人组建的政府都没干满过任期，还不断指责对方腐败。但在我出生两年后，政权再次落入军方手中。政变过程极富戏剧色彩，精彩程度堪比电影情节。当时的总理是纳瓦兹·谢里夫，他与军方领导人佩尔韦兹·穆沙拉夫将军失和，解除了穆沙拉夫的职务。当时穆沙拉夫正从斯里兰卡回国,乘坐的是巴基斯坦国有航空公司的一架飞机。纳瓦兹·谢里夫担心穆沙拉夫得知消息之后的反应,竟企图阻止飞机降落在巴基斯坦境内。他命令卡拉奇机场关闭着陆信号灯,还把消防车停在跑道上阻挡飞机,不顾飞机上另外两百名乘客的安全,也不管飞机携带的燃油根本不足以飞到境外。电视新闻宣布穆沙拉夫将军被解职的消息后,不出一小时坦克便开上街头,军队接管了新闻演播厅和机场。卡拉奇本地指挥官伊夫蒂哈尔将军突袭了机场的塔台,穆沙拉夫乘坐的飞机得以降落。随后,穆沙拉夫掌握了政权,把谢里夫关进了阿塔克堡[1]的一处地牢。有人撒糖庆祝,因为谢里夫不得民心,父亲得知这个消息却泪流满面。他本以为巴基斯坦已经摆脱了军政府的独裁统治。谢里夫被控叛国罪,只是凭借与沙特王室成员的交情才捡回一条命,在沙特人的安排下流亡国外。

穆沙拉夫是我们国家第四位军人执政者。像前三位一样,他也开始在电视上发表全国讲话,言必称"*我亲爱的国人*"(*Mere aziz hamwatano*),在演讲中连篇累牍地声讨谢里夫,号称巴基斯坦在其统治下"荣誉尽失,尊严扫地,无人尊重"。他发誓要消灭腐败,绝不放过那些"掠夺与洗劫国家财富的蛀虫"。他承诺会公开个人财产与纳税情况,声称自己只是暂时代管国务。但他这些话没人相信。齐亚将军曾许诺只执政九十天,结果却统治了巴基斯坦十一年之久,直到他死于空难。

父亲说这是历史重演。他是对的。穆沙拉夫承诺要终结根深蒂固的封建制度,不让国家落入少数几个大家族手中,还说要让更多年轻的面孔进入政坛。但实际上,他的内阁依然由那几张老面孔组成。我

---

[1] 阿塔克堡(Attock Fort),巴基斯坦著名的古迹,建于1583年,位于旁遮普省北部的阿塔克市附近。

们国家再次被英联邦除名,成为国际社会的众矢之的。一年前,美国在我们刚开始进行核试验时就中断了大部分援助。而现在,我们几乎遭到了整个国际社会的抵制。

有这样的历史背景,斯瓦特人不愿并入巴基斯坦也就不难理解。巴基斯坦政府每隔几年就会指派一名专员,也就是DC[1],来管理斯瓦特,正如英国人在殖民时期的做法一样。我们觉得这些官员似乎只是来发财的而已,把荷包塞满就走。他们根本无意发展斯瓦特。我们普什图人一向逆来顺受,因为在瓦里统治下,任何人都不得非议政府。任何人只要胆敢冒犯瓦里,整个家族就会被逐出河谷。所以,专员来到斯瓦特,就成了新的君主,不会遭到任何质疑。老一辈时常怀念最后一代瓦里在位的时代,说那时山上林木茂盛,河谷里每五公里就有一所学校,瓦里老爷还会亲自登门,替他们排忧解难。

* * *

萨菲纳事件后,我发誓再也不会辜负朋友。父亲总说人一定要善待朋友。大学时他买不起书、吃不起饭,是许多朋友帮他渡过难关,他永远不会忘记这些。我有三个好朋友——同住一条街的萨菲纳、同村的松布尔,还有一起上学的莫妮巴。莫妮巴跟我在小学时就成了好友,我们那时住得很近,我说动她来我们学校读书。她是个聪慧的女孩,不过我们也经常吵架,特别是在全校出游的时候。她来自一个大家庭,有三个姐妹、四个兄弟。我虽然大她半岁,却把她当成姐姐。莫妮巴负责制定规则,我则尽力遵守。我们之间没有秘密,我们的秘密也不与别人分享。她不喜欢我跟别的女生讲话,叮嘱我不要跟表现差劲或是爱惹麻烦的人来往。她总说:"我有四个兄弟,但凡我犯一

---

[1] Deputy Commissioner 的缩写,即特派员、专员。

点小错,无论多不起眼,他们都会让我无学可上。"

我太怕父母对我失望了,因此总帮所有人跑腿。有一天,邻居让我帮忙去巴扎买玉米。我走在路上,被一个骑车的男孩撞倒在地,左肩一阵剧痛,泪水涌上眼眶。但我还是坚持去巴扎买了玉米,拿给邻居再回家,然后才哭了出来。不久后,我找到了重新赢得父亲尊重的好办法。学校宣布要举办公众演讲比赛,莫妮巴和我都决定报名参加。我想起父亲曾通过演讲比赛让祖父对他刮目相看,也想效仿他的做法。

拿到题目后,我简直不敢相信自己的眼睛。演讲的主题是"诚为上策[1]"。

早会上的诗朗诵是我们练习演讲的唯一机会。不过,学校里有个高年级女生叫法蒂玛,特别擅长演讲。法蒂玛人长得漂亮,演讲更是绘声绘色。她能对着几百名观众侃侃而谈,而他们也听得聚精会神,不放过她说的每一个字。莫妮巴和我都特别想变得像她一样,所以会留心观察她的一举一动。

依照我们的传统,演讲稿一般要由父亲、叔伯或老师代为撰写,语言往往是英语或乌尔都语,而不是我们的母语普什图语。我们总觉得说英语会显得比别人聪明。这当然是不对的。说什么语言并不重要,重要的是用怎样的措辞表达思想。莫妮巴的讲稿是她的一个哥哥写的,引用了我们的民族诗人阿拉马·伊克巴尔的美丽诗句。我的演讲稿则由父亲代写。他在文中阐述了一个观点:意图行善,如果方法不当,仍将酿成恶果。同理,意图作恶,纵使方法可取,结果亦为不善。最后,他以林肯的名言结尾:"失败远比作弊光荣。"

那天只有八九位同学参赛。莫妮巴讲得很棒——她冷静沉着,稿

---

[1] 原文是富兰克林的名言"Honesty is the best policy",大意为"诚实是最明智的决策"。——编者注

子也比我的更富激情，更有诗意，不过我的稿子或许立意更好。上台前我紧张极了，害怕得发抖。祖父也来看我比赛，我知道他特别希望我获胜，想到这里，我心里更紧张了。我记起父亲的忠告，开口前一定要深吸一口气，但看见所有人都把目光聚焦在我身上，我讲得潦草又仓促。手中的稿纸抖得厉害，我不断看错自己讲到了哪行。可是当我以林肯那句话收尾时，我抬头望向父亲，看见他面露微笑。

评委公布了比赛结果，莫妮巴得了第一，我则是第二。

但名次并不重要。林肯写给儿子老师的那封信中还有一句话："请让他学会有风度地落败。"我已经当惯了全班第一。但我意识到，即使已经赢过三四次，只要你放松努力，下次也不一定会取胜。我还悟出一个道理：自己的故事，有时就是最好的故事。于是我开始自己写演讲稿，也改变了演讲的方式。我决定不再照本宣科，而是讲出自己的真情实感。

6 垃圾山的孩子们

胡什哈尔学校的学生越来越多，我们又搬了一次家，终于有了一台电视。我最喜欢的节目是印度少儿连续剧《沙卡拉卡砰砰》，它讲的是一个名叫桑居的小男孩得到了一支魔法铅笔，用这支笔画的东西都会成真。他要是画下蔬菜或警察，蔬菜或警察就会奇迹般地冒出来。要是不小心画下一条蛇，他可以把它擦掉，蛇也就消失了。他用这支铅笔帮助人们——甚至从黑帮手中救出了自己的父母。这支铅笔成了我在这个世界上最想得到的东西。

晚上做礼拜时，我会念念有词："真主，请赐我桑居的铅笔吧。我一定会保守秘密。请把它放进我的壁橱。我会用它给大家带来欢乐。"然后我会立刻去查看抽屉。那里从来没有出现过魔法铅笔，但我已经想好了自己第一个要帮的是谁。我们新家那条街上有块狭长的空地，大家都往那里倾倒垃圾——斯瓦特没有垃圾清运服务。那儿的垃圾很快就堆成了小山。我不喜欢靠近那地方，那里实在臭气熏天。我们有时会看见老鼠从垃圾山上飞快地蹿过，乌鸦在空中盘旋。

有一天弟弟们不在家，母亲叫我出去扔土豆皮和鸡蛋壳。我走到垃圾堆旁，不禁皱起鼻子，用手挥赶苍蝇，还生怕弄脏脚上那双漂亮鞋子。我把垃圾抛上堆满腐食的小山，就在这时，我突然看见有什么在动，吓了一大跳。那是一个与我年龄相仿的女孩，她的头发缠成一团，皮肤上布满脓疮，活脱脱就是我想象中的莎莎卡。莎莎卡是村里亲戚用来吓唬我们的脏女人，为的是催我们赶快洗漱。我面前这个女孩拎着一只大口袋，正把垃圾分门别类摆在一起，金属罐是一堆，瓶盖是一堆，玻璃和纸是一堆。附近还有几个小男孩在用套着绳子的磁铁吸金属。我很想去跟他们说说话,但没能克服恐惧。

那天下午,父亲刚从学校回到家,我就把拾荒孩子的事说给他听,恳求他跟我一起去看看。他试着跟他们说话,他们却一哄而散。父亲告诉我,那些孩子会把从垃圾堆里淘来的东西卖给废品商店,换取几个卢比。商店则会把这些东西当商品出售。回家路上,我注意到父亲眼里噙着泪水。

"爸爸,你一定要免费让他们来学校上学。"我恳求父亲。他对我笑笑。母亲和我已经说动他免费收了好几个女生。

母亲虽然没受过教育,却是我们家的实干家,父亲则更像是言语上的巨人。母亲总在外面帮助别人。父亲有时会很生气——他回来吃午餐,高喊着"托尔·佩凯,我回来了",却发现母亲并不在家,自己没东西可吃。随后,他发现她其实是去医院探望病人,或去帮另一家人的忙了,气一下就消了。不过她有时是去奇纳巴扎逛街买衣服,这又另当别论了。

无论我们搬到哪里,母亲总会请许多人到家里来住。我跟表姐阿妮萨,还有另一个女生谢纳兹住一个房间。阿妮萨从村里过来,为了上学而投靠我们。谢纳兹的母亲苏丹娜以前在我们家干过活。谢纳兹的父亲过世后,他们家陷入贫困,她和妹妹也被送去捡过垃圾。她的一个哥哥患有精神病,总是做一些奇怪的事,比如放火烧他们的衣服,或是卖掉我们送给他们消暑的电风扇。苏丹娜脾气很差,我母亲不想留她在家里干活,不过我父亲给她安排了一笔小小的补贴,又让谢纳兹和她的另一个兄弟来学校读书。谢纳兹以前没上过学,她虽然大我两岁,却比我低两个年级。她住到我家,这样我就能帮她辅导功课了。

住在我家的还有努莉娅,她母亲卡努平时帮我们洗衣打扫。阿莉什帕也是,她家姐妹众多,她母亲卡莉达是给我母亲帮厨的。卡莉达曾被卖给一个老男人为妻,丈夫常常打她,最后她终于带着三个女儿逃了出来。卡莉达的娘家不肯收留她，因为人们认为已婚女子离开丈夫，会令家族蒙羞。有一段时间，她的女儿们也不得不靠捡垃圾为生。那时我已经开始读小说了，感觉她们的经历就像小说中的情节。

那时学校已经扩建不少，有了三栋校舍——最早那栋位于兰蒂卡斯街，是小学部，然后是亚亚街上的女高和佛寺废墟附近的男高，男高校园里有座开阔的花园，里面开满玫瑰。我们学校的学生满打满算有八百人左右。尽管并没有真正赢利，但我父亲还是允许一百多名同学免费就读。其中一名男生是沙拉法特·阿里的儿子，我父亲上大学那会儿穷困潦倒，曾接受过阿里的资助。他们是同一个村出来的，又是朋友。沙拉法特·阿里在电力公司上班，一有节余就会给父亲几百卢比。父亲很高兴能回报他当年的好意。我们班还有个叫考萨尔的女生，她父亲是手艺人，专门给衣物和披肩镶边——这是我们这里一种有名的工艺。有一次学校组织我们去山里郊游，我知道她没钱参加，就用自己的零花钱帮她付了钱。

让穷人家的孩子来上学，不仅仅意味着父亲会收不到他们的学费，而且一些有钱的家长得知自己的孩子得跟自家清洁工、缝衣工的子女一起上学，会直接让孩子退学。他们觉得孩子跟贫寒家庭的孩子混在一起是件丢脸的事。母亲说穷人家的孩子不先填饱肚子就很难认真学习，所以有几个女生会来我家吃早餐，父亲开玩笑说我家都快成膳宿公寓了。

家里住了那么多人，我很难集中精力学习。本来我很高兴终于有了自己的房间，父亲甚至给我买了一张梳妆台，权当书桌了。可现在，我还得跟另外两个女生挤在一起。"我需要自己的空间！"我嚷道。但我话一出口就后悔了，意识到自己已经非常幸运了。我想起垃圾山上拾荒的孩子们，那个女孩脏兮兮的面孔不断浮现在我眼前，于是我缠着父亲，求他一定要免费让他们入学。

父亲试着跟我解释，这些孩子得负责养家糊口，就算免去学费，全家人也会因为他们上学而挨饿。不过父亲还是请富有的慈善家阿扎迪·汗出资，印了很多传单。传单上是他的质问："接受教育难道不是每个孩子与生俱来的权利？"（*Kia hasool e elum in bachun ka haq nahe?*）他把这张传单印了几千份，摆在各个集会场所，还在城里分发。

那时，父亲在斯瓦特地区已经小有名气。尽管他既不是汗也不是富人，但大家都愿意听他说话。人人都知道他在研讨会上总是有话要说，也知道他敢直言不讳地批评当权者，连军政府也不例外。他也逐渐进入军方的视野，有朋友告诉他，本地指挥官曾公开评价他"杀伤力极大"。父亲并不知道这位准将是什么意思，但在我们这个国家，军方势力强大，被这么点评可不是什么好兆头。

父亲最看不惯那些"幽灵学校"。在偏远地区，一些有头有脸的人说服政府在当地办学，却一个学生也不招。他们会把校舍当作自己的胡吉拉，甚至用来圈养牲口。更过分的是，有些人这辈子从没教过一天书，却在领教师津贴。除了腐败和政府的无能，父亲当时最担忧的还有环境问题。明戈拉市正在迅速扩张——人口已突破十七万五千人——原本清新的空气变得污浊不堪，充斥着汽车尾气和炒菜的油烟。山上美丽的树木遭到砍伐，被用作木材。父亲说全城只有一半人能喝到清洁的饮水，大多数人家里都没有卫生设施，包括我们家在内。因此，父亲和朋友创办了一个叫"全球和平委员会"（the Global Peace Council）的机构。这个组织名字虽然很大，但关注的主要是本地事务。这个夸张的名字令人啼笑皆非，父亲常常拿它打趣，不过组织的目标非常严肃：保护斯瓦特的自然环境，在本地倡导和平，推广教育。

父亲喜欢写诗，有时是情诗，但更多的是反映一些有争议的话题，比如"荣誉谋杀"和女性权利。有一次，他去阿富汗参加一个诗歌节，住在喀布尔的洲际酒店，在那儿朗诵了一首赞美和平的诗歌。活动闭幕式上，这首诗被称作最能启迪人心的作品，现场还有观众请他逐句再读一遍，人们听到喜欢的句子，还会发出"哇哇"（*wah wah*）的惊叹声，意思是"棒极了"。连祖父都为他感到自豪。"儿子啊，愿你成为知识天空中一颗闪亮的明星。"祖父说。

我们都为父亲骄傲，但父亲越是知名，我们就越难见到他的身影。我们的衣服都是母亲去买，我们生了病也都是她带我们去医院。按照我们的习俗，尤其在我们这乡下人眼中，这些事都不该由女人独自完成。所以，每次都是从父亲那几个外甥中抽个人陪她出去。而父亲在家时，他和朋友会趁着暮色坐在屋顶，没完没了地谈论政治。其实他们谈来谈去只有一个话题——"9·11"事件。世界上或许也有别的地方被这起事件改变，但我们无疑首当其冲。世贸中心遇袭时，"基地"组织头目奥萨马·本·拉登就住在坎大哈，美国派出数千名士兵赴阿富汗搜捕，推翻了为他提供庇护的塔利班政权。

当时，巴基斯坦依然处在军事独裁政府统治下，但美国人需要我们的支持，就像他们20世纪80年代需要我们在阿富汗牵制苏联一样。苏联入侵阿富汗扭转了齐亚将军的命运，同样地，"9·11"事件也改变了穆沙拉夫将军的处境，让他不再是国际社会的弃儿。一夜之间，他又是受邀去白宫会见美国总统乔治·W. 布什，又是去唐宁街十号会见英国首相托尼·布莱尔。不过这当中有个很大的问题：塔利班差不多就是三军情报局一手扶持的。三军情报局的许多高官都与塔利班头目过从甚密，相识多年，部分认同他们的理念。三军情报局的伊玛目上校曾得意地夸耀自己培训过九万名塔利班战士。塔利班统治阿富汗期间，他甚至当上了巴基斯坦驻赫拉特[1]的总领事。

我们不支持塔利班，因为我们对他们的劣迹早有耳闻，知道他们曾摧毁女校、炸毁大佛——斯瓦特有许多我们引以为傲的佛像。但很

---

[1] 赫拉特（Herat），阿富汗西北部赫拉特省省会。

多普什图人并不愿看到美军轰炸阿富汗,也不喜欢巴基斯坦支持美国的做法,尽管巴基斯坦的支持仅限于允许美国人穿越我们的领空,并停止向塔利班输送武器。当时,我们还不知道穆沙拉夫将军也允许美军使用我们的机场。

在巴基斯坦,一些宗教人士把奥萨马·本·拉登奉为英雄。在巴扎上能买到他身骑白马的海报,糖果包装盒上印着他的照片。这些教士声称"9·11"事件是对美国的报复,是对美国侵犯世界其他国家的惩罚,但他们忽略了一点:世贸中心里的遇难者是无辜的,他们与美国政府的政策无关。再说《古兰经》也明确说过,杀戮就是作恶。我们普什图人习惯性地相信一切背后皆有阴谋,许多人坚称犹太人是这场袭击的幕后黑手,目的是为美国制造打击伊斯兰世界的借口。我们国内有些报纸甚至写道,袭击当天,世贸中心的犹太人都没去上班。父亲说这是一派胡言。

穆沙拉夫向巴基斯坦人民宣称,自己别无选择,只能与美国人合作。他说,美国人曾警告他"不跟我们合作就等于支持恐怖分子",还威胁说巴基斯坦如果拒不合作,他们就把我们"炸回石器时代"。但我们并没有全力配合,三军情报局仍在向塔利班战士输送武器,在奎达庇护塔利班头目。他们甚至说服美国允许他们用军机从阿富汗北部撤出了数百名巴基斯坦籍武装分子。三军情报局局长要求美国暂缓进攻阿富汗,先让他去坎大哈请塔利班头目奥马尔毛拉[1]交出本·拉登;实际上,他却在暗中支持塔利班。

在我们省,曾赴阿富汗抵抗苏联的苏非·穆罕默德大毛拉发出教令,向美国宣战。马拉根德曾是我们的先辈反抗英国殖民统治的战场,他在那里举办了一场盛大的集会。巴基斯坦政府并没有阻止他。

---

[1] 奥马尔毛拉,即毛拉·穆罕默德·奥马尔(Mullah Mohammad Omar,约1960—2013),塔利班创始人。在1996—2001年担任阿富汗塔利班政权的最高领导人。

我们省长发布了声明，允许有意赴阿富汗抗击北约（NATO）的人自行前往。大约有一万两千名斯瓦特青年奔赴阿富汗，为塔利班作战。其中许多人再也没能回来。他们很可能已经战死，但因为没有死亡证据，他们的妻子也无法正式成为寡妇。这对她们是种煎熬。父亲有位好友叫瓦希德·扎曼，他的兄弟和姐夫就在这批奔赴阿富汗的青年之列。他们的妻子直到今天还在盼他们归来。我去她们家中做客时，她们热切的期盼给我留下了深刻的印象。尽管如此，对我们这个花园般宁静的河谷而言，这一切依然显得十分遥远。阿富汗离我们只有不到一百英里，但要去阿富汗，你首先得穿过巴基斯坦与阿富汗接壤处的巴焦尔部落地区。

本·拉登和手下逃往阿富汗东部托拉博拉地区的白山，那里有他当年对抗苏军时布下的地道网。他们利用这些地道，穿山越岭逃到古勒姆——那是另一处部落地区。当时我们并不知道本·拉登还来过斯瓦特，在一座偏远山村里住了一年，充分利用了普什图人热情好客的原则。

谁都看得出穆沙拉夫是两面三刀，拿着美国人的钱支持圣战分子——三军情报局所谓的"战略资源"。美国人自称已经向巴基斯坦输送了数十亿美元，用于支持政府进行反"基地"组织宣传，但我们的人民连美元的影子都没见到。穆沙拉夫在伊斯兰堡的拉瓦尔湖畔建了一栋别墅，又在伦敦购置了公寓。美国政府不时会有某位要员对巴基斯坦表达不满，说我们没有全力反恐，每到这时，某条大鱼就会突然落网。其中一条就是"9·11"事件的主谋哈立德·谢赫·穆罕默德[1]，他在拉瓦尔品第被捕，落网地点距离军方统帅的官邸连一英里[2]都不到。小布什总统却不断称赞穆沙拉夫，还请他到华盛顿访问，称他

---

1 哈立德·谢赫·穆罕默德（Khalid Sheikh Mohammad，1964— ），"基地"组织海外活动首领，"9·11"事件主谋，2003年被捕，目前被关押在美国。
2 约1.61公里。

为好兄弟。我父亲和他的朋友们对此非常反感。他们说,美国一向喜欢跟巴基斯坦的军事独裁者交好。

我从小就对政治感兴趣,我会坐在父亲膝头,听他跟朋友们讨论每个问题。但比起国家大事,我更关心身边发生的事,确切地说就是我们这条街上发生的事。在学校,我跟朋友们讲起垃圾山上的孩子,说我们应该向他们伸出援手。但并不是所有人都乐意这样做,有人说那些孩子身上脏兮兮的,很可能还身患疾病,他们的父母不会允许他们跟那种小孩一起读书。他们还说这个问题不是我们能解决的,但我并不这样认为。"我们的确可以坐视不管,指望政府救助,但我们肯定什么也等不到。要是我能去帮一两个孩子,另一个人再帮一两个孩子,那么我们全部加起来,就能帮助所有的孩子。"

我明白向穆沙拉夫请愿纯属徒劳。根据我的经验,如果连父亲都无能为力,就只有一条路可走了。我给真主写了封信。"亲爱的真主,"我写道,"我知道您能洞晓一切,但世界上有那么多的事情在发生,尤其是阿富汗目前还在经受轰炸,也许有时有些事被遗漏了。不过我深知,您一定不愿看到我们这条街上有群孩子在垃圾堆里生活。真主啊,请赐我力量与勇气,让我变得更好,因为我想把这世界变得更加美好。马拉拉敬上。"

问题在于,我并不知道该怎么把这封信寄给真主。不知为什么,我一直觉得应该把它深深埋进土里,所以一开始,我把它埋在花园。可我又担心泥土会把信弄脏,于是把它重新挖了出来,罩上一层塑料袋。但这好像也没什么用处。我们民族有个习俗:把神圣的文字放入水中,让它顺水漂流。于是我把信卷成一卷,捡上一块木片,又在上面摆了枝蒲公英,把它放入一条汇入斯瓦特河的溪流。这样一来,真主肯定就能在斯瓦特河找到这封信啦。

7 想让学校关张的穆夫提[1]

我们学校对面有栋房子,就在我出生的胡什哈尔街上,房子里住着一位高大帅气的毛拉和他的家人。他叫贾兰穆拉罕,自称"穆夫提",这代表他是位伊斯兰学者,精通伊斯兰律法。父亲却对此嗤之以鼻,说现在只要裹块头巾,谁都敢自称大毛拉或穆夫提了。学校运转良好,父亲为男子高中辟出一片气派的接待区,还竖起一道拱门。母亲有生以来头一次有钱买漂亮衣服,还能从外面点餐,过上了她当年在村子里梦想的生活。不过这一切都被那位穆夫提看在眼里。看见女生们每天从学校进进出出,其中还有十来岁的少女,他无法抑制心中的怒火。"那位大毛拉看我们不顺眼。"有一天,父亲说。他是对的。

不久,那位穆夫提去找学校的女房东,告诉她:"齐亚丁在你楼里办*哈拉姆*(*haram*)[2]学校,这是要让整个*摩哈拉*(*mohalla*)——即社区——蒙羞啊。这些女子应该闭门不出[3]才对。"他还说,"请立刻收回他的房子,租给我办宗教学校。只要你肯答应,你不仅能马上收到我付的房租,后世也会有好报。"女房东拒绝了他。她儿子悄悄来找我父亲,说道:"那个大毛拉开始煽动大家反对你了。我们不会把房子租给他,但你们还是小心为妙。"

父亲大为光火。"俗话说'半吊子医生能害人性命'(*Nim hakim*

---

1 *穆夫提*(*mufti*),伊斯兰教教职,由精通《古兰经》、圣训和伊斯兰教法的穆斯林学者担任,负责解释伊斯兰教法。
2 *哈拉姆*(*haram*),有违伊斯兰教教规的。
3 原文为"purdah",深闺制度,主要出现在部分伊斯兰国家,要求女性躲在帷幔或面纱后不让外人看到。

khatrai jan），我看这句话应该改成'半吊子毛拉能危害信仰'（*Nim mullah khatrai iman*）。"他说。

巴基斯坦是世界上第一个伊斯兰共和国，我为此感到骄傲，不过我们的国人至今依然对这句话的含义莫衷一是。《古兰经》教导我们要学会萨巴尔（*sabar*）——忍耐，但我们似乎已经把这个词抛到了九霄云外，以为伊斯兰教就意味着妇女必须幽居深闺、穿戴罩袍，男人则必须加入圣战。巴基斯坦有众多伊斯兰教分支流派。我们的国父穆罕默德·阿里·真纳曾指望印度能保障穆斯林的权益，但大多数印度人都是印度教徒。这有点像两兄弟失和，闹着要分家。于是在1947年8月，英属印度一分为二，一个独立的伊斯兰教国家就此诞生。这是一个极度血腥的开端。数百万穆斯林越过边境，从印度进入巴基斯坦，印度教徒则向反方向迁移。近两百万人在穿越新划定的边境线时丧生。许多人在火车上惨遭屠戮，开往拉合尔和德里的列车满载着血肉模糊的尸体。我的祖父就险些死于骚乱，那时他正在德里留学，在从德里返乡的路上，他乘坐的列车遭到印度教徒袭击，他侥幸逃过一劫。今天，巴基斯坦已经是一个大国，拥有一亿八千万人口，其中百分之九十六是穆斯林。除穆斯林以外，我国还有大约两百万名基督徒和两百多万名艾哈迈迪耶派教徒[1]，后者自认为是穆斯林，但政府并不承认他们的信徒身份。不幸的是，这些少数族裔常常遭到攻击。

穆罕默德·阿里·真纳年轻时曾在伦敦居住，学过法律。他想建立一个包容的国度。巴基斯坦独立前夕，他曾发表过一篇演讲，我们直到今天还常常引用其中的话："在巴基斯坦国，你可以自由地出入清真寺等寺庙，去任何想去的地方朝拜。没有人会问你信仰什么宗教，出自哪个阶层，恪守什么教义——这一切都不受国家干涉。"父

---

[1] 一个宗教派别，从印度伊斯兰教分化而来，教义综合了伊斯兰教、基督教和印度教的思想。

亲告诉我，问题在于，真纳为我们争取到了一片土地，但还没来得及把它变为一个福利国家。巴基斯坦建国一年后，真纳因肺结核溘然长逝，从此以后，我们国家再也没能摆脱战争。我们跟印度打过三次仗，国内的杀戮也仿佛看不到尽头。

我们穆斯林分为逊尼和什叶两个派别——两派都信奉《古兰经》，拥有共同的基本信仰，我们的分歧，主要在于先知（愿主赐福之，并使其平安）7世纪去世之后，应该由谁来领导信仰。那个被推举为哈里发——也就是领袖——的人，名叫哈兹拉·阿布·贝克尔，他是先知的挚友兼幕僚，也是先知临终前指定的领祷者。"逊尼"一词出自阿拉伯语，意为"遵循先知传统者"。然而有一小群人认为领导权必须由先知的后人继承，先知之位应该传给哈兹拉·阿里——先知的女婿兼堂弟。这些人逐渐分化成什叶派，"什叶"就是"阿里党人"的简称。

什叶派每年都会庆祝穆哈兰节，纪念先知之孙侯赛因·伊本·阿里之死，他于680年在卡尔巴拉战役[1]中阵亡。他们用金属铰链或绑在绳上的刀片把自己抽打得血肉模糊，直到鲜血染红街道。父亲有位什叶派的朋友，每次说起侯赛因在卡尔巴拉阵亡的事都会痛哭流涕。见他激动的模样，你会以为那件事就发生在昨晚，而不是一千三百多年前。我们的国父真纳就是什叶派，贝娜齐尔·布托的母亲也是来自伊朗的什叶派。

而大部分巴基斯坦人——超过百分之八十——都跟我们一样，属于逊尼派，不过逊尼派内部也存在许多分支。其中人数最多的要数巴勒维学派，这个教派得名于19世纪巴雷利的一所宗教学校，巴雷利地处印度北方邦。第二大教派是代奥本迪派，它同样得名于19世纪北方邦代奥本德村一所著名的宗教学校。这个教派在信仰上十分保

---

[1] 这场战役导致伊斯兰教分裂成逊尼和什叶两派，对伊斯兰教影响深远。

守,大多数宗教学校都由他们开办。此外我们还有圣训派,他们信奉苏非主义。这个教派带有浓厚的阿拉伯色彩,甚至比另外两派还要保守。他们就是西方人口中的原教旨主义者。他们不承认我们的圣人和圣殿——巴基斯坦也有许多人信奉神秘主义,会聚集在苏非派圣殿跳舞、做礼拜。上述每个派别之下又有众多分支。

胡什哈尔街上的这位穆夫提是"塔布里厄者玛提"[1]成员,这个团体属于代奥本迪派,每年都会在自己的大本营——拉合尔附近的莱文德——办一场盛大的集会,参加者多达数百万人。巴基斯坦的上一位军人执政者齐亚将军也参加过这个集会,20世纪80年代,在他的统治之下,"塔布里厄者玛提"的势力日渐壮大。被派往军中传道的伊玛目,很多来自这个组织,军官们常常请假,为这个组织巡回讲道。

一天晚上,在劝说女房东收回房子未果之后,穆夫提召集了我们摩哈拉几位有头有脸的人物和长者,一行人浩浩荡荡地来到我家门口。来者一共七人——包括"塔布里厄者玛提"的几名资深成员、一位清真寺长老、一位前圣战分子和一位店主。这几个人往我们家一站,把我们的小房子挤得满满当当。

父亲面露愁容,把我们赶进另一个房间,不过我家的房子实在太小,我们还是听得一清二楚。"我代表乌莱玛[2]、塔布里厄者玛提和塔利班而来。"贾兰穆拉罕说,他特意提了两个伊斯兰教学者组织,而不是一个,想增添自己的分量。"我代表好穆斯林来到这里,我们一致认为你办的女校有违伊斯兰教法,有渎神之嫌。你必须关闭学校。女子不得上学。"他继续口沫横飞,"她们是圣洁之人,应该遵循深闺制

---

[1] 塔布里厄者玛提(Tablighi Jamaat),国内学者译为"宣教组织",塔布里厄(Tablighi)是宣传的意思,者玛提(Jamaat)是组织、团体的意思。——编者注
[2] 伊斯兰学者的统称,泛指伊斯兰知识阶层,包括毛拉、阿訇、大毛拉、伊玛目等。——编者注

度,不受打扰,正因为如此,整本《古兰经》才没有提到一个女人的名字——真主不想对女子指名道姓。"

父亲听不下去了:"《古兰经》里处处是马利亚的名字,她难道不是女人?还是说你觉得她不是好女人?"

"不对。"穆夫提回答,"《古兰经》提到她,不过是为了表明尔撒(耶稣)是马利亚之子而非真主之子!"

"也许吧。"父亲回答,"但我想说的是,《古兰经》中的确出现了马利亚的名字。"

穆夫提正要反驳,父亲却已经不想再听。他转向其他人:"我每次在街上遇见这位先生都会直视他的双眼,问候他'愿你平安'[1],他却从不回应,顶多只会点点头。"

穆夫提低下头,自觉理亏,因为穆斯林特别注重待人有礼。"你办的学校有违教法。"他辩称,"所以我才不想跟你打招呼。"

这时,另一个人开口了。"听说你是个异教徒。"他对父亲说,"你家却摆着《古兰经》。"

"当然要摆!"父亲回答,震惊于居然有人怀疑他的信仰,"我可是穆斯林啊。"

"别扯远了,咱们还是说回学校的事吧。"穆夫提打断父亲,意识到谈话并没朝他期望的方向发展,"学校接待区的男人们可以看见女生们走进校门,这简直不成体统。"

"我有个办法。"父亲提议,"学校还有一道门,女生们可以从那里出入。"

穆夫提显然不想就此罢休,因为他想让学校彻底关门。但另外几位长者都认为这是个不错的折中方案,满意地走了。

父亲疑心这件事还不算完。有件事情我们知道而他们还不知道——

---

[1] 原文为"Asalaamu alaikum",是穆斯林特有的问候语。——编者注

塔利班到来之前　　071

穆夫提的亲侄女也悄悄在我们学校上学。所以几天后，父亲给那名女生的父亲——穆夫提的哥哥——打了个电话。

"我受够你弟弟了。"父亲开门见山，"他算哪门子穆夫提？他都快把我们逼疯了。你能让他别再纠缠我们了吗？"

"这我恐怕帮不了你，齐亚丁。"对方回答，"我家也是自顾不暇。他跟我们住在一起，家里地方这么小，他还非要让他老婆回避我们，让我们的老婆回避他。其实我们的老婆就像他的姐妹，他老婆也像我们的姐妹，可这疯子却把家里搅得鸡犬不宁。实在抱歉，我真的帮不了你。"

父亲觉得那人肯定不会善罢甘休，果不其然——自齐亚将军推广伊斯兰化运动以来，穆夫提群体的力量已经不容小觑。

穆沙拉夫将军在某些方面与齐亚将军大不相同。他一般都穿军装，但偶尔也穿西装，他自称总理而不是军事领袖。而且他还养狗，要知道我们穆斯林通常把狗视作不洁之物。齐亚将军推行伊斯兰化运动，而他则提倡文明开化。他取消报禁，允许私人新办电视台，允许女性播报新闻，还允许电视台播放舞蹈节目。人们可以庆祝西方节日，像情人节、元旦之类的。他甚至允许人们在每年独立日前夕举办流行音乐会，还可以全国转播。他的许多举措都是我们的民选领袖没做到的，包括贝娜齐尔在内。他还废除了那条规定女性必须找到四名男性证人，否则就不能证明自己遭受强暴的法律。他任命了巴基斯坦国家银行的首位女行长，训练了首批女飞行员和女海岸警卫队队长。他甚至宣布要派女兵去守卫卡拉奇的真纳陵。

然而在西北边陲，在我们普什图族的家乡，情况又截然不同。2002年，穆沙拉夫举办了"管控式民主"选举。这几场选举荒谬绝伦，因为主要政党的领导人，也就是纳瓦兹·谢里夫和贝娜齐尔，全都流亡在外。最终，在我们省，我们口中的"毛拉政府"通过这几场选举上台了。联合行动同盟（Muttahida Majlis e-Amal，简称"MMA"）是个政党团体，由五个宗教政党组成，其中包括伊斯兰神学者协会（Jamiat Ulema-e-Islam，简称"JUI"），而JUI下属的宗教学校，就是塔利班的训练营。大家开玩笑说，MMA其实是毛拉军事联盟（Mullah Military Alliance）的缩写，还说这些人能当选，无非是因为背后有穆沙拉夫的支持。不过美国进攻阿富汗、推翻塔利班政权的做法激怒了一批笃信宗教的普什图人，联合行动同盟赢得了这些人的支持。

我们这里一向比巴基斯坦其他地区保守。阿富汗圣战期间，斯瓦特涌现出许多宗教学校，建校资金大都来自沙特阿拉伯，免费的教育机会吸引了大批青年前来就读。父亲所说的"阿拉伯化"运动就此开始。"9·11"事件更让这种好战倾向逐渐成为主流。有时，我会在路上看到建筑侧面涂有标语，写着"想受训加入圣战吗？请与我们联络"，下方还留有电话号码。那段时间，圣战组织为所欲为，竟开始公开募捐，招兵买马。香格拉县有位校长甚至吹嘘自己曾把十名九年级男生送往克什米尔受训参加圣战，把这视作自己最大的功绩。

联合行动同盟执政后封禁了CD店和DVD店，还想效仿阿富汗塔利班设立道德警察。根据他们的设想，这些警察可以随意拦下与男子同行的妇女，要她自证与这名男性是亲属关系。好在巴基斯坦最高法院最终否决了这项提议。紧接着，联合行动同盟激进分子又开始攻击电影院，把出现女性形象的广告牌推倒或涂黑，甚至夺走服装店摆放的女性假人模特。他们骚扰不穿传统服饰沙尔瓦·卡米兹[1]而穿西式服装的男子，还坚持要女性遮起面容。他们仿佛要彻底把女性从公共生活中抹去。

2003年，父亲创办的高中正式开学。第一年男女都收，但到了

---

[1] 沙尔瓦·卡米兹（shalwar kamiz），也可拼作"salwar kamiz"，为南亚及中亚的传统服饰，由宽松外衣和长裤组成，男女均可穿着。——编者注

2004年，社会氛围骤变，男女同校成了天方夜谭。这助长了贾兰穆拉罕的气焰。学校的一位雇员告诉父亲，贾兰穆拉罕不断来学校质问为什么还有女生从正门出入。这位雇员还说，学校有位男雇员某天陪一位女教师去大路上拦人力车，贾兰穆拉罕见了就跑来质问："这个男人凭什么陪她到大路上去？他是她的兄弟吗？"

"不是。"这位雇员回答，"他们是同事。"

"简直是大逆不道！"贾兰穆拉罕嚷道。

父亲吩咐雇员再见到贾兰穆拉罕就给他打电话。一接到电话，父亲立刻跟学校的伊斯兰教研究老师走出校门，打算与贾兰穆拉罕对质。

"大毛拉，你这是要把我逼上绝路啊！"父亲说，"你算老几？你就是个疯子！你真该去看看医生。你难道以为我一进校门就会脱光衣服？你看见一男一女，脑子里就冒出龌龊的想法。他们还是学生啊。我看你真该去找海德尔·阿里医生好好瞧瞧。"

海德尔·阿里医生是我们这儿有名的精神科大夫，所以问一个人"你要不要去看海德尔·阿里医生"，就等于问"你是不是疯了"。

贾兰穆拉罕默不作声，摘下头巾放在我父亲腿上。头巾在我们心目中象征着骑士风度和普什图精神，男性失去头巾是奇耻大辱。但紧接着，他又开口说道："我没跟你的雇员说过这种话。他撒谎。"

父亲终于忍无可忍。"这里没你的事。"他咆哮道，"你给我滚！"

贾兰穆拉罕没能让学校关门，但他的干涉揭示了我们国家正在经历的转变。父亲忧心忡忡，没日没夜地跟同僚开会议事。他们讨论的话题已经不再局限于阻止人们滥伐树木，还涉及教育和民主。

2004年，与来自华盛顿的压力对抗了两年半之后，穆沙拉夫将军派兵进入联邦直辖部落地区（Federally Administered Tribal Areas，简称"FATA"），这片区域由巴基斯坦与阿富汗接壤处的七个部落组成，几乎不受巴基斯坦政府管辖。美国人宣称，在他们实施轰炸期间，从阿富汗逃脱的"基地"组织武装分子利用了我们普什图人热情好客的习俗，把这个地区当成了避难所。他们在这里建起训练营，越过边境袭击北约部队。对斯瓦特人而言，这里离家实在太近了。其中一个叫巴焦尔的部落就紧挨着斯瓦特。像我们尤素福扎伊部族一样，联邦直辖部落地区的居民也都是普什图族，在巴基斯坦与阿富汗的国境线上跨境而居。

部落地区在英国殖民时期划定，是阿富汗与当时的印度之间的缓冲地带，时至今日，这片区域依然保留着昔日的治理模式，由人称"马利克"的部落酋长或长老管理。可惜马利克影响力有限，这些部落地区实际上无人治理。这片被遗忘的土地环境严酷、山石嶙峋，居民依靠走私艰难为生（这里的人均年收入只有二百五十美元，是巴基斯坦的一半）。这里几乎没有医院和学校，女校更是罕见，而且直到不久之前，这里才允许成立政党。部落地区的妇女几乎全是文盲。根据英国历史文献的记载，这里的人们以凶悍和独立自主著称。

巴基斯坦军队此前从没进驻过联邦直辖部落地区。政府采取的治理方式与英国人类似，没有派驻正规军，而是让普什图人招募的边防军驻守当地。因此，向部落地区派兵是个艰难的决定，不仅因为军方和三军情报局及某些激进分子之间一直存在联系，也因为派兵就意味着把枪口对准自己的普什图同胞。第一个迎来驻军的部落地区，是南瓦济里斯坦，军队于 2004 年 3 月开进那里。不出所料，当地人把这视作对他们生活方式的攻击。当地男人个个都持有武器，他们揭竿反抗，导致数百名士兵死亡。

军队大为震惊。一些士兵拒绝战斗，不愿看到同胞相残。仅仅十二天后，军队就撤出了南瓦济里斯坦，并与当地激进分子头目，如内克·穆罕默德之流，达成了所谓的"和谈协议"。协议内容包括贿赂激进分子头目，让他们停止进攻并阻止外籍激进分子进入巴基斯坦。激进分子却用这些钱购买更多的武器，继续开展军事活动。几个月后，美军无人机首次轰炸了巴基斯坦。

2004年6月17日，在南瓦济里斯坦，一架"捕食者"无人机趁内克·穆罕默德用卫星电话接受采访之际向他发射了一枚"地狱火"反装甲导弹。内克·穆罕默德与身边所有人当场毙命。当地人根本不明白这是怎么回事——当时，我们并不知道美国能发动这样的袭击。无论内克·穆罕默德是怎样的人，巴基斯坦当时并未与美国交战，我们对于美国在这片土地上发动空袭非常震惊。部落地区居民群情激愤，许多人因此而加入激进组织或成立了"拉什卡"（*Lashkar*），也就是本地的武装组织。

随后又发生了一系列袭击事件。美方声称本·拉登的副手艾曼·扎瓦希里藏在巴焦尔地区，还在当地娶了亲。2006年1月，一架号称以艾曼·扎瓦希里为目标的无人机轰炸了一座名叫达马多拉的村庄，摧毁了三栋房屋，造成十八人丧生。美方称有人向艾曼·扎瓦希里通风报信，让他成功脱逃。同年10月30日，在哈尔附近一座小山上，又一架"捕食者"无人机轰炸了一所宗教学校，造成八十二人死亡，其中不少是小男孩。美国人声称这所学校是"基地"组织的训练营，曾出现在他们的宣传片中，那座小山上到处是隧道和炮台。袭击发生后短短几个小时，法基尔·穆罕默德，一位在当地开办宗教学校的很有影响力的神职人员，就宣称将实施针对巴基斯坦士兵的自杀式炸弹袭击，为死者复仇。

父亲和朋友们忧心忡忡，他们召集当地的长老和领袖人物，召开了一场和平会议。那是1月里一个严寒的冬夜，但现场聚集了一百五十人。

"危险迫在眉睫。"父亲发出警告，"战火就要烧进河谷。我们最好能防患于未然，在战火蔓延之前把它扑灭。"

但没人听得进去，有人甚至笑出了声，包括一位坐在第一排的领导人。

"尊敬的汗[1],"父亲正色道,"您也知道,阿富汗人蒙受了厄运。他们沦为难民,被迫离开家园,到我们这里生活。巴焦尔现在也是如此。请记住我这句话,同样的事也会发生在我们身上,那时我们将失去庇护,无处可去。"

那个男人脸上却露出嘲讽的神情。"瞧这家伙,"他似乎是在说我父亲,"我是汗,我看谁敢把我从这儿撵出去?"

父亲沮丧地回到家中。"我办了一所学校,但我既不是统治者也不是政治领袖。我没有发挥影响力的渠道。"他说,"我只是个不起眼的小人物罢了。"

---

[1] 原文为"khan",是对统治者或首领的尊称。——编者注

8　强震之秋

我上小学的时候，在一个风和日丽的10月天，我们的课桌突然开始剧烈地摇晃，不住地抖动。那时我们还小，男女生可以同班上课，一时间，班上所有的男生女生都异口同声地嚷道："地震啦！"我们冲到户外，像学校平时演练的那样。孩子们一齐奔向老师，围在他们身旁，像小鸡一窝蜂地奔向母鸡。

斯瓦特处在地质断层带，地震频发，但这次地震似乎不同寻常。我们周围的建筑都在摇撼，隆隆声不绝于耳。我们小孩儿几乎都在哭，老师们则在祈祷。卢比女士是我最喜欢的老师，她不断地安抚我们，让我们别哭，要镇定。她说地震很快就会过去。

一等大地停止摇晃，学校就让所有学生回家。回到家，我们看见母亲坐在椅子上，她紧握着《古兰经》，一遍又一遍地念着里面的经文。每当灾厄降临，人们就会不断祈求真主保佑。见我们回来，母亲总算松了口气，她把我们紧紧抱在怀里，泪流满面。但整个下午，余震不断袭来，我们心里一直非常害怕。

那时我们又搬到了新家——我十三岁前搬过七次家——住进了一栋公寓楼。这栋楼在明戈拉算高的，上下两层，屋顶上还有只巨大的水箱。母亲担心水箱会压垮天花板，砸到我们，所以我们整天都在户外活动。那天父亲一直忙着检查别的校舍，很晚才回家。

夜幕降临，余震仍未结束，母亲陷入恐慌。每次余震，我们都以为审判日已经来临。"我们会被砸死在自己床上！"母亲失声惊呼。她坚持要我们全家去户外躲避，但父亲已经筋疲力尽，更何况作为穆斯林，我们深信真主对每个人的命运早有安排。于是父亲哄我和两个弟弟胡什哈尔、阿塔尔睡下,那时阿塔尔还是个小婴儿呢。

"你们想上哪儿就去吧,"他告诉我母亲和表亲,"但我要留在这里。你们要是真心信仰真主,就会像我一样留下。"我想,面对巨大的灾难或生命危险,我们总会记起自己犯下的罪孽,想知道自己会以何种方式来到真主面前,能否得到宽恕。但真主也赋予我们遗忘的能力,所以每当不幸成为过往,我们又会埋首生活,仿佛一切从不曾改变。我相信父亲的虔诚,但我也理解母亲非常现实的顾虑。

后来,这场发生在 2005 年 10 月 8 日的地震被证明是巴基斯坦历史上破坏力最大的强震。它的震级达到里氏 7.6 级,就连遥远的喀布尔和德里都有震感。我们明戈拉的大部分街道都安然无恙——倒塌的建筑为数不多——但邻近的克什米尔和巴基斯坦北部地区受灾严重。就连伊斯兰堡都有建筑倒塌。

我们过了一阵子才知道这次地震有多严重。电视新闻开始报道灾情,我们看到整座村庄化为齑粉。泥石流阻断了通往重灾区的道路,通信、电力全部中断。地震波及范围达三万平方米,与美国康涅狄格州的面积相当[1]。所有的数字都令人瞠目结舌。地震共造成七万三千人死亡,十二万八千人受伤,许多人落下终身残疾。约有三百五十万人失去家园。道路、桥梁被毁,供水供电中断。我们以前去过的一些地方,像巴拉科特小镇,近乎全毁。许多遇难者都是孩子,他们像我一样,那天早上只是去学校上课而已。大约有六千四百所学校化为废墟,一万八千个孩子不幸遇难。

我们都记得那天上午的恐惧,在学校发起了募捐。每个人都倾尽所能,慷慨解囊。父亲走访了所有的亲朋好友,号召他们捐献食品、衣物和善款,我则帮母亲收集毛毯。除了在学校募捐,父亲还从斯瓦

---

[1] 《辞海》上的资料显示,美国康涅狄格州面积为 1.4 万平方千米,两者面积并不相当。——编者注

特私立学校协会和全球和平委员会筹款。我们总共筹集到超过一百万卢比的救济款。我们采购教材的那家位于拉合尔的出版社为我们送来了满满五卡车食物和其他各种必需品。

我们特别担心香格拉县的亲人,他们全都困在一道道狭长的河谷中。终于,我们好不容易从一位表亲那儿得到他们的消息。单是父亲那座小村庄就有八人遇难,许多房屋被毁。其中一栋被毁的房屋,属于当地的神职人员哈迪姆大毛拉,他家四个美丽的女儿全部葬身瓦砾。我想跟父亲一起搭卡车回香格拉县,但父亲不肯带我,说这太危险了。

几天后,父亲回来时面如死灰。他告诉我们,最后那段路途特别艰险。道路大片坍塌,路面落入河中,巨石滚落,截断了道路。亲友们说,他们以为这就是传说中的"世界末日"。他们向我们描述山石滚落的巨响,讲述人们如何逃出家门,口中念念有词,念诵着《古兰经》的经文。他们谈起屋顶坍塌时可怕的尖啸,还有水牛和山羊凄厉的哀嚎。余震不断,他们不得不待在户外,夜里也是一样,在山区刺骨的寒气之中,挤在一起取暖。

一开始,来救援的只有当地一家外国援助机构的工作人员和"保卫先知教法运动"(Tehrik-e-Nifaz-e-Sharia-e-Mohammadi,简称"TNSM")派出的志愿者。这个组织由苏非·穆罕默德创立,曾向阿富汗输送战士。2002年,迫于美国的压力,穆沙拉夫逮捕了一批激进派头目,苏非·穆罕默德被投入监狱,但他创立的组织仍在运转,改由他的女婿法兹卢拉大毛拉执掌。由于道路和桥梁几乎被毁坏殆尽、地方政府机构近乎荡然无存,政府的力量很难深入香格拉县这种地方。我们从电视上看到,一位联合国官员把这场地震称作"联合国成立以来最可怕的人道救援噩梦"。

穆沙拉夫将军说这场地震是"对国家的考验",宣布军方已经启动了"生命线行动"——我国军方一向喜欢给自己的行动起各种好听的名字。新闻中开始频繁出现军用直升机满载物资的画面,但许多狭窄的山谷根本不具备起降直升机的条件,空投物资又常常顺着山坡滚入河中。还有一些地方,直升机一出现,人们就全跑到下方等待,导致飞机无法安全地投放物资。

不过仍有一些救援进展顺利。美国人迅速响应,他们在阿富汗拥有数千名士兵,还有几百架直升机,轻而易举就能把救援物资运进灾区,顺便向我们展示他们随时可以在我们需要时伸出援手。不过由于担心遇袭,一些机组人员遮盖了机上的美军标志。对于许多偏远地区居民而言,这是他们这辈子第一次见到外国人。

志愿者大都来自伊斯兰教慈善机构或宗教组织,其中不乏激进团体的幌子。其中最引人注目的要数达瓦慈善会(Jamaat-ul-Dawa,简称"JuD"),它是"虔诚军"(Lashkar-e-Taiba,简称"LeT")下设的分支,分管社会救济。"虔诚军"最初为解放克什米尔而成立,与三军情报局往来密切。我们巴基斯坦人把克什米尔视作本国领土,不承认它属于印度,因为那里的穆斯林人口占绝大多数。"虔诚军"的领导人是拉合尔一位狂热的学者,名叫哈菲兹·赛义德[1],他常在电视上鼓动大家进攻印度。地震发生后,政府几乎没能提供什么救援,达瓦慈善会则建起了赈灾营,派人端着卡拉什尼科夫自动步枪、手持对讲机在营地中巡逻。人人都知道这些人是"虔诚军"成员,很快,他们那面双剑相交的黑白旗就开始在山地与河谷中四处飘扬。达瓦慈善会甚至建了一座规模庞大的野战医院,医院设在自由克什米尔的穆扎法拉巴德镇,里面设施一应俱全,从X光机、手术室,到药品充足的药房,应有尽有,甚至设有牙科。医生们在这里治病救人,与数千名志愿者一道为灾民服务。

---

[1] 哈菲兹·赛义德(Hafiz Saeed,1950—),"虔诚军"创建者及头目,据称与巴基斯坦三军情报局关系密切。

受灾民众对这些人赞颂不已，感谢他们跋山涉水，穿越满目疮痍的河谷，给无人问津的偏远角落带来医疗和援助。他们帮当地人清理并重建被毁的村庄，还主持祷告，掩埋遗体。时至今日，大多数国外援助机构都已撤离，坍塌的建筑兀立路边，用于重建新房的政府补贴迟迟没能到位，但在灾区，仍能看到达瓦慈善会的标语和救援人员。我有位表亲在英国留学，他告诉我，达瓦慈善会从生活在英国的巴基斯坦人手中筹募了巨额善款。后来，据说一部分钱被挪用去资助一项阴谋：在从英国飞往美国的航班上安置炸弹。

这次地震造成了惨重的伤亡，许多孩子沦为孤儿——人数达一万一千之多。按照我们的习俗，孤儿通常由远亲收养，但这次地震威力巨大，许多家庭全员罹难或变得一无所有，无力抚养这些孩子。政府承诺这些孩子会由国家照料，但这也像他们别的承诺一样，成了一张空头支票。父亲听说不少男孩都被达瓦慈善会收留，安置在他们的宗教学校。在巴基斯坦，宗教学校算是福利机构，能提供免费的食宿，但教的不是普通的课程。男孩们必须背诵《古兰经》，他们摇头晃脑地诵读着。他们学到的是，科学和文学都不存在，地球上从没出现过恐龙，人类从未登上过月球。

这场地震撼动了整个巴基斯坦，余波久久不散。政客和军事独裁者制造的人祸已经让我们疲于应付，而现在，从天而降的灾难更让我们雪上加霜。激进组织"保卫先知教法运动"的毛拉们宣称地震是真主发出的警告，是女人们不受约束与淫乱下流招致的天谴。他们用雷鸣般的嗓音高喊：若不立刻悔改，实施伊斯兰教法，我们还会遭到更严厉的惩罚。

第二部

PART TWO

死亡之谷

THE VALLEY OF DEATH

Rabab mangia wakht de teer sho
Da kali khwa ta Talibaan raaghali dena

再见了,音乐!你纵有天籁之音,也只能埋藏于心。
塔利班盘踞村边,让千百张嘴噤若寒蝉。

9 电台毛拉

塔利班进入河谷那年,我十岁,正跟莫妮巴一起沉迷于《暮光之城》系列小说,渴望成为吸血鬼一族。在我们看来,趁夜潜入河谷的塔利班也跟吸血鬼没什么两样。他们成群结队地到来,揣着匕首或扛着卡拉什尼科夫自动步枪,最早出现在斯瓦特北部马塔地区,在起伏的丘陵间出没。他们起初并不自称塔利班,也不像我们在照片上见过的阿富汗塔利班那样裹着头巾、涂黑眼圈。

这群男人装扮怪异,留着蓬乱的长发和胡须,把迷彩背心套在沙尔瓦·卡米兹外面,下身穿不合身的长裤,露出一大截脚踝。他们脚蹬慢跑鞋或廉价的塑料拖鞋,有时会把长袜套在头上,挖两个孔露出眼睛,还会邋遢地用头巾擤鼻涕。他们佩戴黑色的徽章,上面写着"SHARIAT YA SHAHADAT"——意思是"无教法,则殉道"——他们有时还戴黑色头巾,所以人们也称他们为托·帕特基(Tor Patki),意思是"黑巾军团"。他们看上去又黑又脏,父亲的朋友说他们是"无权洗澡和理发的人"。

他们的首领是法兹卢拉大毛拉,一位二十八岁的青年,以前曾是斯瓦特河上的滑轮椅操作员,负责送人们渡河。他小时候得过小儿麻痹症,走起路来总是拖着一条右腿。他上过"保卫先知教法运动"组织创始人苏非·穆罕默德毛拉创办的宗教学校,还娶了苏非·穆罕默德的女儿。2002年,在一场针对激进分子的围剿中,苏非·穆罕默德被投入监狱,法兹卢拉接替了他的位子,成为组织头目。地震前不久,法兹卢拉现身伊满德里,那是斯瓦特河对岸一个小小的村落,离明戈拉只有几公里之遥,在那里,法兹卢拉建起了自己的地下电台。

我们河谷的居民要么没有电视，要么目不识丁，大家主要靠收音机获取信息。很快，所有人都开始谈论这座电台，它逐渐有了"毛拉电台"的名声，法兹卢拉则成了人们口中的"电台毛拉"。电台每天晚上八到十点播音，次日早上七到九点重播。

电台成立之初，法兹卢拉的做法相当聪明。他把自己塑造成伊斯兰教的改革者、《古兰经》的诠释者。母亲笃信宗教，一开始也被他打动了。他在广播中鼓励人们培养良好的习惯，摒除他眼中的陋习。他认为男人应该蓄须、戒烟，停止咀嚼烟草。他劝人戒除海洛因和"*查斯*"（*chars*）——那是我们对大麻树脂的称呼。他教人们做礼拜前如何正确地净身——该从哪里洗起，甚至指导人们如何清洗私处。

他的声音有时非常冷静，像大人在说服你做一件你不情愿做的事；有时又很可怕，听上去满腔怒火。谈及自己的宗教热忱，他常常声泪俱下。他一般会先讲几句开场白，然后把话筒交给他的副手沙阿·道兰，后者曾是巴扎上的小贩，推着三轮车兜售零食。他们警告大家不要再听音乐，也不要再看电影和舞蹈。他咆哮着警告大家，正是这些恶行招致了地震，若不立刻悔改，我们还会再度触怒真主。在巴基斯坦，毛拉常常在讲道时曲解《古兰经》和圣训，因为没几个人能读懂阿拉伯语原文。法兹卢拉利用了人们这种无知。

"他说的都是真的吗，爸爸？"我问父亲，依然对那场可怕的地震心有余悸。

"不是的，贾尼。"父亲回答，"他只是在愚弄大家。"

父亲告诉我，毛拉电台已经成了教师休息室里的热门话题。那时我们学校差不多有七十位老师，男老师约四十人，女老师约三十人。他们中也有人反对法兹卢拉，但大多数人是他的拥趸。他们欣赏他对神圣《古兰经》的精彩诠释，为他的魅力所折服。他们喜欢他关于重振伊斯兰教法的言论，因为所有人都对巴基斯坦的司法体系深感失望。在斯瓦特被并入巴基斯坦时，巴基斯坦的司法体系取代了我们原有的律法。土地纠纷这类本地常见的案件，以前很快就能解决，现在却得打上十年官司。大家都已经对巴基斯坦政府派到河谷的腐败官僚忍无可忍。可以说，他们几乎相信法兹卢拉能重现瓦里时代那个古老的土邦。

不出半年，人们就开始丢弃家中的电视以及 DVD 和 CD 光盘。法兹卢拉的手下把它们收集起来，堆在大街上焚烧，浓浓的黑烟滚滚上涌，直冲云霄。数百家 CD 店、DVD 店主动关门歇业，店主都从塔利班手中领到了赔偿。我和两个弟弟都非常担心，因为我们特别喜欢家里的电视，不过父亲向我们保证不会把它扔掉。出于安全考虑，我们把电视藏进壁橱，看电视时把音量调得很低。我们听说塔利班会把耳朵贴在别人家的门上听里面的动静，然后突然破门而入，抢走电视，抬到街上砸个稀烂。法兹卢拉对我们喜爱的宝莱坞电影深恶痛绝，谴责它们不符合伊斯兰教的教义。他们只允许大家收听广播，还宣布除了塔利班的歌曲，所有的音乐都违反了伊斯兰教法。

一天，父亲去医院看望朋友，发现许多病人都在听法兹卢拉讲道的磁带。"你一定要见见法兹卢拉大毛拉。"有人告诉父亲，"他是位了不起的学者。"

"其实他高中都没毕业，法兹卢拉甚至都不是他的真名。"父亲反驳道，但那些人根本听不进去。看到人们开始支持法兹卢拉的言论和宗教狂热，父亲日渐消沉。"这太荒谬了。"他说道，"这个所谓的学者在传播愚昧。"

法兹卢拉在偏远地区特别受欢迎，那里的人们依然记得地震时政府无所作为，是"保卫先知教法运动"的志愿者帮助了他们。在一些清真寺，人们架起扩音器，连上收音机，好让村里人和下地干活的人都听见法兹卢拉的广播。他最受欢迎的节目每天傍晚播出，他会在其中高声宣读人名。他会说"某先生以前爱抽大麻树脂，但他意识到这是一种堕落的行为，所以戒了烟"，或是"我要祝贺甲先生开始蓄须"，以及"乙先生主动关闭了他的 CD 店"。他信誓旦旦地许诺，这些善举终将得到回报。大家都喜欢在节目中听到自己的名字，还喜欢听到邻居犯下恶行，这样他们就能在背后说说闲话："你听说那谁干的好事了吗？"

毛拉电台经常奚落军方。法兹卢拉斥责巴基斯坦官员为异教徒，说他们反对实施伊斯兰教法。他还扬言如果政府拒不实施这项律法，他就派手下"强制推行，再把他们撕成碎片"。他最喜欢的话题，是历数汗领导的封建制度造成的种种不公。穷人们自然乐见汗遭到报应。他们把法兹卢拉奉为劫富济贫的罗宾汉，相信他掌权之后会把汗的土地分给穷人。一些汗闻风而逃。父亲也反对汗的统治，但他说塔利班更加可怕。

父亲的朋友希达亚图拉去了白沙瓦，进入政府部门工作，他告诫我们："这是激进分子耍的花招。他们想赢得民心，从思想上征服人民，所以会从当地最棘手的问题入手，再把矛头指向有关部门，赢得沉默的大多数人的支持。他们之前在瓦济里斯坦就是这么干的，当时他们四处打击绑匪和土匪。一掌握权力，他们就会变得跟他们曾经追捕的罪犯一样。"

法兹卢拉的广播常常针对女性。他大概知道我们这里有许多男人离乡背井，远赴南方的煤矿或波斯湾的工地务工。所以，有时他会说："男人们，请你们出去。接下来的话我只讲给女人们听。"他会停顿片刻，继续说，"女人生来就要肩负家庭的重任。除非有紧急情况，否则她们不应该外出，即使外出也必须蒙上面纱。"有时，他的手下会展示一些华丽的服饰，声称这都是他们从"堕落的女人"手中收缴的，以此羞辱她们。

在学校，我的朋友们说，他们的母亲都是毛拉电台的听众，尽管班主任玛丽亚姆老师告诫我们不要听那些节目。我家只有祖父那台旧收音机，还是坏的，但母亲的朋友们都听毛拉电台，把内容复述给她听。她们把法兹卢拉捧上了天,谈论他飘逸的长发、骑马的英姿,还说他举手投足间神似先知。女人们会向他倾诉自己的愿望,他会为她们祈祷。母亲喜欢听她们讲这些故事,父亲却觉得这非常可怕。

我对法兹卢拉的言论感到迷惑不解。神圣的《古兰经》并没规定男人应当在外谋生,女人应当困居家中终日操劳。在学校的伊斯兰教研究课上,我们曾以"先知如何生活"为题写过作文。我们学到先知的第一任妻子是位女商人,名叫哈兹拉蒂·赫蒂彻。当时她四十岁,比先知年长十五岁,还结过婚,但先知依然坚持要娶她为妻。从母亲身上,我看到了普什图女性强有力的一面。她的母亲,也就是我的外祖母,在丈夫因意外骨盆破裂之后独自养大了八个孩子,要知道,我外祖父有整整八年都卧病在床。

外出工作,赚钱糊口,下班回家,吃饭睡觉,这就是男人的生活。我们这里的男性总以为挣了几个钱,就对家人呼来喝去,认为自己就是一家之主。他们并不认为那个终日照料家人,为他们生儿育女的女人有什么力量。在我家,由于父亲太忙,大小事务都由母亲操持。是她天不亮就起床给我们熨烫校服、准备早餐;是她教我们待人接物;是她去市场采购,给我们准备可口的饭菜。所有这一切,全是母亲的功劳。

塔利班来到河谷的头一年,我动了两次手术,切除了阑尾,又摘除了扁桃体。胡什哈尔也做了阑尾切除手术。每次都是母亲带我们去医院,父亲只是带着冰激凌来看我们。但母亲依然相信《古兰经》里教导女性要闭门不出,也不能与男性交谈,除非对方是不能通婚的近亲。父亲会对她说:"佩凯,贞洁不仅在于面纱,更在于心灵。"

很多女性都被法兹卢拉打动,向他献上自己的金饰等钱财,尤其是那些身处穷乡僻壤或丈夫在外务工的女性。人们摆出长桌,让这些女人把她们陪嫁的手镯和项链放上去,女人们为此排起长队,或是让儿子代劳。有人会拿出毕生积蓄,相信这样能赢得真主的青睐。法兹卢拉开始在伊满德里兴建自己的红砖大楼总部，其中包括一座宗教学校、一座清真寺，他还打算竖起高墙和防洪堤，以防斯瓦特河泛滥。没人知道他的钢筋水泥是从哪儿来的，但工人们都来自本地。每个村都必须轮番派人去他的工地干活。某天，教我们乌尔都语的库尔班·沙阿老师告诉父亲："明天我没法来学校上课了。"父亲问他原因，他说明天轮到他们村去给法兹卢拉盖楼。

"为学生上课是你的首要职责。"父亲说道。

"不行，这事我非去不可。"库尔班·沙阿说。

回到家，父亲气得七窍生烟。"真主啊，要是人们建学校、修路，甚至清理河里的塑料袋也能这么积极，巴基斯坦不出一年就会变成天堂。"他说，"他们唯一能理解的善行，就是捐钱给清真寺和宗教学校。"

过了几个星期，这位老师又找到父亲，说他不能再给女生上课了，因为"大毛拉不赞成这种行为"。

父亲试着劝他回心转意。"我也觉得女生该由女老师来教。"他说，"但得先让这些女生上学，将来我们才有女老师啊！"

一天，苏非·穆罕默德在狱中大放厥词，声称女性不该接受任何教育，连女子宗教学校都不能上。他扬言："任何人只要能找到历史上伊斯兰教允许女人上宗教学校的先例，尽可以来对着我的胡子撒尿。"自那之后，电台毛拉就盯上了学校。法兹卢拉开始诋毁学校的管理者，还宣读辍学女孩的名字，向她们道贺。他会说："某某小姐决定不再上学，她会升入天堂。"或是："Y村的X小姐决定在五年级辍学。我要对她说声恭喜。"而像我这种继续上学的女孩，则被他斥为野牛和绵羊。

我和朋友都不明白上个学能有什么大逆不道。"他们为什么不准女孩上学？"我问父亲。

"因为他们惧怕文字的力量。"父亲回答。

不久,学校的另一位留长发的数学老师,也开始拒绝给女生上课。父亲解雇了他,但这引发了另一些老师的担忧,他们派了几名代表来办公室找父亲磋商。"先生,请不要这样做。"他们央求父亲,"现在世道不好。让他留下来吧,我们来帮他代课。"

塔利班似乎每天都在出台新法令。法兹卢拉关闭了美容院,还禁止剃须,弄得理发师都失了业。父亲依然只留八字胡,坚决不蓄长须,不肯屈服于塔利班的淫威。塔利班勒令妇女不得逛巴扎。我倒不觉得不能去奇纳巴扎有什么可惜。我不像母亲,不太喜欢逛街。母亲特别喜欢漂亮衣服,虽然我们家并不富裕。她总叮嘱我:"快遮起你的脸——别人都看着你呢。"

我会回答:"让他们看呗。我还看他们呢。"惹得她火冒三丈。

不能购物让母亲和朋友苦恼不已,何况尔德节假期眼看就要到了。过节那几天,我们会打扮得漂漂亮亮,在挂满小彩灯的货摊前流连,看摊主们兜售的手镯和海娜花染膏。但这一切都消失了。虽说女人上街还不至于遭到袭击,但塔利班会冲她们高声叫嚷,出言恐吓,直到她们吓得不敢出门。一名塔利班武装分子就足以震慑整座村庄。我们这些孩子也很郁闷。一般而言,节日期间总会有新片上市,法兹卢拉却把 DVD 店全关掉了。差不多就在那时,母亲也厌倦了法兹卢拉,特别是在他开始宣扬反教育思想,鼓吹上学的人将来都要下地狱之后。

法兹卢拉的下一项举措,是成立"舒拉"(*shura*)——一种地方法庭。舒拉受到民众的追捧,因为它能迅速断案,不像巴基斯坦法庭会让案子拖上好几年,还得买通法官才有人搭理。人们开始找法兹卢拉及其手下化解各种争端,从商业纠纷到个人恩怨都有。"我有个难题已经拖了三十多年,一拿到舒拉就马上解决了。"某人这样告诉父亲。法兹卢拉的舒拉判处的刑罚包括公开鞭刑,这对我们来说简直

死亡之谷 091

闻所未闻。一位朋友告诉父亲，他亲眼看见三个涉嫌绑架两名女子的男人被舒拉宣判有罪，遭到鞭笞。法兹卢拉还在他的总部附近搭起高台，数百人星期五听完他的礼拜，会聚在台前围观鞭刑，鞭子每次落下，他们都高呼一声："真主至大！"（Allahu akbar!）法兹卢拉本人有时也会现身，骑着黑色的骏马奔驰而过。

他的手下不允许医护人员发放小儿麻痹症口服疫苗，宣称疫苗是美国人的阴谋，目的是让穆斯林女性不孕，削减斯瓦特的人口。"在疾病出现之前就治疗的行为，有违伊斯兰教法。"法兹卢拉在广播中宣称，"在斯瓦特的任何角落，你都找不到哪怕一个孩子服下一滴疫苗。"

法兹卢拉的手下终日在街上巡逻，看是否有人违反他的规定。他们的行为与传闻中的阿富汗塔利班道德警察如出一辙。他们设立了志愿交警队，称之为"猎鹰突击队"，这些人开着小卡车招摇过市，车顶上高高地架着机枪。

有些人很满意这样的现状。一天，父亲偶遇他的银行经理，对方告诉他："禁止女人去奇纳巴扎真是法兹卢拉做的一件大好事，不仅符合伊斯兰教法，还给我们男人省了钱。"没几个人敢站出来说话。父亲抱怨大多数人都像我们的理发师一样。这位理发师有一天来找我父亲诉苦，说自己的收银机抽屉里只剩八十卢比，还不及以前收入的十分之一。而仅仅一天前，他为了讨好塔利班，还对来采访的记者说他希望伊斯兰教法回归。父亲说："你应该给记者看看你的收银机抽屉。"

毛拉电台开播差不多一年后，法兹卢拉越发咄咄逼人。2006年10月底，美军无人机轰炸了巴焦尔的一所宗教学校，法兹卢拉的兄弟利雅卡特大毛拉和他的三个儿子都在空袭中丧生。那次空袭共造成八十人死亡，最小的受害者年仅十二岁，其中一些死者就来自斯瓦特。我们斯瓦特人都对这次袭击感到震惊，有人发誓要替死者报仇。

十天后，一名自杀式炸弹袭击者从伊斯兰堡前往斯瓦特，在途经德尔盖的军营时引爆了炸弹，炸死了四十二名巴基斯坦士兵。那时在巴基斯坦，自杀式炸弹袭击还不多见——当年共有六起——这次爆炸，是巴基斯坦激进分子发起的最严重的一次袭击。

每逢尔德节，我们总会宰羊献祭神灵。但今年法兹卢拉却宣称："这次尔德节，我们要献祭两条腿的动物。"我们很快就明白了他在说什么。他的手下开始杀害汗和政治活动人士，受害者来自各个世俗政党和民族主义党派，其中最多的是人民民族党（Awami National Party，简称"ANP"）成员。2007年1月，父亲朋友的密友在他们村被八十个持枪的蒙面歹徒绑架。他叫马拉克·巴赫特·贝德尔，来自一个富裕的部落家族，在人民民族党担任副主席。人们在贝德尔的家族墓地中找到了他的遗体，他的手脚全被斩断。这是斯瓦特地区第一起针对个人的谋杀，有人说贝德尔曾帮军队寻找塔利班的藏身之处，因此招来了杀身之祸。

对此，政府当局视而不见。在我们省的政府官员中，来自宗教党派的人士依然占据主流，任何人只要声称自己为伊斯兰而战，他们就不会苛责。一开始，我们还以为明戈拉非常安全，因为这里是斯瓦特最大的城市。但法兹卢拉的总部其实离我们只有几英里远，尽管我家附近还没有塔利班的踪迹，但巴扎、街道和山丘上都已经出现了他们的身影。危险在一步步逼近。

到了尔德节，我们像往年一样回老家村子里过节。堂兄开车载我们回家。路上，我们经过了一条河，沿河的道路被冲毁了，我们不得不在塔利班的检查站停车。我和母亲坐在后座。堂兄慌忙把他的音乐磁带递给我们，让我们塞进皮包。一身黑衣的塔利班武装分子端着卡拉什尼科夫自动步枪走到车前，对我和母亲说："姐妹，你们应该为自己感到害臊。你们该穿罩袍才对。"

过完尔德节，我们回到学校，看见校门上张贴着一封信："阁下，

死亡之谷

093

您的学校充斥着西方和异教的思想。您教育女童，还让学生穿着不合教法的校服。请立即停止这种行为，否则您将自食其果，您的子女将为您痛哭。"落款是"伊斯兰敢死队"。

父亲决定把男生的校服从衬衫长裤改成沙尔瓦·卡米兹，一种松垂的长衫长裤，样式有点像睡衣。我们女生的校服没变，还是之前的品蓝色沙尔瓦·卡米兹，只不过加了一条白色的*都帕塔*（*dupatta*），也就是头巾，学校叮嘱我们出入校门时最好遮盖面容。

父亲的朋友希达亚图拉给他打气，鼓励他坚持自己的主张。"齐亚丁，你有非凡的魅力。你应该勇敢地发声，号召大家奋起反抗他们。人活在世上，不应该只是吸入氧气、呼出二氧化碳。你可以袖手旁观，任塔利班胡作非为，也可以挺身而出，站出来跟他们对抗。"

父亲向我们转述了希达亚图拉的话。随后，他给我们本地的《阿扎迪日报》（*Daily Azadi*）寄了封信，在信中写道："致伊斯兰敢死队：你们的做法并不是在践行伊斯兰的教义。请不要伤害我的孩子，因为你们信仰的真主，也是他们每天祈祷的对象。你们可以取走我的性命，但请放过我的学生。"当父亲拿到报纸后，很不满意。信被藏在内页，而且报社编辑还公布了他的姓名和学校地址，父亲完全没想到他们会这么做。不过很多人打来电话，向他道贺。"你已经向死水投入了第一块石头，"他们说，"现在我们也有勇气发声了。"

10 太妃糖、网球和斯瓦特的佛像

塔利班先是夺走我们的音乐,然后是我们的佛像,最后是我们的历史。全校出游是我们学生最喜欢的一项活动。我们何其幸运,能生活在斯瓦特这个美丽的天堂,饱览无数美景——有瀑布、湖泊、滑雪场、瓦里的宫殿、古老的佛像,还有斯瓦特圣贤阿洪德之墓。它们无不诉说着我们独特的历史。每次出游前,我们总是提前好几个星期就开始兴奋地讨论。终于等到那天,我们会穿上最好的衣服,带上为野餐准备的一罐罐鸡肉和米饭,争先恐后地登上巴士。有人会带上相机,给大家拍照留念。在一天的游览接近尾声时,父亲会让我们每个人轮流登上一块岩石,分享自己的见闻。但在法兹卢拉出现后,学校就没再组织过出游,因为女孩子不能抛头露面。

塔利班摧毁了我们常去玩耍的佛像和佛塔,它们已经在这片土地上矗立千年,早在贵霜帝国[1]时代就融入了我们的历史。塔利班把一切雕像和绘画都视为异端,认为这些东西罪孽深重,必须禁绝。在一个阴郁的日子,他们炸毁了杰哈纳巴德大佛的面容,这尊大佛镶嵌在山体之中,高达二十三英尺[2],离明戈拉只有半小时车程。考古学家认定,它的历史价值几乎可以跟被阿富汗塔利班摧毁的巴米扬大佛媲美。

他们炸了两次才把佛像摧毁。第一次,他们在岩石上打洞,往里填满炸药,但没能成功。过了几个星期,在 2007 年 10 月 8 日,他们又做第二次尝试。这回,他们终于抹去了佛像那张自 7 世纪起就注视

---

1 公元 1—3 世纪存在于中亚及南亚地区的古代帝国,疆域覆盖阿富汗及恒河流域,与汉王朝、罗马帝国、安息帝国并列为当时的亚欧四大强国。
2 约 7 米。

着这片河谷的面孔。渐渐地，塔利班开始摧毁我们所有的艺术、文化和历史。出于安全考虑，斯瓦特博物馆转移了藏品。塔利班将文物古迹摧毁殆尽，却没带来任何创新。他们把持翡翠矿藏，售卖美丽的宝石，换取丑陋的武器。他们从伐木商人手中收受贿赂，听凭那些人把珍贵的林木变作木材，又在运送木材的卡车过路时索要好处。

塔利班的电台能覆盖整片河谷，就连邻近地区也收得到。虽说我家保住了电视，有线频道却被塔利班切断。莫妮巴和我再也看不到《莎拉拉特》《搬弄是非》这些心爱的宝莱坞电视剧了。塔利班好像什么都不允许大家干，甚至禁止我们玩康乐棋——一种在木棋盘上对弹筹码的游戏，我们最爱的桌游。我们听到不少传闻，说塔利班只要听见孩子们的欢笑声就会破门而入，捣毁棋盘。我有种感觉，好像塔利班把我们都当成了提线木偶，操纵着我们的一举一动，告诉我们该做什么、该穿什么。我想，真主如果真希望我们千篇一律，又何必把我们塑造得如此千姿百态。

有一天，我看见我们的哈迈达老师泣不成声。她丈夫在马塔小镇当警察。法兹卢拉的手下突袭了马塔，打死了几名警察，她的丈夫就在其中。这是塔利班第一次在我们河谷袭击警察。很快，他们占领了更多村庄。警察局开始升起法兹卢拉的塔利班那面黑白旗帜。激进分子拎着扩音器闯进村庄，当地警察则闻风而逃。塔利班很快就攻占了五十九座村庄，设立了自己的平行政府。警察特别担心被杀，甚至会花钱登报，宣布自己已经去职。

这样的事层出不穷，但谁也不敢站出来做点什么，好像所有人都被塔利班催眠了一样。父亲说大家都受了法兹卢拉蛊惑。有人投入他麾下，以为这样就会有好日子过。父亲想拆穿他的真面目，但这并不容易。"我没有武装队伍，也没有广播电台。"他这样自嘲。某天，他甚至冒险奔赴电台毛拉本人所在的村落，去一所学校演讲。他乘着一只带滑轮的金属吊篮过河，我们斯瓦特人将它当作临时桥梁。在半空中，他远远望见一道黑烟腾空而起，直冲天际，那是他见过的最黑的浓烟。起初他还以为那是砖窑在烧砖，靠近一看，才发现那里有一群裹着头巾、蓄着长须的人在焚烧电视机和电脑。

到了那所学校，父亲告诉台下的听众："我看见你们村有人在焚烧电器。你们难道不知道这只会便宜了生产电器的日本厂商？他们会制造更多电器。"

有人走到他身旁，凑着他的耳朵低声说："别说了——你不要命了？"

而面对这一切，政府当局也像大多数人一样，毫无作为。

全国上下似乎都陷入了疯狂。巴基斯坦其他地区也自顾不暇——塔利班已经攻入国家的心脏——首都伊斯兰堡。我们从新闻图片上看到了人们口中的"罩袍大军"——一群年轻女人以及年龄跟我们相仿的女孩身披罩袍、手持棍棒，在伊斯兰堡市中心打砸巴扎里的CD和DVD店铺。

她们来自哈福赛神学院，我们国家最大的女子宗教学校，隶属于伊斯兰堡的"红色清真寺"。这座清真寺始建于1965年，因标志性的红色外墙而得名。它离议会大楼和三军情报局总部不远，只隔几条街道，所以不少政府官员和军界要人以前都会去那里做礼拜。清真寺下设两所宗教学校，一所女校和一所男校。多年来，这两所学校都被用来招募和训练志愿兵，送往阿富汗和克什米尔地区作战。掌管清真寺的是一对兄弟——阿卜杜勒·阿齐兹和阿卜杜勒·拉希德——后者曾赴坎大哈拜见奥马尔毛拉，在那里见过本·拉登。在兄弟二人手中，"红色清真寺"逐渐成为散布本·拉登思想的中心。这对兄弟以讲道慷慨激昂著称，吸引了成千上万的信徒，在"9·11"事件之后更是大受欢迎。得知穆沙拉夫总统同意在"反恐战争"中配合美军，清真寺断绝了长久以来与军方的良好关系，成了巴基斯坦政府最大的

死亡之谷

反对者。阿卜杜勒·拉希德甚至受到指控，涉嫌参与2003年12月在拉瓦尔品第用炸弹袭击穆沙拉夫车队的阴谋。参与调查的官员透露，他们准备的炸药就存放在这座清真寺内。但只过了几个月拉希德就洗脱了罪名。

2004年，穆沙拉夫开始派兵进入联邦直辖部落地区，第一站就是瓦济里斯坦。阿卜杜勒兄弟立即发起运动，宣布穆沙拉夫的军事行动不符合伊斯兰教义。他们建起自己的网站，又建了个山寨的毛拉电台，像法兹卢拉一样播送广播节目。

差不多就在塔利班现身斯瓦特的同时，来自"红色清真寺"下属宗教学校的女生们也开始在伊斯兰堡的大街上制造威胁。她们会突然闯入民宅，说这里开了按摩店；她们绑架那些被她们认作妓女的女性；她们强迫DVD店关门，还故技重施，用CD和DVD光盘点起火堆。看来只要符合塔利班的需要，女性也可以高调地发声，甚至招摇过市。这所宗教学校的校长名叫阿媚·哈桑，是两兄弟中的哥哥阿卜杜勒·阿齐兹的妻子，她竟恬不知耻地夸耀自己曾把许多女生训练成自杀式炸弹袭击者。"红色清真寺"私设法庭，执行伊斯兰教法，号称这是在帮国家履行未尽的职责。他们培养的激进分子还会绑架警察，洗劫政府大楼。

面对这样的情形，穆沙拉夫政府似乎束手无策。原因或许是军方曾与"红色清真寺"关系密切。但到了2007年年中，形势急转直下，人们甚至开始担心首都会完全落入激进分子手中。这几乎不堪设想——伊斯兰堡与巴基斯坦其他地区不同，一向是座宁静有序的城市。最终，在7月3日傍晚，突击队员驾驶坦克和装甲运输车包围了"红色清真寺"，切断了那片区域的供电。暮色中，城内突然枪声大作，还有爆炸声传来。军队炸穿了清真寺的围墙，用迫击炮轰击寺内建筑，还派出直升机在寺院上空盘旋。他们用扩音器喊话，要求女孩们放弃抵抗。

清真寺内的许多激进分子都曾赴阿富汗和克什米尔地区作战，有一定战斗经验。他们筑起掩体，带学生们躲进水泥地堡，又在外面堆满沙包。忧心忡忡的学生家长聚集在清真寺外，不断拨打女儿的手机，恳求她们出来。一些女生拒绝投降，说老师教导她们，为真主殉道是无上的光荣。

第二天傍晚，一小拨女孩走出清真寺。阿卜杜勒·阿齐兹乔装改扮，身披罩袍，跟女儿一起混在其中，但他的妻子、弟弟依然和许多学生一起留在寺内。激进分子与寺外的军队每天都交火不断。激进分子会用火箭筒，还用雪碧瓶做汽油弹。围困一连持续了好几天，直到7月9日晚上时候，寺内宣礼塔上的狙击手射杀了驻守寺外的特种部队指挥官。军方的耐心终于耗尽，对清真寺发起了全面进攻。

军方把这次进攻命名为"静音行动"，却弄出很大动静。我们首都的中心地带从没发生过这么大规模的激战。突击队员在清真寺搜捕了好几个小时，逐一扫荡房间，终于在一处地窖发现了阿卜杜勒·拉希德及其党羽，将他就地正法。终于，围困在7月10日夜里结束，此时已有近百人丧生，包括数名军人和大量儿童。电视上，清真寺废墟的画面令人触目惊心，寺内血迹斑斑，到处是玻璃碴和死尸。看到这一切，我们惊恐地瞪大了眼睛。两所宗教学校都有一些学生来自斯瓦特。这样的事情怎么能发生在我们的首都，发生在清真寺里呢？清真寺可是我们穆斯林的圣地啊！

正是在这次围困之后，斯瓦特的塔利班变了。7月12日——这个日期我记得非常清楚，因为那天正好是我的生日——法兹卢拉发表了一次不同以往的广播演讲。他为"红色清真寺"遭遇攻击而震怒，发誓要为死去的阿卜杜勒·拉希德讨回公道。然后，他向巴基斯坦政府宣战。

真正的麻烦就此开始。现在，法兹卢拉可以打着为"红色清真寺"复仇的旗号大肆散布威胁，号召民众支持他领导的塔利班了。几

死亡之谷

天后，他们袭击了军方派往斯瓦特的车队，杀死十三名士兵。激烈的反击不只出现在斯瓦特。部落居民在巴焦尔发起了大规模的抗议，国内发生了一系列自杀式炸弹袭击。不过我们依然心存一丝希望——因为贝娜齐尔·布托就要回来了。美国人担心他们的盟友穆沙拉夫将军在巴基斯坦不得人心，无法牵制塔利班，于是促成了一项匪夷所思的权力共享协议。根据这项协议，穆沙拉夫最终将脱下军装，成为平民总统，获得贝娜齐尔·布托所在政党的背书。作为交换，穆沙拉夫必须撤销对贝娜齐尔·布托及其丈夫的贪腐指控，承诺举行大选，大家普遍相信大选之后，总理非贝娜齐尔·布托莫属。全巴基斯坦找不到一个人相信这项协议真能达成，我父亲也不例外，因为穆沙拉夫和贝娜齐尔·布托彼此憎恶。

从我两岁那年起，贝娜齐尔·布托就一直流亡海外，但我从父亲口中听过她的许多事迹。所以，得知她打算回国，我们又将迎来一位女领导人，我们激动万分。正因为有她，我这样的女孩才有勇气表达自己的想法，甚至梦想成为政治家。她是我们的榜样。她象征着独裁统治的终结、民主制度的萌芽，向外界发出了希望与力量的信号。她还是我们国家唯一敢于公开谴责激进分子的领袖人物，甚至主动提出愿意帮美军在巴基斯坦境内搜寻本·拉登的行踪。

但显然有人不希望她回来。2007年10月18日，我们全都目不转睛地盯着电视，看着她在卡拉奇款款走下飞机舷梯。经过近九年的流亡，她为终于再次踏上巴基斯坦的土地而落泪。她乘坐敞篷双层巴士巡游街道，成千上万人拥上街头，想一睹她的风采。这些人来自全国各地，许多人还带着年幼的孩子。有人放飞了一群白鸽，其中一只飞过去，停在贝娜齐尔肩头。人群把街道挤得水泄不通，巴士只能以步行速度前进。我们看了一会儿就关掉了电视，因为看样子，这场面还会持续好几个小时。

那天午夜激进分子发动袭击时，我已经睡下了。贝娜齐尔·布托乘坐的巴士在橙色的火光中被炸毁。第二天早上我一起床,父亲就向我转告了这个消息。他和朋友都无比震惊,一夜无眠。好在贝娜齐尔·布托活了下来,爆炸发生时她恰好在下层的一节装甲车厢里休息,侥幸逃脱。但爆炸造成一百五十名民众丧生。这是我们国家有史以来最严重的一起爆炸事件。遇难者大多是学生,他们以血肉之躯筑成链条,把巴士围在当中,宣称愿为贝娜齐尔·布托殉道。那天在学校,所有人都默默无语,就连反对贝娜齐尔·布托的人也不例外。我们悲痛不已,不过值得庆幸的是,她依然幸存。

军队在大约一周后开进斯瓦特,军用吉普和直升机发出震耳欲聋的噪音。当时我们正在教室里上课,看到直升机飞过,都兴奋极了。我们冲出教室,飞机上的人向我们抛撒太妃糖和网球,我们争先恐后地去捡。在斯瓦特很少能看到直升机,不过我们家就在军营附近,偶尔能看见它们掠过头顶。以前我们还会比赛,看谁捡的太妃糖最多。

有一天,有位同住一条街的邻居来家里告诉我们,清真寺宣布从明天开始实施宵禁。我们都不知道什么叫"宵禁",心里惴惴不安。我家和隔壁萨菲纳家之间的墙上有个小洞,我们两家平时就透过这个洞说话,我们只要敲敲墙,他们就会等在洞旁。"这个'宵禁'是什么意思?"我们问。听了他们的回答,我们连房间都不敢出,生怕会出事。不久,宵禁支配了我们的生活。

我们从新闻中得知,为了打击塔利班,穆沙拉夫向我们河谷派出了一支三千人的部队。军队占据了每一栋他们认为有战略意义的政府建筑和私人住宅。直到这时,巴基斯坦其他地区似乎仍对斯瓦特的情况漠不关心。第二天,又一名自杀式炸弹袭击者在斯瓦特炸毁一辆军用卡车,造成十七名士兵和十三名平民死亡。那天夜里,我们整晚都能听见山丘背后枪声大作,还伴随着隆隆的炮声和机枪的轰鸣,吵得人睡不着觉。

死亡之谷

第二天，我们从电视上得知北面的丘陵地带爆发了战斗。学校停了课，我们待在家中，想知道究竟发生了什么。尽管战事爆发在明戈拉郊外，但枪声能传到我们耳中。军方宣称他们已经剿灭了百余名激进分子，但就在 11 月的第一天，近七百名塔利班攻占了卡瓦扎克拉的军队驻地。约有五十名士兵不战而逃，擅自脱离边防卫队，另有四十八人沦为俘虏，被游街示众。法兹卢拉的手下夺走他们的制服和枪支，又发给每人五百卢比，把他们遣散回家，以此来羞辱他们。接着，塔利班又攻占了卡瓦扎克拉的两座警察局，还继续向马迪扬镇挺进。在马迪扬镇，更多的警察缴械投降。几乎没人敢反抗。只有一名警察坚守警局，拒绝离开。他为此付出了生命。他的名字叫穆罕默德·法鲁克·汗。塔利班很快就控制了除明戈拉以外的斯瓦特大部分地区。

11 月 12 日，穆沙拉夫向我们河谷增派了一万人的部队，又派来更多武装直升机增援。河谷里到处是军人。他们甚至驻扎在高尔夫球场，对着山坡练习射击。随后，他们对法兹卢拉发起了进攻，这就是我们后来所知的"真理之路行动"，是发生在斯瓦特的第一场战役。在联邦直辖部落地区以外，巴基斯坦军方对本国人民采取军事行动，这是有史以来第一次。警方曾想趁法兹卢拉登台演讲时抓捕他，但就在这时，一场巨大的沙尘暴突然袭来，法兹卢拉伺机逃脱。这更增添了他的神秘色彩，进一步巩固了他的宗教地位。

激进分子并没轻易放弃。他们转而向东挺进，在 11 月 16 日攻占了香格拉县的主要城镇阿尔普里。当地警察再次不战而逃。据当地人说，激进分子队伍中有来自车臣和乌兹别克斯坦的士兵。我们很担心香格拉县的亲人，虽说父亲觉得那里地处偏远，不会引起塔利班的注意，而且当地人也明确表示会抵抗塔利班的入侵。巴基斯坦军队拥有人数优势，武器装备也更加精良，很快就夺回了河谷。军队占领了法兹卢拉总部所在地伊满德里，激进分子逃入山林。到了 12 月初，军方宣称他们已经肃清了大部分地区的激进分子。法兹卢拉躲到山中。但他们并没有根除塔利班之患。"和平不会维持太久。"父亲断言。

法兹卢拉的队伍并不是唯一造成巨大破坏的力量。在整个巴基斯坦西北部，由不同部落组织的武装力量纷纷出现。斯瓦特之战差不多一个星期后，来自我们全省各地的四十名塔利班领导人齐聚南瓦济里斯坦，共同向巴基斯坦政府宣战。他们决定在巴基斯坦塔利班（Tehrik-i-Taliban-Pakistan，简称"TTP"）的旗帜下达成统一战线，号称已经招募到四万名战士。他们推选贝图拉·马哈苏德[1]为领袖，他年近四十，曾在阿富汗作战。法兹卢拉则被任命为斯瓦特地区的总指挥。

军队刚进入河谷时，我们都以为战事会很快结束，但我们想错了。情况仍在持续恶化。塔利班不仅把政治家、议员和警察列为打击对象，还处处针对不遵守深闺制度的女性、胡子长度不达标准的男性，以及沙尔瓦·卡米兹穿得不规范的人。

12月27日，贝娜齐尔·布托现身拉瓦尔品第，在一场竞选集会上发表了演说。她把会场设在利雅卡特公园，那是巴基斯坦第一任总理利雅卡特·阿里·汗[2]遇刺的地方。伴随着听众热烈的欢呼声，贝娜齐尔·布托高声宣布："凭借人民的力量，我们终将击败极端主义与激进分子，赢得最后的胜利。"那天，她乘坐的是一辆特制的防弹丰田越野车，汽车快驶出公园时，她起身探出天窗，向支持者挥手致意。突然间，公园里响起枪声和爆炸声，一名自杀式炸弹袭击者在她车旁引爆了炸弹。贝娜齐尔·布托跌回座位。事后，穆沙拉夫政府说她的头撞到了车顶的把手；但有人说，她其实是中了弹。

---

1 贝图拉·马哈苏德（Baitullah Mehsud，1974—2009），巴基斯坦塔利班创始人，2009年8月被美国无人侦察机用炸弹炸死。
2 利雅卡特·阿里·汗（Liaquat Ali Khan，1895—1951），巴基斯坦政治家、开国元勋。1947年任巴基斯坦开国总理兼国防部长、外交部长。1951年遭到暗杀。

当时我们正守在电视机前，电视上突然跳出这条新闻。我外祖母说："贝娜齐尔·布托会成为*沙希德*（*shaheed*）。"意思是她会为信仰殉道。我们所有人都哭了起来，默默为她祈祷。后来，我们得知了她的死讯，我开始质问自己：*你为什么不站出来为女性的权利而战？* 我们都希望巴基斯坦能实现民主，而现在，人们却说："要是连贝娜齐尔·布托都难逃一劫，那谁还能安然无恙？"我们的国家似乎已处在绝望边缘。

穆沙拉夫认为巴基斯坦塔利班的领导人贝图拉·马哈苏德是杀害贝娜齐尔·布托的凶手，并公布了他们截获的一段电话录音，在录音中，马哈苏德似乎正在与一名同伙讨论那次袭击。贝图拉否认了这项指控，这对塔利班实属罕见。

家里人以前常把讲授伊斯兰教义的老师——人称*卡里·萨希卜*（*qari sahib*）——请到家中，来给我和别的孩子讲解《古兰经》。塔利班进入河谷时，我已经能背诵《古兰经》全文，这就是我们所说的"《古兰经》学成"（*Khatam ul-Quran*）。巴巴——我的祖父——是教士，知道后特别开心。我们用阿拉伯语诵经，大多数人不知道这些经文的含义，不过我也已经开始记诵被翻译成乌尔都语的经文了。某天，我们请来的一位教士竟试图为暗杀贝娜齐尔·布托的罪行开脱，这让我感到恐怖。他说："杀死她真是功德一桩。她活着的时候就一无是处，不遵守伊斯兰教义。放任她继续活下去，国家就会大乱。"

我心中愕然，把他的话告诉了父亲。父亲说："我们别无选择，必须得跟这些毛拉学《古兰经》。但你只管跟他们学习经文的字面意思就好，不要听他们解读和发挥。你只需学习真主的话语，那是神圣的箴言，你可以根据自己的理解自由地解读。"

11 聪明的班级

在那段阴云笼罩的日子里,是学校给了我坚持的勇气。走在街上,我有种感觉,仿佛任何一个与我擦身而过的男子都有可能是塔利班。我们把书包和课本藏在披巾下。以前,父亲常说村中最美的晨景,就是学童身穿校服的身影,而现在,那身校服我们却不敢再穿。

我们升入了初中。校长玛丽亚姆说老师们都不想教我们班,因为我们总围着老师刨根问底。我们希望被当作聪明的女孩。每逢节日或婚礼,我们都会用海娜颜料在手上作画,但我们画的不是鲜花和蝴蝶,而是微积分算式和化学分子式。我与马勒卡·努尔之间的竞争仍在继续,不过自从被初来乍到的她击败过一次之后,我更加用功读书,重新夺回了班级第一的宝座。马勒卡·努尔一般排名第二,莫妮巴排名第三。老师告诉我们,考试时,阅卷人一般会先看我们写了多少字,再看卷面是否整洁。在我们三人当中,莫妮巴的字写得最好,卷面最工整漂亮,不过我总说她应该再自信点。她学习特别勤奋,怕考砸了会让家里的男亲戚抓到把柄,借机逼她退学。我数学最弱——还得过一次零分——但我学得非常刻苦。我的化学老师奥贝杜拉先生(我们都用"先生"或者"女士"称呼老师)说我是天生的"政客",因为每次口试前,我都会说:"先生,我想说您是最好的老师,我最喜欢上您的课了。"

有家长抱怨老师因为我是学校的创办人的女儿而偏袒我,不过人们常常惊讶地发现,我们几个尽管在学习上总是你追我赶,但关系很好,从不互相嫉妒。我们还会在一种叫作"委员会考试"的选拔中一决胜负。这种考试旨在从本地私立学校选拔最优秀的学生,我有一年跟马勒卡·努尔考了一样的分数。后来，为了决定大奖的归属，我们又在学校参加了加试，再次打成平手。为了打消人们的疑虑，免得他们觉得我受了优待，父亲让我们去另一所学校——他朋友艾哈迈德·沙阿创办的学校——再考一次。结果我们又考得一样，最后双双得奖。

学习并不是校园生活的全部。我们还喜欢表演话剧。我以《罗密欧与朱丽叶》为蓝本创作了一出讽刺贪腐的短剧。我扮演的罗密欧是位公职人员，正在为一个职位面试候选人。第一位候选人是个美丽的女孩，所以罗密欧提的问题特别简单，比如"自行车有几个轮子"，她刚一回答"两个"，罗密欧就夸她"太聪明了"。第二位候选人是个男人，罗密欧就专提刁钻的问题，比如"不要起身，立刻告诉我咱们头上的吊扇是什么牌子"。"这我怎么可能知道？"候选人反问。"你一个博士，居然连这都不知道！"罗密欧回答。最后，他决定聘用那个女孩。

女孩的扮演者不是别人，正是莫妮巴，我的助手则由另一位同学阿提亚扮演，她机智的旁白为表演增添了独特的风味，逗得观众捧腹大笑。除了演戏，我还喜欢模仿。课间休息时，朋友们总会围上来要我模仿老师，尤其是奥贝杜拉先生。在那段充满不幸的日子里，我们需要一些小小的理由来让自己笑一笑。

时间已经来到 2007 年年底，军事行动依然没能彻底铲除塔利班势力。军队在斯瓦特驻扎下来，城中到处是他们的身影，但法兹卢拉依然每天在广播中叫嚣。到了 2008 年，形势每况愈下，爆炸和杀戮更频繁地发生。在那些日子里，我们每天谈论的不是军队就是塔利班，还有被他们夹在中间的感觉。阿提亚会跟我开玩笑："塔利班是好人，军队是坏人。"我则回答："假如同时被蛇和狮子攻击，你会觉得谁更友好？是蛇还是狮子？"

我们学校如同世外桃源，把灾难挡在外面。班上的女生将来都想当医生，我却想当个发明家，发明一种对付塔利班的机器，能嗅到他们的踪迹，摧毁他们的枪支。不过就算待在学校，我们也面临威胁，我的一些朋友因此不再上学。法兹卢拉不断在广播中宣扬女孩应该闭门不出，他的手下开始炸毁学校，他们一般会趁晚上宵禁时动手，那时学生们不在学校。

他们炸毁的第一所学校是沙瓦赞盖，马塔小镇一所公立女子小学。我们不敢相信竟有人能做出这种事。很快，更多的爆炸接踵而至，几乎每天都有一起。就连明戈拉也没能幸免。有两次爆炸时，我都在厨房，爆炸点离我家实在太近，震得整栋房子都摇晃起来，窗上的排风扇都被震了下来。自那之后，我就对厨房有了阴影，每次跑着进出。

2008年2月的最后一天，我正待在厨房，忽然听见一声巨响。那响声震耳欲聋，爆炸点显然就在附近。像往常一样，我们喊着彼此的名字——"卡什塔、皮硕、巴比、胡什哈尔、阿塔尔！"——确认大家都在。接着，我们听见警笛大作，一声接着一声，仿佛全明戈拉的救护车都在朝这边赶。原来，一名自杀式炸弹袭击者在哈吉巴巴高中的篮球场上引爆了炸弹。那里正在举行一场葬礼，送别深受大家爱戴的本地警官贾维德·伊克巴尔，他本想逃离塔利班的魔爪，却在某个偏僻的地方遭遇了自杀式炸弹袭击。他是明戈拉人，所以人们把他的遗体运回家乡，好让其魂归故里，并接受警方的致敬。结果塔利班又袭击了前来悼念的人群。爆炸至少造成五十五人死亡，其中包括贾维德·伊克巴尔年幼的儿子，还有不少我们认识的人。莫妮巴家有十位亲戚参加了葬礼，结果死的死、伤的伤。莫妮巴悲痛欲绝。全城都为之震惊，每座清真寺都有人在哀悼死者。

"现在你害怕了吗？"我问父亲。

"在夜里，人的恐惧往往是最强烈的，贾尼。"父亲告诉我，"但天亮之后，我们沐浴着光明，又会重拾勇气。"这的确是我家人的写照。我们有过恐惧，但它敌不过我们内心的勇气。"我们一定要把塔利班赶出河谷,让大家不再这样担惊受怕。"父亲说。

每到危难时刻,我们普什图人总会诉诸经久不衰的传统,所以在2008年,斯瓦特的长老们成立了一个叫"考米·支尔格"(*Qaumi Jirga*,民族部落会议)的组织,向法兹卢拉发起挑战。四名本地人——穆赫塔尔·汗·尤素福扎伊、胡尔希德·卡卡吉、扎希德·汗和穆罕默德·阿里·汗——走访了一座又一座胡吉拉,挨个说服长老们加入。组织的最高领导人是位白胡子老人,名叫阿卜杜勒·汗·哈利克,今年七十四岁,当年英国女王访问斯瓦特,到瓦里家中做客时,他曾是女王的贴身保镖。我父亲既不是长老也不是汗,却因为刚直敢言而被推举为发言人。他的普什图语讲得充满诗意,不过他也精通巴基斯坦的官方语言乌尔都语和英语,跟斯瓦特内外的人都能顺畅地交流。

他每天都代表斯瓦特长老议会出席各种研讨会,要么就在媒体上抨击法兹卢拉。"你们都干了些什么?"他质问塔利班,"你们是在摧毁我们的生活和文化。"

父亲告诉我:"凡是促进和平的组织,我都愿意加入。要解决纷争、平息冲突,首先得说出真相。要是你明明头疼,却谎称胃疼,那医生还怎么给你治病?你必须据实相告,真相能驱散恐惧。"

我常常陪父亲一起去见他的同道中人,尤其是他的老友艾哈迈德·沙阿、穆罕默德·法鲁克、扎希德·汗和法兹勒毛拉。艾哈迈德·沙阿也办了一所学校,穆罕默德·法鲁克就在那所学校工作,所以他们有时会在学校的草坪上聚会。扎希德·汗是开酒店的,他家的胡吉拉特别宽敞。他们来我家做客时,我会给他们沏茶,然后坐下来,静静听他们讨论下一步的计划。"马拉拉不光是齐亚丁的女儿,也是我们大家的女儿。"他们这样说。

他们奔波于白沙瓦和伊斯兰堡之间,接受各种电台采访,尤其是美国之音(VOA)和英国广播公司(BBC)。他们轮流受访,确保每次采访都有人在场。他们告诉人们，塔利班在斯瓦特的所作所为根本不是在捍卫伊斯兰教。父亲说塔利班在斯瓦特如此猖獗，背后肯定少不了军政两界人士的支持。国家的存在，是为了保障公民的权利，但假如你无法区分国家机器与非官方势力，而国家也无法保护你不受非官方势力的侵害，你的处境就会非常艰难。

巴基斯坦军方和三军情报局势力强大，大家都不敢公开发表这些看法，父亲和他的朋友们却毫不畏惧。"你们是在跟我们的人民作对，跟巴基斯坦作对。"父亲说，"不要支持宣扬塔利班思想，这是不人道的。有人说，牺牲斯瓦特是为了换取巴基斯坦的长治久安，但任何人、任何事物都不该为国家牺牲自己。国家就像我们的母亲，母亲是不会抛弃或欺骗孩子的。"

他痛恨大多数人不肯站出来说话。他的衣兜里总揣着马丁·尼莫拉[1]的一首诗。尼莫拉曾生活在纳粹德国：

> 起初，他们追杀共产主义者，
> 我没有说话，因为我不是共产主义者；
> 接着，他们追杀犹太人，
> 我没有说话，因为我不属于这个民族；
> 然后，他们追杀工会成员，
> 我没有说话，因为我没加入工会；
> 再之后，他们追杀天主教徒，
> 我没有说话，因为我信奉新教；
> 最后，他们冲我而来，
> 而这时已经没有人能替我说话了。

---

[1] 马丁·尼莫拉（Martin Niemöller，1892—1984），德国神学家，信义宗牧师。下文引用的诗句出自《起初他们》，是他最著名的一篇反纳粹忏悔文。

我知道他说得没错。如果人人都保持沉默，现状就不会改变。

在学校，父亲发起了和平游行，鼓励我们大胆发声，反对正在发生的一切。莫妮巴做了精彩的发言。"我们普什图人对信仰充满热忱。"她说，"可是就因为塔利班的存在，全世界都把我们视作恐怖分子。这不是事实。我们爱好和平。我们河谷中的一草一木——我们的山脉、树木、花朵——无不诉说着和平。"我们几个女生接受了开伯尔电视台——全国唯一一家私立普什图语电视台——的采访，谈论女孩子为加入激进分子而辍学的事。老师们在采访前帮我们做了演练。我并不是唯一一个有受访经验的人。十一二岁时，有几个朋友跟我一起接受采访，但等我们长到十三四岁，那些同学的父兄就不再允许她们出镜了，这既是因为她们已经步入青春期，得遵守深闺制度，也是因为他们忌惮塔利班。

有一次我上了 Geo 电视台——我们国内最大的新闻频道。电视台的办公区有一面硕大的电视墙，我第一次看见这么多频道同时播放，惊得目瞪口呆。回到家，我想：*新闻媒体有采访需求。他们想找个小女孩做采访，但她们很害怕，而且就算她们自己不怕，她们的父母也不会答应。而我的父亲无所畏惧，支持我发声。*他告诉我："你是个孩子，你有说话的权利。"我接受的采访越多，人就充满力量，赢得的支持也越多。那时我才十一岁，但看上去比实际年龄稍微成熟一些，而媒体似乎很乐意了解一个年轻女孩的想法。有位记者称我为*塔克拉·捷奈（takra jenai）*——意思是"闪耀智慧光辉的少女"，另一位则说我是*帕哈·捷奈（pakha jenai）*——意思是"我拥有超越年龄的智慧"。在内心深处，我始终相信真主护佑着我。我没做错什么，而是在为自己的权利疾呼，为女孩们的权利疾呼。这是我的责任。真主一定想看我们如何面对眼前的困境。《古兰经》有言："谎言必将消散，真相终将胜利。"而我想：*既然法兹卢拉凭一己之力就能摧毁一切，那么一个女孩为什么不能凭一己之力改变一切？*每个夜晚，我都虔诚地祈祷,请求真主赐予我力量。

斯瓦特的媒体迫于压力,不得不对塔利班做正面报道——有些媒体甚至毕恭毕敬地称塔利班发言人穆斯林·汗为"学校之父",尽管他实际上是毁坏学校的罪魁祸首。不过不少本地记者都对河谷的遭遇感到不满,他们为我们搭建起强有力的平台,因为他们能借我们之口说出自己不敢说的话。

我家没有车,所以我们一般会乘三轮摩托去做采访,或是请父亲的朋友载我们一程。有一天,父亲和我去白沙瓦参加英国广播公司的一档乌尔都语访谈节目,主持人是著名专栏作家瓦萨图拉·汗。一道接受采访的还有父亲的朋友法兹勒毛拉和他的女儿。两位父亲,两位女儿。他们请的塔利班代表是穆斯林·汗,但他本人并没出现在演播现场。我有点紧张,但我明白这次访谈意义非凡,巴基斯坦全国有许多人在听。

"塔利班何德何能,竟想夺走我们最基本的受教育权?"我质问。穆斯林·汗没有回答,他那部分电话采访是预先录好的。录音怎么会回答现场提问呢?

访谈结束后,大家纷纷来向我道贺。父亲笑了,夸我有从政的潜质。他调侃道:"你还在学走路的时候,说话就已经有政治家的调调了。"但我从没重听过自己的采访。我很清楚,这些成绩微不足道。

我们的谈话随风而散,犹如春天的樱树花瓣。破坏学校的行径仍在继续。2008年10月7日晚,我们听见远处传来一连串爆炸声。第二天早上,我们听说激进分子闯入了桑戈塔女子修道学院和伊克塞尔希尔男子学院,在学校引爆了自制的简易炸弹。老师们已经提前撤离,他们事先收到了警告。这两所学校都是名校,尤其是桑戈塔女校,它向来以学生学业优异著称,历史可以追溯到最后一任瓦里在位的时代。这两所学校规模也很大——伊克塞尔希尔有超过两千名学生,桑戈塔也有一千余名。爆炸发生后,父亲去往现场,看见整栋校舍被夷为平地。他在断瓦残垣和烧焦的书本间接受电视采访，回家时惊魂未定。"整所学校都被炸得只剩废墟。"他说。

不过父亲依然没放弃希望，相信破坏总有结束的那天。真正令他感到失望的，是被毁的学校还惨遭洗劫——家具、书本、电脑都被当地人搜刮一空。听到这些，他哭了："他们就像秃鹫扑向死尸。他们在自我掠夺。"

第二天，父亲上了美国之音的直播节目，痛斥袭击行径。塔利班发言人穆斯林·汗通过电话进入了直播。"这两所学校何罪之有，你们非要把它们炸平？"父亲质问他。

穆斯林·汗说桑戈塔是修道院学校，宣扬基督教文化，伊克塞尔希尔则是因为男女同校，允许男女生坐在一起上课。"一派胡言！"父亲反驳道，"桑戈塔从20世纪60年代建校起，从没劝过一个学生皈依基督教——实际上，她们中的一些人还皈依了伊斯兰教。而伊克塞尔希尔只有小学部是男女同校。"

穆斯林·汗默不作声。我问父亲："他们自己的女儿呢？他们难道不想让自己的女儿上学吗？"

我们的校长玛丽亚姆女士是桑戈塔的校友，她妹妹艾莎也在那里就读。出事之后，艾莎和桑戈塔的几名女生转到了我们学校。我们学校一向入不敷出，每个月收的学费都不够支付全部开销，能多收几笔学费是件好事，父亲却开心不起来。他为呼吁重建这两所学校四处奔走。有一次，他在一场大型集会上发言。他高高托起一位听众幼小的女儿，对大家说："这个女孩就是我们的未来。我们难道想看到她一生都在愚昧中度过吗？"现场听众纷纷赞同，表示宁可牺牲自己，也要捍卫女儿受教育的权利。新转来的女生给我们讲了许多可怕的故事。艾莎告诉我们，她有一天从桑戈塔放学回家，在路上看见一名塔利班武装分子高举着一名警察被砍下的头颅，脖子的断面还在不断滴血。桑戈塔来的女生都很聪明，加剧了我们的课业竞争。其中一位叫里达的女生演讲特别厉害。她跟我和莫妮巴成了好友。我们偶尔也会争吵，毕竟三个人嘛，难题会多一些。莫妮巴经常带些吃的到学校，却只多带一副叉子。"你跟我好还是跟里达好？"每到这时我就会问莫妮巴。

她会哈哈一笑，说："我们三个都是好朋友呀。"

到 2008 年年底，巴基斯坦已经有四百所学校毁于塔利班之手。巴基斯坦新政府在阿西夫·扎尔达里[1]总统的领导下成立，他是已故前总理贝娜齐尔·布托的丈夫。但新政府似乎对斯瓦特漠不关心。我跟同学们说，要是扎尔达里自己的女儿就在斯瓦特上学，他们肯定不会这样冷漠。整个巴基斯坦，自杀式炸弹袭击迭出，就连首都伊斯兰堡的万豪酒店都未能幸免。

在斯瓦特，城市远比偏远地区安全，所以很多亲戚都从乡下来投靠我们。我们的房子本来就小，又住了不少表亲，这下更是拥挤不堪。生活变得单调乏味。我们不能再像原来那样在街上或屋顶上玩板球，只能在院子里一遍遍地打弹珠。我总跟弟弟胡什哈尔吵架，他老去找母亲哭诉。胡什哈尔和马拉拉这辈子都没法和睦相处。

我喜欢给自己做各式各样的发型，会在浴室里对着镜子折腾好几个小时，模仿我从电影里看到的造型。母亲一直让我把头发剪得跟弟弟们一样短，直到我八九岁还坚持这样，免得我头上长虱子，而且短发也更好打理——长发会在头巾里乱成一团。但我后来总算说服她让我留起披肩长发。我的头发不像莫妮巴那么顺直，而是天生带卷，我喜欢把头发卷成大波浪或扎起来。"你在里面干什么呢，皮硕？"母亲会在门外大喊，"客人们还要用洗手间呢，所有人都得等你。"

2008 年的斋月是最难熬的一段日子。整个斋月期间，穆斯林都不

---

[1] 阿西夫·扎尔达里（Asif Zardari，约 1955—），巴基斯坦第十一任总统，巴基斯坦前总理贝娜齐尔·布托的丈夫。2007 年 12 月 27 日贝娜齐尔·布托遇刺身亡之后，他成为巴基斯坦人民党联合主席，在 2008—2013 年担任巴基斯坦总统。

死亡之谷

能在日间饮水进食。塔利班炸毁了发电站,切断了我们的供电,没过几天又炸毁了管道,切断了我们的煤气。以前我们常去市场上买煤气罐,而现在煤气罐的价格暴涨了一倍,母亲不得不像从前在乡下时一样,开始生火做饭。她没有怨言——大家得吃饭,她就去做,还有许多人处境比我们更糟。由于缺乏清洁的饮用水,霍乱开始在人群中蔓延。医院应接不暇,只好在门外支起高大的帐篷来收治患者。

我们家没有发电机,不过父亲买了一台装在学校,这样能用水泵从地下打出淡水。附近的孩子都来学校取水。每天,取水的人都会排起长队,等着装满手中的水罐、瓶子和大桶。对此,有位邻居感到惊慌。"你们这是在做什么?"他问,"要是被塔利班发现你们在斋月里送水,他们会让我们挨炸弹的!"

父亲则回答:"炸死是死,渴死也是死。"

从前那些能去郊游、野餐的日子像一场梦。天黑之后,没有人敢冒险走出家门。恐怖分子甚至炸毁了滑雪缆车和马拉姆·贾巴的一座大酒店,那里从前曾住满游客。度假天堂沦为地狱,再也没有游客敢来游览。

随后,在2008年年底,法兹卢拉的副手沙阿·道兰大毛拉在广播中宣布所有女校都必须关闭。他警告说从第二年1月15日开始,女孩们一律禁止上学。我起初还以为他是在开玩笑。"他们凭什么不让我们上学?"我问朋友们,"他们没这个能耐。他们号称要摧毁大山,却连道路都控制不了。"

但其他女生不这么想。"谁能阻止他们呢?"她们反问,"他们已经炸毁了数百所学校,却没有一个人站出来做点什么。"

父亲说过,哪怕只剩一间教室、一位老师和一名学生,斯瓦特人和这里的老师也会继续给我们的下一代上课。父母从没动过让我辍学的念头。以前我们虽然也喜欢上学,但直到塔利班妄图把我们赶出校园,我们才认识到教育有多重要。上学、读书、完成作业绝不仅仅是一种消遣，而是我们的未来。

　　那年冬天大雪纷飞，我们照例堆起雪熊，却不再有昔日的快乐。塔利班在冬季往往退回山中蛰伏，但我们明白他们肯定会回来，不知接下来会发生什么。我们相信学校还会重开。塔利班可以夺去我们的笔和书本，却无法让我们的头脑停止思考。

12　血色广场

他们会连夜把尸体弃置在广场上,这样人们第二天出门上班时就能看见。尸体上一般会别张字条,上面写着"这就是为军方刺探情报的下场",或者"上午十一点前勿动,否则下一个就是你"。在某些杀戮的夜晚还会发生地震,这更加剧了人们的恐惧:我们总觉得每场天灾都跟人祸有关。

2009年1月一个严寒的冬夜,他们杀害了谢巴纳。她住在班惹巴扎,那是我们明戈拉城里一条狭窄的街道,是著名的舞蹈家、音乐家聚居区。据谢巴纳的父亲回忆,当时有一群男人来她家敲门,说要看她跳舞。她换上舞蹈服正要表演,他们突然掏出手枪,还威胁要割她的喉咙。当时是晚上九点,宵禁已经开始,附近的居民都听见了她的尖叫声:"我保证不跳了!我再也不唱歌跳舞了。看在真主的分儿上,你们就放过我吧!我是个女人,是个穆斯林。求你们不要杀我!"枪响了,她的尸体被拖到绿色广场,上面布满弹孔。这座广场上被丢弃的尸体实在太多,渐渐地,人们开始把绿色广场称作"血色广场"。

第二天早上,我们得知了谢巴纳的死讯。法兹卢拉在毛拉电台中大放厥词,说谢巴纳道德败坏,死有余辜。任何女孩只要敢在班惹巴扎演出,都会遭到处决。斯瓦特的音乐等艺术曾是我们的骄傲,但现在,大部分舞蹈家都逃到了拉合尔或迪拜。音乐家为了安抚塔利班,不得不登报声明自己不再演奏,发誓今后会虔敬恭顺。

人们以前常常抱怨谢巴纳不好相处,这里的男人既想看她跳舞,又看不起她舞者的身份。汗的女儿不能嫁给理发师的儿子,理发师的女儿也不能嫁给汗的儿子。我们普什图人喜欢鞋子,却看不起鞋匠；喜欢围巾和毯子，却不尊重织工。体力劳动者对社会做出了巨大的贡献，却得不到应有的认可。所以，他们中才有那么多人加入塔利班——这样他们才终于能获得权力与地位。

同样地，大家爱看谢巴纳跳舞，却不尊重她这个人，她惨遭杀害之后，没有一个人站出来替她说话。有些人甚至觉得她是咎由自取。这种人要么特别怕塔利班，要么是他们的拥趸。"谢巴纳根本不能算穆斯林。她是坏人。她就是该死。"这些人说。

但那远不是最黑暗的一天。谢巴纳遇害前后的每个日子都暗无天日，每分每秒都充满煎熬。坏消息不断传来：这个人的家被炸毁，那所学校被夷平，某人被当众处以鞭刑。这样的事层出不穷，来势汹汹。谢巴纳遇害几个星期后，马塔也有一位教师惨遭杀害，只因为他拒绝按塔利班的规定把裤脚卷到脚踝上方。他说伊斯兰教并没有这样的规定。他们杀害了他，还杀了他的父亲。

我看不懂塔利班到底要干什么。"他们在滥用我们的信仰。"我在一次采访中说，"如果我用枪指着你的头，说伊斯兰教才是真正的宗教，那你怎么可能服膺这种信仰？他们如果想让全世界都皈依伊斯兰教，为什么自己不做出好穆斯林的表率？"

父亲回家时常常一脸震惊，因为他刚刚在外目睹或听说了残忍的暴行，比如有警察被砍头，头颅还被游街示众。甚至一些曾为法兹卢拉说话，相信他的队伍是正统伊斯兰教捍卫者，还曾给他捐献黄金的人，现在也开始反对他的所作所为。父亲告诉我，有个女人，丈夫在国外务工，她趁丈夫不在向塔利班慷慨解囊。丈夫回到家，发现妻子把金饰都捐了出去，气得大发雷霆。一天夜里，他们村发生了一次小规模的爆炸，把妻子吓得哭了起来。"快别哭了。"丈夫说，"那是你的耳环和鼻钉在响。仔细听吧，接下来就轮到你的项链和手镯了。"

尽管如此，敢公开发声的人依然少得可怜。父亲在大学竞选学生领袖时的老对手伊赫桑·乌尔哈克·哈卡尼在伊斯兰堡当了记者，他

死亡之谷　　117

组织了一场会议，专门商讨斯瓦特的局势。他邀请斯瓦特的律师和学者参会发言，却没有一个人出席。到场的只有我父亲和几位记者。这让人感觉大家好像都接受了塔利班会长期盘踞河谷的事实，觉得学着与他们共存才是明智之举。"加入塔利班，性命百分之百有保障。"他们会这样说。这就是他们主动把儿子交给塔利班的理由。塔利班会跑到居民家里，要么索要用于购买步枪的钱财，要么逼他们送儿子去替塔利班上战场。很多富人逃离了斯瓦特，但穷人别无选择，只能留下来，想尽办法活下去。许多男人远赴矿井或波斯湾务工，家里只剩妇孺留守，导致他们的儿子更容易成为塔利班的猎物。

危险向我们步步逼近。一天，艾哈迈德·沙阿收到一条匿名的死亡警告信息。他只得去伊斯兰堡避了一段时间，顺便呼吁更多人关注我们河谷的遭遇。那一阵子最让人痛心的现象，就是我们自己人开始互相猜忌。有人甚至开始怀疑父亲。"我们的人一个接一个地遇害，而齐亚丁这样口无遮拦，却还活得好好的！他肯定是内奸！"但父亲其实也受了恐吓，只是没告诉我们罢了。他在白沙瓦办了一场新闻发布会，呼吁军方对塔利班采取行动，缉捕他们的头目。事后，有人告诉他，沙阿·道兰通过毛拉电台散布威胁，在广播中提到了他的名字。

父亲并没放在心上，我却担心得要命。他敢怒敢言，又加入了那么多团体和委员会，常常忙到很晚，有时甚至半夜才回家。为了保护我们，他开始到朋友家借住，免得塔利班突然上门抓人。他无法忍受死在我们面前。夜里，我必须在他回家之后锁好门，才睡得着。而他在家的时候，母亲会把一架梯子搭在后院的围墙上，好让他突遇危险时逃到街上。他笑她异想天开。"阿塔尔这只小松鼠应该能爬上去吧，我可办不到！"

母亲总想做好万全准备，一遍遍设想假如塔利班突然上门，自己该怎么做。她想过睡觉时在枕头下藏一把刀。我说我可以悄悄溜进卫生间报警。我跟弟弟们还想过可以挖一条地道。我再次祈求真主赐我一根魔杖，轻轻一挥就能让塔利班消失。

某天，我看见小弟阿塔尔在花园里奋力挖土。"你在干吗呢？"我问。"我在挖坟啊。"他回答。我们的新闻中充斥着杀戮与死亡，难怪阿塔尔会想到棺材和坟墓。如今，孩子们玩的已经不再是"捉迷藏"或"警察抓小偷"的游戏，而是"军队大战塔利班"。他们用树枝充当火箭筒，用棍子充当卡拉什尼科夫自动步枪。这就是他们的恐怖游戏。

无人保护我们。我们的警察局副局长赛义德·贾维德经常参加塔利班集会，还会去塔利班的清真寺祈祷，主持他们的会议。他成了一名不折不扣的塔利班。非政府组织（NGO[1]）也是塔利班打击的对象。他们宣称这些组织具有反伊斯兰教性质。NGO被塔利班威胁之后，会向警察局副局长求助，而他根本不听他们申诉。某次会议上，父亲质问副局长："你到底是在为谁效力？法兹卢拉还是政府？"阿拉伯语中有句谚语："人从其王。"要是连某地的最高长官都加入了塔利班，塔利班势头越来越盛也就不足为奇。

我们巴基斯坦人喜欢阴谋论，国内阴谋论满天飞。有人认为当局在故意纵容塔利班，军方巴不得把塔利班留在斯瓦特，因为美国人想用河谷里的空军基地起降无人机。把塔利班留在河谷，政府就可以告诉美国人他们现在自顾不暇，帮不上忙。这也能帮政府回应美国越来越严厉的批评，他们认为我国军方不但没打击塔利班，反而助长了他们的气焰。而现在，政府可以理直气壮地回答："你们说我们一边拿你们的钱，一边暗中扶持恐怖分子，如果真是这样，他们为什么还袭击我们？"

"塔利班显然有不明势力撑腰。"父亲说，"但这件事并不简单。你越是琢磨就越看不懂。"

当时是2008年，那一年，政府居然释放了正在服刑的"保卫先

1　Non-Governmental Organizations 的缩写。

知教法运动"创始人苏非·穆罕默德。据说他并不像他的女婿法兹卢拉那么极端,所以人们指望他能与政府达成和平协议,同意在斯瓦特实施伊斯兰教法,以此换取塔利班放弃暴力。父亲赞同这个方案。我们深知和平依然任重而道远,但父亲认为河谷地区一旦实施伊斯兰教法,塔利班就失去了战斗的理由。这样他们就只得放下武器,回归生活。父亲说要是他们还在继续施暴,大家就会看到他们的真面目。

军队依然在明戈拉城外的山上操练枪械。我们躺在床上,听到他们的机枪突突突地响一晚上。枪声偶尔会暂停五分钟、十分钟或十五分钟,我们刚要睡着又冷不丁地响起。有时我们会捂住耳朵或用枕头蒙住脑袋,但枪声太响,又离得太近,这么做根本不起作用。第二天早上,我们从电视新闻中看到塔利班又杀害了许多人。这让我们不禁想问,军队的枪炮到底在突突突地打些什么?为什么连毛拉电台每天的广播都阻止不了?

军队和塔利班都很强大。有时,他们的路障会出现在同一条主干道上,相隔不到一公里。双方都会把我们拦下来盘查,但好像都不知道对方就在不远的地方。这真是匪夷所思。大家都不知道为什么无人保护我们。大家都说,政府和塔利班是一体两面。父亲说我们普通人就像夹在水磨里的粗糠。但他依然无所畏惧,他说,我们应该继续发声。

我只是普通人一个,听到枪响也会心跳加快。我有时会怕得要命,但我什么也没说,而且我再怕也不会不去上学。但恐惧的力量也很强大,正因为恐惧,一些人才与舞蹈家谢巴纳为敌。恐惧让人变得残忍。塔利班摧毁了我们普什图人的信念,践踏了伊斯兰教的价值。

为了少想这些,我开始读史蒂芬·霍金的《时间简史》,它回答了许多大问题,像宇宙如何起源、时间能否倒流。我只有十一岁,却已经想让时光倒流了。

我们普什图人相信复仇之石永不枯烂,不义者自有天谴。*可是天谴什么时候才来?* 我们不断问自己。

13　古尔·玛凯的日记

正是在那段暗无天日的日子里,父亲接到了朋友阿卜杜勒·海·卡卡尔打来的电话。卡卡尔是英国广播公司驻白沙瓦的记者,当时正在物色一名女教师或女学生,想请她以日记的形式记录塔利班统治下的生活。他想从个人角度切入,揭示斯瓦特遭遇的不幸。他原本请到了玛丽亚姆女士的妹妹艾莎,但艾莎的父亲知道后劝阻了她,觉得这风险太大。

我无意中听父亲谈起这件事,就说:"要不让我来试试?"我想让全世界都知道这里发生了什么。我还说受教育是我们的权利,正像我们有唱歌和玩游戏的权利一样。伊斯兰教把这项权利赋予我们,主张每个女孩、每个男孩都应该上学。《古兰经》鼓励我们追求知识,努力学习,探索世界的奥秘。

我从没写过日记,不知该怎么下笔。我家有电脑,但我们这里经常停电,能上网的地方也少得可怜。于是海·卡卡尔每天晚上都通过母亲的手机跟我通话。为了保护我们,他每次都用妻子的手机拨号,因为他说情报部门窃听了他的手机。他会用几个问题引导我,帮我回顾一天的生活,再让我讲几件趣事或是我做的梦。我们都是普什图人,但我们会用乌尔都语聊上半小时到四十五分钟,因为我的博客文章都是用乌尔都语写成的,他希望我们的语言能尽量真实。然后他会把我说的话整理成文,每周在英国广播公司的乌尔都语网站上发表一篇。他给我讲了安妮·弗兰克的故事。二战期间,这位十三岁的犹太少女为了躲避纳粹的追捕,随家人逃到荷兰阿姆斯特丹。海·卡卡尔说安妮写了一本日记,讲述他们一家艰苦的生活,分享他们日常的点滴，记录自己的所思所感。令人哀伤的是，最后，安妮一家被人告发，遭到逮捕，年仅十五岁的安妮在集中营死去。后来她的日记被结集出版，成为一份震撼人心的历史记录。

海·卡卡尔告诉我，用真名发表日记会非常危险，所以他帮我起了个笔名，叫"古尔·玛凯"。这个名字是"矢车菊"的意思，取自一个普什图民间故事的女主人公的名字。这个故事有点像《罗密欧与朱丽叶》，讲的是古尔·玛凯跟穆萨·汗在校园相识相恋。但他们来自不同部落，两人的爱情引发了战争。不过与莎士比亚戏剧不同的是，这则传说结局圆满。古尔·玛凯援引《古兰经》教导长辈们战争的罪恶，两个部落最终停战，同意这对恋人结合。

我的第一篇日记发表于2009年1月3日，题目是《我害怕》。我在日记中写道："昨晚，我做了个噩梦，梦见到处都是军用直升机和塔利班。自从军方开始在斯瓦特展开军事行动，我常常做这样的噩梦。"在日记中，我写到自己慑于塔利班的法令而不敢上学，走在路上也总是不住地回头，怕被人跟踪。我还写到放学路上发生的一件事："我听见身后传来一个男人的声音，他说：'我要杀了你。'我连忙加快了脚步。走了一阵子，我才敢回头看他有没有跟来。我看见他其实是在打电话，这才大大松了口气。原来他那句话是对别人说的。"

看到自己的文字登上网站，我激动万分。我一开始还有些放不开手脚，但过了一段时间之后，我开始明白海·卡卡尔希望了解些什么，写得越来越游刃有余了。他希望我多写写切身体会，也很喜欢我那些"辛辣的语句"，还喜欢看我描写我们一家在塔利班统治下的日常生活。

我们的生活围绕学校展开，我有很多篇日记都写到了学校。我喜欢我的品蓝色校服，但学校建议我们穿便服上学，把书本藏在披巾里。有一则日记的题目是《切忌衣着鲜艳》。在这篇日记里，我写道："某天上学前，我正要穿校服，突然记起校长叮嘱我们'切忌衣着鲜艳'。于是，我决定改穿那条我最喜欢的粉色连衣裙。"

我也写到了罩袍。我们小时候很喜欢罩袍，因为它特别适合乔装打扮。但被迫穿罩袍又是另一回事了。何况穿着罩袍还很难走路！在一篇日记里，我记录了跟母亲和表亲去逛奇纳巴扎时的一件事："我们在那里听到大家议论，说有一天有个女人穿着覆面式罩袍摔倒在地，有位男士想去搀扶，她却拒绝了他，还说：'别扶我，兄弟，我倒在地上能让法兹卢拉开心。'我们走进一家店铺，店主笑着说他一开始吓得要命，以为我们是自杀式炸弹袭击者。这类人往往都穿着罩袍。"

在学校，大家开始谈论我的日记。有个女生甚至把它们打印出来，带到学校给我父亲看。

"写得不错。"他心领神会地笑了。

我真想昭告天下，向大家宣布我就是这些日记的作者，但英国广播公司的记者劝我最好还是保持低调，否则会非常危险。我不理解他在担心什么，我只是一个孩子，谁会对孩子下手？但有朋友认出了我日记里写到的事。而且在一篇日记中，我几乎点明了自己的身份。我是这样写的："母亲喜欢我的笔名古尔·玛凯，她跟父亲开玩笑说我把这当成真名来用……我也很喜欢这个名字，因为我的真名有'悲痛欲绝'的意思。"

古尔·玛凯的日记受到了来自远方的关注。有报纸刊登了日记节选。英国广播公司甚至找来另一位女孩，录制了有声版本。我开始认识到，有时候，笔和用它写成的文字的威力远远胜过机枪、坦克和直升机。我们在学习如何抗争，也领悟到开口说话的自己是何等强大。

有些老师不再来学校授课。其中一位说自己接到法兹卢拉的命令，得去伊满德里帮他修建总部。另一位说他在上班路上看到一具被砍了头的尸体，不敢再冒着生命危险来学校。许多人都很害怕。我们的邻居说，塔利班正指示人们向清真寺报告家中未婚女儿的情况，这些女孩很可能会被嫁给激进分子。

死亡之谷

到了2009年1月初，我们班的二十七名女生只剩十人。我的许多朋友都离开河谷去白沙瓦上学。但父亲坚持我们一家绝不离开。"斯瓦特给过我们那么多馈赠。危难关头，我们也要为了河谷坚强起来。"

一天晚上，我们一家人去父亲的朋友阿夫扎尔医生家里吃饭，阿夫扎尔医生经营着一家医院。饭后，医生开车送我们回家，我们看见道路两旁都有蒙面持枪的塔利班武装分子。我们的心都提到了嗓子眼儿。阿夫扎尔医生的医院处在塔利班占领区，持续的交火和宵禁导致医院无法运转，他只好把医院迁到巴里果德[1]。这引发了人们强烈抗议，塔利班发言人穆斯林·汗来见医生，要求重开医院。医生征求我父亲的意见。父亲告诉他："勿受恶人之恩。"把医院置于塔利班的保护之下绝不是明智之举。听了父亲的话，医生拒绝了穆斯林·汗。

阿夫扎尔医生家离我家不远，所以在我们安全到家后，父亲坚持要陪他一起回去，免得他被塔利班盯上。开车回去的路上，阿夫扎尔医生问父亲："他们要是拦车，我们该报哪个名字？"他们都很紧张。

"你是阿夫扎尔医生，我是齐亚丁·尤素福扎伊。"父亲回答，"这些可恶的暴徒。我们又没做亏心事，干吗要隐瞒自己的姓名？只有罪犯才需要隐姓埋名。"

好在那些塔利班已经离开。接到父亲报平安的电话，我们全家都松了口气。

我也不打算低头。但塔利班定的最后期限正在逼近：女生们必须离开学校。在21世纪的今天，他们怎么能不让五万多名女生读书呢？我一直盼望有奇迹发生，盼望学校能继续上课。但那一天终于还是来了。我们决心让胡什哈尔学校的铃声响到最后一刻。玛丽亚姆女士甚至为了留在斯瓦特而结了婚，因为她的娘家人已经迁往卡拉奇避难，她一个女人，不能独自生活在这里。

---

[1] 巴里果德（Barikot），斯瓦特河中游的一座城镇，距明戈拉约20公里。

1月14日是星期三，是我们学校关闭的日子。那天早上，我醒来后发现自己的卧室里架了一台摄像机。一位名叫伊尔凡·阿什拉夫的巴基斯坦记者一直跟着我拍摄，连我祈祷和刷牙的样子都拍了下来。

我看得出父亲情绪低落。他的朋友法兹勒毛拉说服他参与拍摄《纽约时报》网站制作的一部纪录片，好让全世界看到我们的遭遇。所以在几周前，我们前往白沙瓦，见到了美国摄影记者亚当·埃利克。那次见面很有意思，亚当用英语采访了父亲，他们谈了很长时间，我只是默默待在一旁。接着，亚当问能不能跟我聊几句。他开始提问，并让伊尔凡翻译。过了差不多十分钟，他从我的表情看出我其实完全能听懂他的问题。"你会说英语？"他问我。

"对呀。我刚才在说，我还是很害怕。"我回答。

亚当非常惊讶。"你们是怎么回事？"他问伊尔凡和我父亲，"她的英语说得比你俩都好，你们却在替她翻译！"我们都大笑起来。

片子最初的设想是跟拍我父亲，记录他如何度过学校关闭前的最后一天。但那天我们临走前，伊尔凡突然问我："假如有一天你再也不能回到河谷和学校，你会是什么感觉？"我说我不可能离开。但他一再追问，我再也忍不住眼泪了。我想大概就是从那一刻起，亚当决定把重点放在我身上。

亚当不能亲自来斯瓦特，他是外国人，来这里太冒险了。那会儿舅舅住在我家，他看到伊尔凡带着一位摄影师从明戈拉赶来，开始不停地念叨在家里架起摄像机有多危险。我父亲也不断提醒他们把摄像机藏好。但他们远道而来，我们普什图人不能不热情招待。何况父亲也明白，这部纪录片会扩大我们的声量，让外界听到我们的声音。朋友们告诉他，这部片子会远比他四处奔走游说更有影响。

我接受过许多电视采访，也喜欢对着麦克风说话，甚至可以说有点痴迷，引得朋友们纷纷开我的玩笑。但我还从来没被跟拍过。伊尔凡叮嘱我："表现得自然点儿。"但随时随地都有摄像机跟着，连刷牙都会被拍下来，人真的很难放松。我对着镜头展示了自己不能再穿的校服，说我担心塔利班如果抓到我去上学，会用硫酸泼我的脸，在阿富汗，他们就这样残害年轻女孩。

最后一个上课日早上，学校办了一场特别集会，但直升机一直在我们头顶盘旋，噪音淹没了大家的话语。有的同学大胆发言，谴责发生在河谷的暴行。下课铃最后一次响起，玛丽亚姆女士宣布寒假开始。但与往年不同的是，今年她没宣布开学日期。尽管如此，还是有几位老师给我们布置了假期作业。在操场上，我拥抱了每一位朋友。我看看荣誉榜，不知自己的名字什么时候才能再出现在那里。3月本来要举行考试，但现在我们还考得成吗？既然根本不能学习，考不考第一也就无所谓了。当有人夺走你手中的笔，你才会意识到教育是多么重要。

关上校门之前，我回望校园，好像要永远告别这里。这一幕成了纪录片一个章节的结尾。但在现实中，我又进了校门。我和朋友们都不希望这一天这么快结束，决定多待一会儿。我们来到小学部，那里更宽敞，我们可以跑来跑去，玩警察抓小偷的游戏。然后我们又玩了"杧果杧果"，所有人围成一圈唱歌，在歌声停止时定住不动。谁要是动了或笑了，就得出局。

那天我们很晚才回家。平时我们都是下午一点放学，但那天我们待到了三点。临走前，莫妮巴和我争执起来，起因特别可笑，我现在都已经想不起来了。朋友们都觉得我们实在太离谱了。"你俩总是这样，一到关键时候就吵架！"朋友们说。的确，我们真不该这样分别。

我告诉纪录片摄制组："塔利班阻止不了我。我一定会继续读书，无论在家中、学校还是在其他任何地方。这就是我们对这个世界的请求——救救我们的学校、救救巴基斯坦、救救斯瓦特吧。"

回到家，我哭得停不下来。我不愿停止学习。我才十一岁，却已经感觉失去了一切。我曾当着全班同学的面断言塔利班不会真的关闭学校，我说："他们跟我们国家的政客一样——都是言语的巨人，行动的矮子。"但他们最终还是关闭了我们的学校，我觉得很难堪。我无法控制自己，眼泪一直在流，母亲也在哭泣，父亲却坚定地说："你绝对不会失学。"

对父亲而言，关闭学校也意味着事业受损。寒假过后，男校还会照常开学，但失去女校，意味着我们的收入将会锐减。有半数以上的学费逾期未交，学校关闭前的最后几天，父亲一直在催缴学费，好支付房租水电、教师工资。

那天夜里，空气中硝烟弥漫，我被惊醒了三次。第二天早上，一切都不复从前。我开始考虑要不要去白沙瓦或出国继续学习，或者我也许可以把老师们请到家里，办一所地下学校，效仿一些阿富汗人在塔利班掌权后的做法。我尽可能多地出现在广播和电视节目中。"他们可以禁止我们上学，却不能阻止我们学习。"我这样宣告。我说着振奋人心的话语，心中却满是忧虑。我跟父亲来到白沙瓦，走访了很多地方，告诉人们斯瓦特遭遇了什么。我说，塔利班一方面号称要让女教师教育女学生、女医生诊治女病人，另一方面却不允许女孩上学获取从事这些职业的资格，这简直是自相矛盾。

穆斯林·汗曾说女孩不该去学校学习西方的东西。这种言论居然出自一个曾久居美国的人之口，实在令人匪夷所思！他号称要创立自己的教育体系。父亲问道："穆斯林·汗拿什么代替听诊器和温度计？我们发明过什么治病救人的医疗器械吗？"塔利班反对教育，是因为他们觉得孩子们一旦接触书本，开始学习英语或钻研科学，就会开始"西化"。

但我想说："教育就是教育。我们应该广泛吸纳各种知识，再选择自己将来的信仰。"教育没有东西方之分，教育是属于全人类的。

死亡之谷

母亲曾叮嘱我接受采访时要遮起面容,因为我已经到了该遵守深闺制度的年龄,她很担心我的安全。但她从不阻止我做任何事情。那段日子充满恐怖与忧惧。人们常说塔利班也许会杀害我父亲,但不会对我下手。"马拉拉还是个孩子呢。"他们说,"就算是塔利班,也不至于对一个孩子下手。"

但我外祖母并不那么确定。每次看到我在电视上讲话或是准备出门,她都会祈祷:"真主啊,请让马拉拉成为贝娜齐尔·布托式的人物,但别像她那样英年早逝。"

学校关闭后,我还在继续写博客。女校禁令生效四天后,又有五所学校被毁。"真想不到,"我写道,"这些学校都已经关了,何必再把它们摧毁?自从塔利班的禁令生效,我们已经没有人去上学了。我们的军队却无所作为,只知道躲在山顶的地堡里烹宰山羊,大快朵颐。"我还写到人们会根据毛拉电台公布的时间去围观鞭刑,而军队或警察总是不见踪影。

有一天,我们接到一通来自美国的越洋电话,对方是斯坦福大学的一名学生。她叫西扎·沙希德,来自伊斯兰堡。在看过《纽约时报》制作的纪录片《斯瓦特河谷的最后一课》(*Class Dismissed in Swat Valley*)后,她找到了我们。这让我们看到了媒体的力量,西扎后来也为我们提供了有力的支持。父亲为我在片中的表现骄傲不已。"看看这孩子,"他对亚当·埃利克说,"你不觉得她注定会翱翔天际吗?"这些做父亲的啊,有时候真让人哭笑不得。

亚当带我们去了伊斯兰堡。这还是我有生以来第一次来到首都。伊斯兰堡是座美丽的城市,有着漂亮的白色平房和宽阔的道路,不过自然风光没法跟斯瓦特相提并论。我们参观了曾遭到围困的"红色清真寺",游览了宽阔的宪法大道,大道的尽头就是竖立着白色立柱的议会大厦和总统官邸,现在住在里面的是扎尔达里。穆沙拉夫将军早已流亡伦敦。

我们逛了商店,我买了些教科书,亚当给我买了几张美剧DVD,其中之一是《丑女贝蒂》,故事的主角是个戴着大大的牙套、心胸很开阔的女孩。我喜欢这部电视剧,憧憬着有朝一日能去纽约,像她一样进入杂志社上班。我们参观了国家遗产博物馆(Lok Virsa museum),很高兴又能赞美我们民族灿烂的遗产了。在斯瓦特,我们的博物馆早已关门。从博物馆出来,我们看见一位老人在台阶上卖爆米花。他也像我们一样是普什图人。父亲问他是不是来自伊斯兰堡,他回答:"您觉得伊斯兰堡会是咱们普什图人的城市吗?"他说他来自莫赫曼德,一个部落地区,为躲避一次军事行动而被迫离开家乡。我看见父母眼中泛起了泪光。

伊斯兰堡有不少建筑外都有混凝土围墙,入口处还设立了车辆检查站,以防遭到自杀式炸弹袭击。回家路上,我们的巴士驶过一个大坑,颠醒了我弟弟胡什哈尔。"是爆炸了吗?"他问。这就是我们生活中无处不在的恐惧。听到任何风吹草动、任何噪音,我们都会以为是爆炸声或枪声。

在短暂的旅途中,我们暂时忘记了斯瓦特的不幸。但一回到河谷,我们又被恐吓与危险包围。尽管如此,斯瓦特依然是我们的家园,我们还没做好离开的准备。

回到明戈拉,我打开衣橱,一眼就看见了自己的校服、书包和几何套尺。我难过极了。伊斯兰堡之行是一次愉快的休整,但眼前这一切,才是我的现实生活。

14　异样的和平

过完寒假,弟弟们的学校开学了,可胡什哈尔却说他宁可像我一样整天待在家里。我愤怒极了。"你都不知道自己有多幸运!"我冲他嚷道。不能上学的感觉怪怪的。我们连电视也没的看了——我们在伊斯兰堡的时候,有人用父亲的"逃生梯"爬进我家,偷走了电视。

朋友送了我一本保罗·柯艾略的《牧羊少年奇幻之旅》。这是个寓言故事,讲了一位少年远赴金字塔寻找宝藏,殊不知宝藏一直就在自己家中。我特别喜欢这本书,读了一遍又一遍。书上说:"只要你诚心想做一件事,整个宇宙都会同心协力,帮你达成心愿。"但我想柯艾略大概没有遇到过塔利班,也没有遇到过我们国家这些无能的政客。

我当时并不知道,海·卡卡尔正在与法兹卢拉及其手下秘密会谈。他通过采访结识了他们,正竭力劝说他们重新考虑关于女孩的教育禁令。

"大毛拉,你看,"他对法兹卢拉说,"之前你们杀人、砍头、屠城、还摧毁学校,巴基斯坦人都没起来反抗。但你们一禁止女孩上学,人们就发出了愤怒的呼声。就连一直对你们态度温和的巴基斯坦媒体都义愤填膺。"

来自全国的压力奏效了,法兹卢拉同意解除针对十岁以下女孩的教育禁令——也就是说,女孩可以读到四年级为止。当时我上五年级,但我和同学们假装自己还不到十岁。我们又开始上学,穿着便服,把书本藏在披巾里。这得冒很大风险,但当时我一心只想学习。我们是幸运的,玛丽亚姆女士勇敢地顶住了禁令的压力。她十岁时就跟我父亲认识了,绝对彼此信赖——她会在父亲滔滔不绝时提醒他适可而止。这种情况非常常见!

"暗中上课就是我们无声的抗议。"她告诉我们。

我的日记并没提到秘密上学的事。要是被塔利班发现,他们就会鞭打我们,甚至像对待谢巴纳一样,将我们残忍地杀害。有人怕鬼,有人怕蜘蛛,有人怕蛇,而在那些日子里,我们怕的是人,是我们自己的同类。

上学路上,我偶尔会遇见塔利班,他们往往戴着帽子,留着一头肮脏的长发,而且大多数时候蒙着面。他们行为怪异,模样可怖。明戈拉的街道空空荡荡,城里三分之一的居民都离开了河谷。父亲说这不怪大家,只能怪政府软弱无能。目前,军队共有一万两千名士兵驻扎在河谷——是他们估算的塔利班兵力的四倍——他们还拥有坦克、直升机和无数先进的武器。然而,斯瓦特地区仍有七成处在塔利班控制之下。

返校差不多一星期后,在2009年2月16日深夜,我们突然被枪声惊醒。鸣枪庆祝婴儿诞生、婚配嫁娶是我们普什图人的习俗,但冲突爆发以来,人们已经停止了这种做法。所以,我们一开始还以为是有什么危险,但随后,我们得知那的确是庆祝的枪声。塔利班与省政府达成了和平协议,省政府目前由人民民族党执掌,不再受毛拉控制。政府同意在斯瓦特全境实施伊斯兰教法,条件是激进分子必须停止战斗。塔利班答应休战十天,并释放了他们六个月前绑架的一位中国电话工程师,以表诚意。

我们也很开心——父亲和我接受采访时常常赞许地谈到和平协议——但我们很怀疑这项协议能否推行成功。人们希望塔利班能安定下来,回家乡去,回归普通人平静的生活。人们开始自我安慰,相信斯瓦特的伊斯兰教法与阿富汗的不同——我们会保留女校,也不会设道德警察。斯瓦特没变,只是换了一套司法体系而已。我很想相信这种说法,但心中的忧虑依然挥之不去。我想:制度运转得如何,难道不是取决于由谁来执行吗？这套律法的执行者，就是塔利班啊。

我也很难相信一切就这么结束了！冲突造成了上千名平民和警察死亡。妇女被幽闭在深闺，学校和桥梁被炸毁，企业被迫关闭。我们不得不承受野蛮的群氓法庭和残暴的司法制度，终日担惊受怕。而现在，这些都结束了。

在早餐桌上，我告诉弟弟们别总把战争挂在嘴边了，我们现在应该谈论和平。像往常一样，他俩把我的话当耳旁风，继续玩他们的战争游戏。胡什哈尔有架玩具直升机，阿塔尔有把纸手枪，两人一个喊着"开火"，一个喊着"各就各位"。我懒得搭理他们。我拿出校服，盯着它看个没完，很高兴自己很快又能光明正大地穿上它了。校长给我们捎来口信，学校会把考试安排在3月的第一个星期。看来我该重新捡起书本了。

可惜好景不长。短短两天后，我突然得知我们熟识的一位电视记者惨遭杀害，当时我正在泰姬玛哈酒店顶层接受著名记者哈米德·米尔的采访，谈论和平协议。遇害的记者名叫穆萨·汗·凯尔，经常采访我父亲。出事那天，他正在报道苏非·穆罕默德领导的和平游行。其实那并不是真正的徒步游行，而是车队巡游。游行结束后，人们在附近找到了穆萨·汗·凯尔的尸体，发现他身中数枪，喉咙被割开了一半。他才二十八岁。

我们把他的死讯告诉母亲。她非常难过，痛哭不已，直到睡着。她担心和平协议才刚刚签订，暴力就卷土重来。这份协议难道只是一个梦？她问。

几天之后，2月22日，在明戈拉的斯瓦特新闻俱乐部，警察局副局长赛义德·贾维德宣布与塔利班"永久停火"，呼吁斯瓦特人重返家园。随后，这条消息得到了塔利班发言人穆斯林·汗的证实，他们同意无限期停火。扎尔达里总统将签署和平协议，使其具有法律效应。政府也同意补偿遇难者家属。

斯瓦特人无不欢欣鼓舞，但最令我振奋的是，这意味着学校很快就能重新开学了。塔利班表示，协议签署后女孩可以重返学校，但必须戴上面纱、遮挡身体。我们对此的态度是：如果他们坚持要这样，我们配合就是，只要我们能过上正常生活。

并不是所有人都对和平协议感到满意。我们的美国盟友怒不可遏。"我认为巴基斯坦政府是在向塔利班和极端分子妥协。"美国国务卿希拉里·克林顿评论道。美国人担心达成和平协议就等于投降。巴基斯坦《黎明报》在一篇社论中写道，这项协议传递出"一个可怕的信号——只要向政府开战，你就能得到想要的东西，而且不必付出任何代价"。

说这些话的人都不必在斯瓦特生活。我们斯瓦特人需要和平，不管它是怎么来的。只不过这一次，带来和平的恰好是蓄着白胡子的激进分子苏非·穆罕默德。他在迪尔建了一座"和平营"，而他本人则端坐在我们著名的塔布利·玛卡兹清真寺内，俨然是这片土地真正的主人。他承诺塔利班将放下武器，河谷将迎来和平。人们专程前来向他致敬，吻他的手。他们实在受够了战争和自杀式炸弹袭击。

3月，我停更了博客，因为海·卡卡尔觉得我们已经没那么多东西可写了。但让我们害怕的是，现状并没有什么改变。要说有什么变了，那就是塔利班变得更穷凶极恶了。他们成了官方批准的恐怖分子。我们的幻想彻底破灭了，感到大失所望。所谓的和平协议不过是一座海市蜃楼。一天夜里，塔利班在我们街道举行了我们称为"旗帜游行"的活动。他们在街上四处巡逻，端着冲锋枪，提着棍棒，俨然是正规军的架势。

他们依然派人巡逻奇纳巴扎。母亲有一天跟我表姐去逛巴扎，表姐快结婚了，想买点婚庆用品。一名塔利班武装分子跑来跟她们搭话，还拦住她们的去路。"再让我看见你们只戴头巾不穿罩袍，我就要把你们一顿好打。"他说。母亲没那么容易被吓倒，始终保持着镇定。"好的,好的。下次我们一定穿罩袍。"她告诉那人。母亲从来不忘遮起头发,但穿罩袍不是我们普什图人的传统。

我们还听说塔利班袭击了一位开化妆品店的店主,只因为有位无人陪伴的妇女在他店里挑选口红。那些塔利班说:"市场上明明挂了横幅,规定妇女没有男性亲属陪伴一律不得进入店铺,你却不把我们的规定放在眼里。"店主遭到毒打,但没有人站出来帮他。

一天,我看见父亲跟几个朋友凑在他的手机前看一个视频。那一幕令人触目惊心。一名十来岁的少女匍匐在地,穿黑色罩袍、红色长裤,一个戴黑头巾的大胡子男人在光天化日之下用皮鞭狠狠抽打着她。"别打了!"鞭子每次落下,她都会用普什图语哀求,声音既像尖叫又似呜咽,"看在真主的分儿上,我快被打死了!"

视频中传来那名塔利班的声音:"摁住她。摁住她的手。"她的罩袍一度滑落,打她的人暂时停下来拉起罩袍,又继续鞭打。他们总共抽打了三十四下。现场聚集了大批围观者,却没有一个人站出来做点什么。女孩的一个亲戚甚至主动帮塔利班摁住她。

不出几天,这段视频就传遍了每个角落。伊斯兰堡的一位女制片人拿到这段视频,在巴基斯坦电视台反复播放,随后又向全世界播放。人们群情激愤,这种反响在我们看来却很奇怪,因为这就代表外界对我们河谷的遭遇一无所知。我希望他们的怒火能对塔利班造成影响,迫使他们撤销对女孩上学的禁令。总理尤素福·拉扎·吉拉尼[1]下令调查此案,并发表了一份声明,宣称当街鞭打少女有违伊斯兰教的教诲。"伊斯兰教教导我们,对妇女要以礼相待。"他说。

有人甚至宣称这段视频是伪造的。还有人说鞭刑事件其实发生在1月,那时和平协议还没有签订,选择现在公布就是为了破坏和平

---

[1] 尤素福·拉扎·吉拉尼(Yusuf Raza Gilani,1952—),巴基斯坦政治家,巴基斯坦人民党成员,2008—2012年担任巴基斯坦总理。

协议。但穆斯林·汗证实了视频的真实性。"她走出家门，同行的男人却不是她的丈夫，所以我们必须惩戒。"他说，"有些界线是不可逾越的。"

差不多也是这时，在4月初，另一位知名记者——扎希德·侯赛因——来到斯瓦特。他去警察局副局长家登门拜访，发现副局长正在大宴宾客，那场面简直像在给塔利班占领斯瓦特开庆功大会。好几位塔利班高级将领都在现场，身边跟着持枪的警卫。其中就包括穆斯林·汗，甚至还有巴焦尔的激进分子头目法基尔·穆罕默德，他的队伍当时正在与军方血战。政府悬赏二十万美元捉拿法基尔，他却大摇大摆地坐在一名政府官员家中享用晚餐。我们还听说，有位陆军准将去参加了法兹卢拉主持的礼拜。

"一山不容二虎。"父亲的一位朋友评论道，"一个国家容不下两位君主。我们斯瓦特到底谁说了算？政府还是法兹卢拉？"

但我们依然心怀和平的信念。大家都期待着4月20日的大型户外公众集会，会上，苏菲·穆罕默德将向斯瓦特人民致辞。

那天上午我们全都在家。父亲和弟弟们站在门口，看见一拨十来岁的塔利班武装分子呼啸而过，用手机播放胜利的歌曲。"哇，爸爸，瞧这帮人。"胡什哈尔说，"我要是有冲锋枪，准把他们崩了。"

那是个美丽的春日。人人都心潮澎湃，翘首期待苏菲·穆罕默德宣布和平终于实现，胜利终于到来，号召塔利班放下武器。父亲没去现场，而是从萨罗什学院的屋顶上远远看着。这所学校的创办者是他的朋友艾哈迈德·沙阿，父亲晚上常常跟另一些政治活动人士聚在这里。学校的屋顶可以俯瞰整座舞台，所以也有媒体把摄像机架在这里。

集会吸引了大批民众——足有三四万人。所有人都裹着头巾，高唱歌颂塔利班与圣战的歌曲。"这完全是扩大塔利班势力的大合唱。"父亲评论道。他这种崇尚自由的进步人士特别不喜欢这种集体合唱和齐声吟诵，认为这有害无益，尤其在这样的关头。

苏非·穆罕默德端坐在台上，赶来向他致敬的人排起长队。集会从朗诵《胜利之章》——《古兰经》的一章——开始，然后是地区领导人讲话，他们分别来自河谷五大地区——科希斯坦、马拉根德、香格拉、上迪尔和下迪尔。他们每个人都口沫横飞，因为他们都想当上本地的"埃米尔"（*amir*）[1]，负责实施伊斯兰教法。这些领导人后来不是被杀就是入狱，但在当时，他们都贪恋着权力。他们每个人言语间都透出十足的威严，像刚刚征服麦加的先知一样慷慨激昂，只不过先知宣扬的是宽恕，而不是残酷的胜利。

轮到苏非·穆罕默德发言了。他并不擅长演讲。他上了年纪，身体好像也不太硬朗，在台上拖拖拉拉地讲了四十五分钟。他的发言让所有人大跌眼镜，他的舌头就像不属于他自己似的。他谴责巴基斯坦的法庭不遵守伊斯兰教法，还说："我认为西式的民主是异教徒强加给我们的制度。伊斯兰教不允许实行民主制度，也不允许选举。"

苏非·穆罕默德对教育只字未提，也没劝塔利班放下武器，走出胡吉拉。他反而像在威胁整个巴基斯坦。"等着瞧吧，我们要向伊斯兰堡进发了。"他咆哮着。

我们无比震惊。他非但没有扑灭激进主义的火焰，反而火上浇油。大失所望的人们开始咒骂苏非·穆罕默德。"那个恶魔在说些什么？"他们质问，"他要的不是和平，而是更多的杀戮。"对这件事，我母亲总结得相当到位："他本可以成为名垂青史的英雄，但他放弃了这个机会。"回家路上，我的心情跟出发时迥然不同，一颗心彻底沉入谷底。

那天晚上，父亲登上 Geo 电视台发言。他告诉著名主持人卡姆兰·汗，人民对和平寄予很高的期望，现在都落了空。该做的事苏

---

[1] *埃米尔*（*amir*），伊斯兰国家对上层统治者、军事长官的称呼。——编者注

非·穆罕默德一件也没做。他本该利用这次演讲呼吁各方和解，终结暴力，真正让和平协议生效。

人们用各种阴谋论揣测事情的真相。有人说苏非·穆罕默德已经精神错乱。有人说他是被迫发表那份演讲的，因为有人威胁他说："你敢不照做，我们就派四五个自杀式炸弹袭击者把你和现场所有人炸得粉碎。"有人说他上台演讲前显得心神不宁。人们谈论着幕后黑手、神秘势力。但我想说，*那有什么要紧？重点是，我们已经沦为一个塔利班国家。*

父亲又开始频繁参加各种研讨会，忙着在会议上发言，讲述塔利班带给我们的困扰。在其中一次会议上，我们省的新闻部长说塔利班化其实源于巴基斯坦的一项国策，我们曾训练武装分子，将他们送往阿富汗作战，起初是为了抗击苏联，后来又对抗美国。"要不是当初被外国势力怂恿，让宗教学校的学生掌握了武器，部落地区和斯瓦特也不会经历这场腥风血雨。"他说。

大家很快看到美国人对和平协议的预判是正确的。塔利班认定巴基斯坦政府已经妥协，他们可以为所欲为。他们成批拥入与斯瓦特相邻的布内尔，这个地区在斯瓦特西南侧，离伊斯兰堡只有六十五英里[1]。布内尔人一直在抵抗塔利班，当地政府却命令他们停止战斗。激进分子扛着火箭筒和枪支赶到那里，警察闻风而逃，借口塔利班有"更精良的武器"，当地居民也纷纷逃散。塔利班在每个地区都设立了伊斯兰教法庭，还在广播中播放清真寺的布道，鼓动当地青年加入他们。

他们焚烧电视、绘画、DVD和磁带，与在斯瓦特时如出一辙。他们甚至控制了苏非派圣贤皮尔·巴巴的圣殿，那是一处著名的朝圣场所。人们会去那里祈求神的指引，祈祷疾病痊愈，甚至祈求子女婚

---

1 约105公里。

姻幸福。而如今，圣殿被套上了重重锁链。

塔利班一步步向首都逼近，巴基斯坦南部的居民开始人心惶惶。人人好像都看过那个穿黑罩袍的女孩惨遭鞭打的视频，每个人都在问："这是我们希望在巴基斯坦看到的吗？"激进分子杀害了贝娜齐尔·布托，炸毁了全国最著名的酒店，以自杀式炸弹袭击和砍头的方式夺去了数千人的生命，还摧毁了数百所学校。军方和政府还要等到什么时候才肯出手反击？

在华盛顿，奥巴马政府刚刚宣布将向阿富汗增派两万一千名士兵，想扭转对塔利班战争的形势。但美国现在似乎更担心巴基斯坦而不是阿富汗。他们担心的并不是我这样的女生和我们的学校，而是巴基斯坦那两百多枚核弹头，他们不知这些武器会落到谁的手中。美国人开始讨论是否要中止他们数十亿美元的援助，直接向巴基斯坦派兵。

5月初，巴基斯坦军队展开了"真理之路行动"，目标是把塔利班逐出斯瓦特。我们听说军队派出直升机，在北部山区空降了数百名突击队员。明戈拉也出现了更多兵力。这一次，政府终于下定了决心，要肃清这里的塔利班势力。他们用扩音器宣布，所有居民都必须撤离。

父亲说我们应该留下。但大多数时候，我们都被夜里的枪声吵得睡不着觉。每个人都长期处于焦虑状态。一天夜里，我们被尖叫声惊醒。那时我家养了几只宠物——三只白鸡和一只白兔，兔子是胡什哈尔的朋友送他的，我们会放任它在家里跑来跑去。那年阿塔尔才五岁，他特别喜欢那只兔子，它常常睡在我父母床下。但它总是四处撒尿，所以我们那天晚上就把它放在了门外。午夜时分，一只猫跑来咬死了它。我们都听见了它凄厉的叫声。阿塔尔不停地抽泣。"太阳快出来吧，明天我要狠狠教训那只恶猫。"他说，"我要把它杀掉。"这仿佛是个不祥之兆。

15　离开河谷

离开河谷，比我做过的任何事都要艰难。我想起祖母时常吟诵的一首塔帕："普什图人背井离乡，都是身不由己。要么是贫困所迫，要么是为了爱情。"而现在，我们不得不离开故乡，却是由于诗人难以想象的第三个原因——塔利班。

离开家乡令我肝肠寸断。我站在屋顶眺望埃卢姆山白雪皑皑的顶峰，想起亚历山大大帝曾站在那里，伸手触摸木星。我看见树木都抽出了新芽。今年，我家那棵杏树的果实大概会被别人摘下。四周一片阒寂，静得连针掉在地上都听得见。河流和微风都无声无息，鸟儿也不再叽叽喳喳。

我有些哽咽，因为我感觉再也见不到自己的家园了。纪录片的制作人曾经问我，假如有一天我不得不永远离开斯瓦特，我会是什么感觉。当时我觉得这个问题很傻，但现在，我意识到，我曾以为不可想象的事，许多都已经成为现实。我曾以为学校永远不会关闭，但现在它关闭了；我曾以为我们永远不会离开斯瓦特，但现在，我们即将离开；我曾以为斯瓦特总有一天会摆脱塔利班，我们会过上幸福的生活，而现在，我意识到这一天也许永远也不会到来。想到这里，我的泪水快要夺眶而出。每个人似乎都在等待，看谁会先哭。我堂兄的妻子哈尼第一个流下眼泪，我们全都跟着哭了起来。但母亲始终那么冷静，那么勇敢。

我把书和笔记本全部塞进书包，然后把衣服打包到另一个袋子里。但我思绪纷杂，头脑混乱。我取出一条裤子，又取出另一套衣服的上衣，就这样整理出一袋子完全不配套的衣服。我们会搭别人家的车离开，车上空间有限，所以学校的奖状我一张都没带，也没带任何生活照片或个人物品。我们家没有笔记本电脑或珠宝首饰，没什么值钱的东西——贵重电器只有电视、冰箱和洗衣机。我们家生活简朴——普什图人只要有地板可坐，就不坐椅子。我家的墙上有许多破洞，每只杯盘都有裂纹。

原本父亲一直坚持不离开河谷，但后来，我父母的朋友中有人在炮火中失去了亲人。尽管出门非常危险，但他们坚持去朋友家祈祷吊唁。看到那家人悲痛欲绝的模样，母亲决心带我们离开河谷。她告诉父亲："你可以留下，但我必须得走，我要带孩子们到香格拉县去。"她知道父亲不会让她独自上路。母亲已经受够了战争的硝烟和焦虑不安的生活，她打电话给阿夫扎尔医生，恳请他劝父亲离开。阿夫扎尔医生正好也打算举家离开，提议我们搭他家的车。我家没有车，不过邻居萨菲纳一家正好也打算离开，所以我们可以分成两拨，几个人搭她家的车，其余人跟阿夫扎尔医生一起走。

2009年5月5日，我们正式成为IDP，也就是"境内流离失所者"（Internally Displaced Person）。这个称谓听上去就像是一种疾病。

我们这支队伍的人真不少——除了我们一家五口，还有外祖母和堂兄一家，包括堂兄的妻子哈尼和他们的宝宝。我的两个弟弟还坚持要带他们的宠物鸡上路——我自己那只已经死掉了，因为我大冬天给它洗了个冷水澡。后来我把它带回房间，放在鞋盒里为它取暖，还请邻居们为它祈祷，最后还是无力回天。可是母亲不肯带上那几只鸡，担心它们把车里弄脏。这时阿塔尔竟然说可以给它们买几张尿布！最后，我们在离开前给它们准备了很多的水和玉米。母亲还让我把书包留下，因为空间实在有限。我惊恐不已，跑去对着书本念《古兰经》，希望保护它们不受破坏。

终于，所有人都做好了准备。母亲、父亲、外祖母、堂嫂和宝宝，还有我的两个弟弟，都跟阿夫扎尔医生的妻儿一起挤在他那辆面包车的后排。孩子们坐在大人腿上,孩子们腿上又坐着更小的孩子。我运气比较好——萨菲纳家那辆车上人相对少些,但我因为没能带走书包而心痛不已。我把书本单独打成一包,最后只得把它们全部留下。

我们每个人都念诵了《古兰经》中的几段经文,又做了一次特别祈祷,祈求真主保佑我们心爱的家园和可爱的学校。随后,萨菲纳的父亲踩下油门,我们就这样离开了我们的街道、家园和学校那个小小的世界,驶向未知的前程。我们不知道今后是否还能重返家园。军方在巴焦尔打击激进分子时曾荡平整座城镇,我们见过那些照片,感觉我们熟悉的一切恐怕也会被摧毁殆尽。

街上拥挤不堪,我从没见过人们如此慌乱。路上到处是小汽车、三轮车、骡子车和卡车,所有车辆都满载着乘客和行李。就连摩托车都摇摇晃晃地载着一大家子人。成千上万人都在逃离,行囊里只背着几件贴身衣物。河谷里的居民仿佛在集体迁徙。有种说法认为,普什图人的先祖来自某个早已消失的古代以色列部落,所以父亲说:"我们就像以色列人要走出埃及,只是没有摩西指引。"很少有人知道该去哪里,人们只知道必须离开。这是普什图族有史以来规模最大的一次移民潮。

离开明戈拉的路本来有好几条,但塔利班伐倒了几棵巨大的苹果树,阻断了几条道路,所有人都只能往一条路上挤。我们周围人山人海。塔利班端着枪在路上巡逻,从楼顶监视我们。他们命令汽车排成一列,用武器而不是哨子来指挥交通。"这就是塔利班交警。"我们开着玩笑,强打精神。路上,我们每隔一阵就会经过军队和塔利班的检查站,两者常常紧挨着。军队好像又一次对塔利班视而不见。

"也许军队的人眼睛不好吧,看不见塔利班。"我们揶揄道。

路上塞满车辆,堵得水泄不通。旅程漫长而缓慢,我们挤在一起,汗流浃背。换作平时,汽车旅行简直是我们孩子眼中精彩的

死亡之谷

冒险，因为我们很少有机会出远门。这次却不太一样，大家都闷闷不乐。

在阿夫扎尔医生的车上，父亲一路都在接受媒体采访，边走边描述河谷居民大迁徙的情况。母亲不断让他小声一点，担心被塔利班听见。父亲嗓门很大，母亲常常开玩笑说他根本不用打电话，直接喊就是了。

终于，我们驶出马拉坎德山口，把斯瓦特留在身后。傍晚时分，我们来到马尔丹，眼前这座城市炎热而繁忙。

父亲不断告诉大家："我们要不了几天就能回家。一切都会好起来的。"但我们知道这不是真的。

在马尔丹，联合国难民署（UNHCR）建起大片营地，里面搭满白色帐篷，跟白沙瓦那些收容阿富汗难民的帐篷一样。但我们不打算住在营地，那绝不是明智的做法。逃离斯瓦特的难民足有两百万人，营地不可能容纳这么多人。就算我们能分到一顶帐篷，里面也会闷热难耐，而且我们听说霍乱之类的疾病正在流行。父亲告诉我们，据说一些塔利班甚至混在营地里骚扰妇女。

有办法的人会借住在当地人家里，或是跟亲友住在一起。马尔丹和附近的斯瓦比镇竟收留了四分之三的"境内流离失所者"，这真是令人难以想象。当地居民敞开家门，也打开学校和清真寺，慷慨地接纳失去家园的人们。在我们的文化中，妇女不得与没有血缘关系的男性同住一室。为了尊重传统，方便女性遵守深闺制度，这些本地家庭的男性甚至去别处投宿，成了自愿的"境内流离失所者"。关于普什图人的热情好客，这是一个令人震撼的例证。我们认定，这次大迁徙要是由政府主导，还会有更多人死于饥饿和疾病。

我们在马尔丹没有亲戚，所以决定继续向前，到我们的老家香格拉县去。其实我们一直在朝相反的方向行驶，但要离开斯瓦特，这是我们唯一能搭的便车。

离家的第一晚，我们借宿在阿夫扎尔医生家。第二天，父亲离开我们去白沙瓦呼吁人们关注斯瓦特的现状。他保证之后会跟我们在香格拉会合。母亲好说歹说，但他就是不肯跟我们一起走。他想让白沙瓦和伊斯兰堡的人都知道"境内流离失所者"的生活条件是多么恶劣，告诉大家军方完全无所作为。我们向父亲告别，害怕再也见不到他了。

第二天，我们搭车来到阿伯塔巴德，我祖母的老家。我们在那里见到了我堂兄卡安吉，他也像我们一样打算北上。他在斯瓦特办了一家男童膳宿公寓，准备租一辆巴士，带上七八名男生到科希斯坦去。他会经过贝沙姆，我们得在那儿下车，再想办法换另一辆车去香格拉县。

途中有许多道路都被封锁了，我们抵达贝沙姆时已经天黑。我们住进一家肮脏的廉价旅馆，堂兄想联系一辆面包车载我们到香格拉去。在旅馆，一个男人突然靠近我母亲，她把鞋子一脱，狠狠打了他几下，打跑了他。她下手很重，后来她检查鞋子，才发现自己把鞋子都打断了。我一向知道母亲是位坚强的女性，但这件事让我对她萌生了新的敬意。

从贝沙姆去我们村并不容易，我们得背着所有行李徒步二十五公里。在一座检查站，我们被军队拦下，对方告知我们必须立即折返，不能继续向前。"香格拉县是我们的家乡，我们还能去哪儿？"我们恳求着。外祖母哭了起来，说她这辈子还从没落入过如此悲惨的境地。最后他们终于肯放我们过去，但沿途到处是军人和机枪。由于实施了宵禁又设立了那么多检查站，路上除了军车，根本没有其他车辆。我们很担心军队会因为不清楚我们的身份而对我们开枪。

见我们回到村里，亲戚们都惊讶不已。所有人都认定塔利班会重返香格拉县，不明白我们为什么要离开马尔丹。

我们住在母亲的老家卡尔沙特村，跟舅舅法伊兹·穆罕默德一

死亡之谷

家同住。我们带的衣服太少，只能借亲戚的衣服穿。我很高兴见到大我一岁的松布尔表姐。在村里安顿下来之后，我开始跟表姐一起上学。之前我读六年级，不过现在我开始跟松布尔一起读七年级。七年级只有三名女生，因为到了这个年纪，村里的大多数女孩不上学了。学校的教室和老师都很少，没法单独辅导三名女生，所以我们就跟男生一起上课。我跟别的女生不同，从不用头巾遮面，还爱跟每位老师说话，向他们请教问题。不过我会尽量显得谦恭有礼，总说："遵命，先生。"

上学要走三十多分钟，我不习惯早起，上学第二天就迟到了。作为惩罚，老师用戒尺抽我的手，这让我非常震惊，但后来转念一想，这至少代表他们接纳了我，没有区别对待。舅舅甚至会给我塞零花钱，让我去学校买零食吃——这里的学校卖的是黄瓜和西瓜，不像明戈拉的学校卖的是糖果和薯片。

有一天，学校举行了家长日活动，还办了颁奖仪式，鼓励所有男生上台发言。参加演讲的也有女生，但不是公开露面，而是在教室里对着麦克风讲话，声音在主会场播放。但我已经习惯了公开演讲，所以我走出教室，当着所有男生的面朗诵了一首*纳特*（naat），一种赞美先知的诗歌。然后我问老师能不能再多读几首。我又读了一首关于为梦想而奋斗的诗。"钻石要经历千万次切割，才能化作小小一粒珠宝。"我读道。接下来，我谈到迈万德的马拉莱，我名字的来由，她的力量相当于千百名勇士的力量，她用短短几行诗句扭转了战局，让英军吃了败仗。

有些观众面露惊讶，不知是觉得我在卖弄学识，还是好奇我为什么没戴头巾。

我跟表亲们在一起很开心，但我还是想念我的书本。我不断想起家中的书包，想着里面的《雾都孤儿》和《罗密欧与朱丽叶》，还有书架上的《丑女贝蒂》DVD。不过现在，我们也在演绎着自己人生的戏剧。我们曾是那么幸福,然后灾祸从天而降,现在,我们等待着幸福的结局。我抱怨没带上书,弟弟们则哀叹落下了鸡。

我们从广播中得知,军队已经开始攻打明戈拉。他们派出许多空降兵,城内爆发了激烈的巷战。塔利班把酒店和政府大楼当作掩体。经过四天的战斗,军队夺取了三座广场,其中就包括绿色广场,以前塔利班常在那里当众展示被他们砍头的尸体。接下来,军方占领了机场,不出一周就夺回了明戈拉城。

我们还是很担心父亲的安全。我们的手机在香格拉县总收不到信号,常常得爬上野外的一块巨岩搜索信号,即使搜到,多半也只有一格,所以我们很难跟父亲通话。但在香格拉县待了六个星期之后,我们突然收到父亲发来的消息,他要我们到白沙瓦去,他现在跟三个朋友住在那里。

再次见到父亲,我们激动万分。全家团聚之后,我们动身前往伊斯兰堡,住进西扎家中——就是那位从斯坦福大学打来电话的女士。在她家,我们得知美国派往巴基斯坦和阿富汗的特使理查德·霍尔布鲁克先生会在塞雷纳酒店召开一场探讨这场冲突的会议。我和父亲设法弄到了参加资格。

我忘了上闹钟,害得我俩差点没去成,父亲气得不想跟我说话。霍尔布鲁克是个粗声粗气的大个子,满脸通红,不过据说他曾促成了波斯尼亚的和平。我坐在他旁边,他问我今年几岁。"十二岁。"我回答,同时尽量让自己显得高一点。"尊敬的特使先生,我有个请求,请您帮我们这些女孩争取上学的机会吧。"我恳求道。

他大笑起来。"你们面临的问题已经够多的了,我们也已经为你们做了很多。"他回答,"我们承诺了几十亿美元的经济援助,还跟你们的政府合作,为你们输送电力和燃气……但你们国家还有很多别的问题。"

有家电台名叫"力量99",我接受了他们的专访。他们特别喜欢那期采访，还透露他们电台在阿伯塔巴德有间招待所，可以给我们住。我们在那里住了一个星期。让我欣喜的是，我听说莫妮巴也在阿伯塔巴德，我们的一位老师和另一位朋友也是。我离家前一天跟莫妮巴吵了一架，那之后我俩就没再说过话。我们约在一座公园见面，我给她带了百事可乐和饼干。"都赖你。"她说。而我欣然接受。我并不在意谁对谁错，只想继续做她的朋友。

住在招待所的一个星期很快过去了。接下来我们又去了赫里布尔，那里住着我的一位姑姑。这已经是我们这两个月以来辗转的第四座城镇。我明白我们比住在难民营的人幸运得多，他们顶着烈日排好几小时的队，只为领到一点食物和水。尽管如此，我依然十分想念我们的河谷。我在赫里布尔度过了十二岁生日，但没有一个人记得那天是什么日子，就连父亲也只顾着四处奔波，把我的生日忘得一干二净。我难过极了，回想起去年的生日是多么不同。那时我跟朋友们分享了蛋糕，家中还装饰着气球。今年我许下的愿望还跟去年一样，只是这次既没有蛋糕，也没有生日蜡烛可吹。我再次许愿，希望河谷能得到和平。

第三部
PART THREE

三个女孩,三颗子弹
THREE GIRLS, THREE BULLETS

Sir de pa lowara tega kegda
Praday watan de paki nishta balakhtona

啊,行路之人!请头枕坚硬的鹅卵石,
这并非你国君王的城池,乃是异邦陌生的疆域!

16　悲伤之谷

这一切真像一场噩梦。我们离开河谷已经快三个月了。乘车返回河谷时，我们经过丘吉尔哨所，经过山上的遗迹和巨大的佛塔，突然瞥见宽阔的斯瓦特河，父亲顿时泪流满面。看样子军方已经完全控制了斯瓦特地区，我们的车居然得先过一道安检，确认了车上没有爆炸物才能驶入马拉根德山隘。一越过山隘进入河谷，我们就看见路上到处是军队的检查站，无数屋顶上都有士兵们设的机枪掩体。

我们驾车穿过一座座村落，看见许多建筑被毁，许多车辆被烧焦。那画面让我想起以前的战争电影，还有我弟弟胡什哈尔爱玩的电子游戏。到了明戈拉，眼前的惨状令我们震惊。军方和塔利班在城内展开了巷战，几乎所有的墙壁都弹痕累累。塔利班曾藏身的建筑被炸成瓦砾，到处是成堆的残骸、变形的金属和被砸毁的招牌。商店大都加装了厚重的金属百叶窗，没装百叶窗的商店则被劫掠一空。整座城市变得鸦雀无声，空无一人，车辆稀少，像暴发了瘟疫一样。最匪夷所思的一幕出现在公交车站。平时这里总是乱作一团，挤满巴士和三轮摩托，如今却荒无人烟。我们甚至看到杂草从人行道砖块的狭缝中冒出来。我们从没想过自己的城市竟会变得如此颓败。

不过至少，塔利班已经看不到了。

那是2009年7月24日，总理宣布塔利班被彻底清除已有一周了。他保证燃气已经恢复供应，银行已经恢复营业，号召大家返回斯瓦特。斯瓦特有一百八十万人，其中一半离开了河谷。但据我们观察，这些人大都不相信回家之后能有安全保障。

车子快开到家门口时，我们所有人都沉默了，连一向健谈的小弟阿塔尔都一言不发。我家离军队总部所在的环形大楼很近,我们特别怕房子已经被炮弹摧毁。我们还听说有许多房屋被洗劫一空。父亲把钥匙插进锁孔,我们全都屏住了呼吸。门开了,首先映入眼帘的是我们的花园,三个月无人打理,它成了一片凌乱的丛林。

弟弟们直奔他们的宠物鸡。回来时,他俩泣不成声。那两只鸡只剩一堆羽毛,两具小小的尸体缠绕在一起,仿佛相拥着死去。它们是饿死的。

我为弟弟们难过,但我还有自己的东西要确认。我欣慰地看到书包里的书本都在,默默在心里感谢真主应允了我的请求,保住了它们。我把书一本一本取出来摩挲,像怎么也看不够似的。数学、物理、乌尔都语、英语、普什图语、化学、生物、伊斯兰教研究和巴基斯坦研究。我终于可以安心地回去上学了。

随后我坐到自己床上,心中百感交集。

我们还算走运,房子没被入侵。我们街上有四五栋房子被劫掠一空,电视和黄金首饰都被掳走了。隔壁邻居萨菲纳的母亲把黄金首饰存进了银行保险库,但那里也惨遭洗劫。

父亲急于查看学校的情况,我陪他一起去了。我们看到女校对面的建筑中了炮弹,但我们学校应该完好无损。不知为什么,父亲的钥匙打不开校门。所以,我们找了个男生翻墙进去,从里面把门打开。我们三步并作两步地跨上楼梯,心里做好了最坏的打算。

父亲一走进院子就说:"有人来过。"只见地上到处都扔着烟蒂和食品包装袋,椅子歪倒在地,院里一片狼藉。父亲临走前曾摘下胡什哈尔学校的招牌放在院子里。现在,它就靠在墙边。当我们抬起它时,我尖叫起来。招牌底下全是腐烂的山羊头,应该是什么人吃剩的晚餐。

然后我们走进教室。墙上到处涂写着反塔利班的口号。有人用永久性马克笔在白板上写下"ARMY ZINDABAD",意思是"军队万岁"。这下我们知道是谁住在这里了。一名士兵甚至在一位同学的日记本上写了首滥俗的情诗。弹壳散落一地。士兵们在墙上凿了个洞，透过它俯瞰脚下的城市，或许甚至还曾向外面的人开过枪。看到我们心爱的学校沦为战场，我心痛不已。

就在我们四下查看时，楼下传来一阵敲门声。"别开门，马拉拉！"父亲大声喝令。

在办公室，父亲找到军队留下的一封信。他们在信中大肆指责我们，说正是我们这些公民姑息纵容，塔利班才控制了斯瓦特。"是你们的无所作为让这么多士兵付出了宝贵的生命。巴基斯坦军队万岁。"父亲读道。

"这是他们一贯的论调。"父亲说，"我们斯瓦特人民先是被塔利班引诱、杀害，现在又要因塔利班的罪行受人指责。引诱、杀害、指责。"

在某种程度上，军队似乎跟激进分子没什么两样。一位邻居告诉我们，他甚至看到军队把塔利班战士的尸首摆在大街上示众。如今，军队的直升机两两一组从我们头顶飞过，像嗡嗡乱叫的大黑虫。走路回家时，我们尽量贴着墙根走，免得被他们发现。

我们听说有数以千计的人被捕，包括一些被洗脑的小男孩，他们受训成为自杀式炸弹袭击者，最小的年仅八岁。军方把这些孩子关进一个专门收押圣战分子的营地，希望能消除他们的极端思想。我们的乌尔都语老师也在被捕者之列，他曾拒绝给女生上课，转而去帮法兹卢拉的手下没收 CD 和 DVD 来销毁。

法兹卢拉本人依然在逃。军方摧毁了他在伊满德里的总部，对外宣称已经将他围困在皮欧查尔山区。很快，他们又改口说他受了重伤，他的发言人穆斯林·汗已被收监。不久，他们又变了口径，声称法兹卢拉已经逃往阿富汗，躲在库纳尔省。有人说法兹卢拉曾一度落网，但军方和三军情报局对于如何处置他无法达成一致。军方想把他关进监狱,情报部门却占了上风,把他转移到巴焦尔,方便他越过边境进入阿富汗。

在塔利班的领导层当中,落网的似乎只有穆斯林·汗和一个名叫马哈茂德的指挥官——其余人都逍遥法外。我担心只要法兹卢拉还在,塔利班总有一天会死灰复燃,卷土重来。我有时还是会噩梦连连,但至少,他的广播已经停止。

父亲的朋友艾哈迈德·沙阿认为这只是一种"控制下的和平,而不是持久的和平"。但人们渐渐开始重返河谷,因为斯瓦特是如此美丽,我们无法与它长久地分离。

8月1日,经过长时间的沉寂,我们学校的铃声终于再次响起。能像以前一样踏着铃声跑进校门、登上台阶,我如沐春风。跟老朋友们重逢让我喜出望外。关于那段流离失所的日子,每个人都有讲不完的故事。那段时间我们大都有亲友收留,但也有人进了难民营。我们知道自己已经算幸运的了。许多孩子的学校都被塔利班摧毁,他们不得不在帐篷里上课。我的一位朋友桑杜斯还失去了她的父亲,他在一场爆炸中遇难。

好像所有人都知道我就是英国广播公司那些日记的作者。有人认定那些文章是父亲代我写的,但我们校长玛丽亚姆女士正告他们:"不是这样的。马拉拉不仅是优秀的演说家,也是出色的作家。"

那年夏天,我们班的话题只有一个。西扎·沙希德,我们那位伊斯兰堡的朋友,已经从斯坦福大学毕业。为了抚平塔利班统治给我们造成的创伤,她邀请胡什哈尔学校的二十七名女生到首都伊斯兰堡待几天,去游览观光和参加研讨会。我们班入选的有我、莫妮巴、马勒卡·努尔、里达、克莉希玛和桑杜斯,我母亲和玛丽亚姆女士也会陪我们一起去。

8月14日独立纪念日那天,我们乘巴士前往首都,大家都兴奋极了。许多女生都是在沦为"境内流离失所者"时才第一次离开河谷,而这次旅行与那次截然不同,简直像小说中的梦幻假期。我们住进一家旅馆,参加了好几场研讨会,探讨怎么讲好我们的故事,好让外界看到斯瓦特的遭遇并帮助我们。我看得出来,西扎从第一场讨论开始就感到惊讶,因为我们的意志是如此坚强,声音是如此洪亮。"这一屋子女孩全像马拉拉一样!"她对我父亲感叹道。

我们还逛了公园,听了音乐,玩得特别开心。也许这些对大部分人而言都稀松平常,但在斯瓦特却成了政治上的抗议行为。我们还参观了一些名胜古迹,比如马尔加拉山脚下的费萨尔清真寺,它是沙特阿拉伯人斥巨资建造的,花费高达数百万卢比。清真寺造型庞大,通体纯白,如一顶微光闪烁的帐篷悬挂在尖塔之间。我们还第一次走进剧院,看了一场名叫《汤姆、迪克与哈利》的英文话剧,体验了艺术课程。我们下了馆子,第一次吃到了麦当劳。我们经历了太多的第一次,不过我为了参加一档名叫《首都对话》的节目而错过了去中国餐馆吃饭的机会。结果我到现在都没吃过烤鸭卷饼!

伊斯兰堡跟斯瓦特完全是两个世界。在我们眼中,这两地的差异不亚于伊斯兰堡与纽约的区别。西扎向我们介绍了许多女律师、女医生和女政治活动家,让我们看到女性可以在身居要职的同时保留自己的文化传统。在大街上,我们看到许多女性无视深闺制度,也不遮盖面容。我也在一些会议上摘下了头巾,以为这样我就是现代女性了。但后来,我明白现代女性绝不仅仅是露出头发而已!

我们在伊斯兰堡待了一个星期,不出所料,莫妮巴和我又吵了一架。她看到我在跟一个高年级女生闲聊,就说:"那你去跟雷萨姆玩吧,我找里达玩去。"

西扎想把我们介绍给一些有影响力的人物。当然,在巴基斯坦,这往往意味着要与军方接触。在一场会议上,我们见到了阿塔尔·阿巴斯少将，他是军方的首席发言人兼公关负责人。我们驱车前往伊斯兰堡的姊妹城拉瓦尔品第，在他的办公室受到接见。军方总部绿草如茵，鲜花盛开，看到这里比城里别的区域整洁许多，我们不由得瞪大了眼睛。这里连树木的高度都是相同的，树干有一半涂着白漆——我们不明白这样做有什么用意。走进总部大楼，我们看到有几间办公室里装了一排排电视，人们密切关注着每个频道，一位军官向父亲展示了厚厚一沓新闻剪报，那是当天所有提及军方的新闻报道。父亲大为惊奇。军方的公关能力似乎远远强于我们的政府官员。

我们被带到一间大厅等候。大厅墙上挂着历任军方首脑的照片，全是这个国家最有权势的人物，包括穆沙拉夫和齐亚将军。一位戴白手套的随从为我们端上茶水和饼干，外加一份入口即化的小肉馅咖喱角。见阿巴斯将军走进来，我们全都站起身来。

他首先谈到了斯瓦特的军事行动，称之为一场"胜利"，宣称有一百二十八名士兵在这场行动中不幸牺牲，一千六百名恐怖分子被击毙。

等他讲完，我们就开始提问。问题得提前准备，所以我列了一张清单，拟了七八个问题。西扎笑了，说这么多问题将军可没法一一回答。我坐在前排，第一个被点到提问。我问："两三个月前，你们曾宣布法兹卢拉和副手被子弹打伤，然后又说他们躲在斯瓦特，接着又说他们逃到了阿富汗。他们是怎么逃到那里的？你们消息这么灵通，为什么还是没抓住他们？"

他回答了十到十五分钟，但我听得云里雾里。接着我问到了重建问题。"军方一定要为河谷的未来做出贡献，而不是只盯着军事行动。"我说。

莫妮巴也提了类似的问题。"被毁的建筑和学校由谁来重建？"她问。

将军以典型的军方口吻回答："行动结束后，我们必须首先着手复原,之后才考虑重建问题,再之后是维护并移交政府部门。"

在场的女生都明确表示,希望看到塔利班被绳之以法,但我们并不指望这真能实现。

见面结束后,阿巴斯将军给我们中的一些人分发了名片,告诉我们,有需要可以跟他联系。

最后一天,我们每个人都要在伊斯兰堡俱乐部登台演讲,分享我们在塔利班统治下的河谷生活的经历。莫妮巴演讲时泪流不止。大家很快被她感染,开始抽泣。这次伊斯兰堡之行让我们看到了另一种生活。我在演讲中告诉听众,看了那场英文话剧,我才发现巴基斯坦这么卧虎藏龙,有那么多才华横溢的人。"我们这才发现根本不用去看印度电影。"我打趣地说。我们在伊斯兰堡度过了一段愉快的时光,回到斯瓦特时,我对未来充满了希望,甚至趁斋月期间在花园播下了一颗杧果种子,因为杧果是人们在斋月结束后最爱吃的水果。

父亲却遇到了大麻烦。学校在我们沦为"境内流离失所者"期间关闭了好几个月,他一分学费也没收到,但老师们依然盼着领薪水。算下来,他总共欠下一百多万卢比。所有私立学校都面临同样的问题。有所学校给老师发了一个月工资,但大多数学校一筹莫展,无力支付这笔费用。胡什哈尔学校的老师们希望学校多少能有所表示。他们也等着用钱,他们中的一位,赫拉小姐,就要结婚了,得用工资支付婚礼的开销。

父亲陷入窘境。这时,我们想到了阿巴斯将军和他的名片。我们正是因为军方对塔利班展开军事行动才被迫离开家园,落到这步田地。于是玛丽亚姆女士和我一起给阿巴斯将军写了一封电子邮件,说明了我们遇到的困难。将军特别慷慨,给我们汇来一百一十万卢比,足够我父亲给每个人补发三个月的工资。老师们都很开心,很多人从没一下子领到过这么多钱。赫拉小姐给父亲打来电话,哭着感谢他让婚礼得以如期举行。

但这并不代表我们原谅了军方。军方没能抓住塔利班高层,我们对他们的失职极度失望。我和父亲继续接受大量的采访。父亲的朋友扎西德·汗常常跟我们一起受访,他是斯瓦特族长支尔格大会[1]的成员,还身兼斯瓦特酒店协会主席,所以比一般人更希望生活能回归正轨,游客能重回河谷。他说话像父亲一样无所顾忌,也收到过不少威胁。2009年11月的一个晚上,他差点丧命。那天深夜,他在环形大楼见完几位军方将领之后,在回家途中遭到伏击。好在他有许多亲属住在那个区域,他们与袭击者交火,逼退了对方。

接着,在2009年12月1日,沙姆谢尔·阿里·汗医生遭遇了自杀式袭击,他是当地有名的人民民族党政治家,也是开伯尔-普什图省代表大会成员。当时他正在自己的胡吉拉接待来庆祝尔德节的亲友和选民。他的胡吉拉离法兹卢拉在伊满德里的总部只有一英里远。沙姆谢尔大胆敢言,经常直言不讳地批判塔利班。他本人当场死亡,另有九人受伤。据说袭击者是一名十八岁左右的少年。警察在现场找到了他的腿和一些残骸。

几星期后,我们学校应邀参加由联合国儿童基金会和克帕寇尔(我的家)孤儿基金会[2]联合主办的"斯瓦特地区儿童大会"。全斯瓦特有六十名学生被选为参会代表,他们大多是男生,不过我们学校有十一名女生入选。第一次会议在一个大厅举行,有不少政界人士和社会活动家出席。我们投票推选发言人,我获选了!虽然登台演讲、被称作"发言人女士"都让我有些别扭,但能让人们听到我们的心声,我感觉很棒。大会代表的任期是一年,我们差不多每个月会开一次会。我们一共通过了九项决议,内容包括呼吁停止雇用童工,号召人们帮助行动不便或流落街头的儿童上学,还有重建所有被塔利班摧毁

---

1 斯瓦特族长支尔格大会(Swat Qaumi Jirga),支尔格大会是一种民间决策机构,即传统的部落长老大会。——编者注
2 原文为"Khpal Kor (My Home) Foundation for orphans"。——编者注

的学校。这些决议一经采纳便会递交到政府手中,其中一些甚至已经得到实施。

莫妮巴、艾莎和我还开始学习新闻写作,参与了英国组织"战争与和平报道协会"(War and Peace Reporting)主导的"开明巴基斯坦"(Open Minds Pakistan)计划。学习以正确的方式报道新闻非常有趣。看到自己的话语竟能产生这么大影响,我对新闻萌生了浓厚的兴趣,当然,这当中也有《丑女贝蒂》DVD 的功劳,这部电视剧向我展示了美国杂志从业者的生活。不过我们报道的内容与贝蒂的杂志完全不同——我们写的是自己真正关心的话题,比如极端主义和塔利班,而不是衣着和发型。

时光飞逝,转眼间,我们又迎来了一年一度的考试。我险胜马勒卡·努尔,再次夺得第一名。校长玛丽亚姆女士劝马勒卡·努尔去当级长,但她表示不想分散学习精力。"你应该学学马拉拉,多承担些别的工作。"玛丽亚姆女士说,"这与学业同样重要。学习不是全部。"但我能理解她。她太想让父母高兴了,尤其是她母亲。

斯瓦特不复从前,很可能再也回不去了。但它也在慢慢复原。连班惹巴扎的一些舞蹈家都搬回来了,虽说他们现在大都不再现场表演,而是改为出售 DVD 光盘。我们在和平的庆典上欣赏音乐和舞蹈,这在塔利班统治时期简直不可想象。父亲在马尔格扎办了一场庆祝活动,邀请南斯瓦特那些曾收留"境内流离失所者"的人参加,以表感谢。音乐响了整整一夜。

我生日前后似乎总有大事发生。2010 年 7 月我满十三岁时,斯瓦特迎来了雨季。这里一向干燥少雨,所以我们一开始还很高兴,以为降雨预示着丰收。但雨下个没完,而且越下越大,大到连站在面前的人都看不清楚。环保人士警告我们斯瓦特山区的树木已经被塔利班和走私贩砍伐殆尽。很快,泥石流沿着河谷汹涌而下,席卷了一切。

洪水暴发时,我们正在学校上课,随即被要求立刻回家。但水势太猛，淹没了脏水溪上的小桥，我们只得另寻一条路。我们找到的第二座桥也被洪水淹没，但水还不算太深，我们一路蹚着水回家。洪水的臭味直往鼻子里钻。回到家，我们已经浑身湿透，满身脏污。

第二天，我们得知学校被洪水淹没了。洪水过了好几天才退，我们回到学校，看见墙上还残留着齐胸高的水痕。烂泥，烂泥，到处都是烂泥，沾满了课桌和椅子。教室里弥漫着令人作呕的臭味。洪水造成了严重的损失，维修花去父亲九万卢比——相当于九十名学生一个月的学费。

整个巴基斯坦的情形都大致相同。伟大的印度河发源自喜马拉雅山脉，流经开伯尔–普什图省与旁遮普地区，再贯穿卡拉奇，注入阿拉伯海。它曾是我们的骄傲，如今却化作滔天的巨浪，冲垮了河堤，摧毁了道路、农田和一座座村庄。约两千人溺水而亡，一千四百万人受灾，无数人丧失家园，七千所学校被毁。这是人们记忆中最严重的一次洪灾。联合国秘书长潘基文形容这是一场"缓慢的海啸"。据媒体报道，这场洪灾造成的人员伤亡及损失甚至超过了2004年亚洲海啸、2005年巴基斯坦大地震、卡特里娜飓风和海地地震的总和。

在斯瓦特地区，斯瓦特河及其支流泛滥成灾。这里的四十二座桥梁中有三十四座被冲毁，导致河谷内道路大面积中断。电塔断裂成碎片，电力中断了。我家那条街处在一片高地，所以我们还不至于被洪水吞没，稍微安全一些。但洪水就像一条低声咆哮的巨龙，喘着粗气，吞噬着沿途的一切，那可怕的轰鸣声令我们不寒而栗。那些曾供游客欣赏美景、品尝鳟鱼的河畔旅馆和餐厅被悉数摧毁。旅游景区是斯瓦特受灾最严重的区域。山上的度假胜地，像马兰贾巴、马迪扬和巴林，全都毁于一旦，酒店和市集也都沦为废墟。

不久，我们从亲戚口中得知，香格拉县的灾情严重得难以想象。香格拉县首府阿尔普里和我们村之间的主要道路被洪水冲毁，许多村庄被整个淹没。在卡尔沙特、沙阿布尔及巴卡纳村，许多建在丘陵梯田上的房屋被泥石流席卷。我母亲娘家的房子,也就是法伊兹·穆罕默德舅舅现在的家,得以幸免,但房前的道路不复存在。

人们拼命保护自己仅剩的一点儿财物。他们把牲畜赶到高处,但洪水泡涨了他们收割的玉米,摧毁了果园,淹死了大批水牛。村民们一筹莫展。他们无法用电,因为临时水电设施全都被洪水撕碎。河水裹挟着残骸瓦砾,变得浑浊污黄,村民们急缺清洁的饮水。河水破坏力惊人,甚至能冲垮混凝土建筑。主干道两侧的学校、医院和发电站全被夷为平地。

没人能理解这次洪灾为什么如此严峻。三千年来,斯瓦特人始终沿河而居,把这条河视作命脉而非威胁,把我们的河谷视作远离尘嚣的世外桃源。而现在,用我表哥苏丹·罗梅的话说,我们这里已经成了"悲伤之谷"。先是地震,然后是塔利班,接着是军事行动。现在我们刚要着手重建,滔天的洪水就席卷而来,冲走了我们的心血。人们忧心忡忡,怕塔利班会趁乱重返河谷。

父亲通过朋友和斯瓦特私立学校协会筹集到一笔资金,为香格拉县送去食品等救援物资。我们的朋友西扎和我们在伊斯兰堡认识的政治活动家来明戈拉慰问,捐献了大笔善款。像地震那次一样,首先带着救援物资抵达偏远和隔绝地区的救援力量,依然主要是各个伊斯兰团体的志愿者。有人说真主降下洪水,是为了惩罚我们最近在各大庆典上载歌载舞。不过这次好在不会有电台来散布这种论调了!

而就在这些痛苦不断上演,人们痛失挚爱、家园被毁、丧失生计的同时,我国的总统阿西夫·扎尔达里却在一座法国古堡里度假。"爸爸,我想不通,"我问父亲,"为什么咱们国家没有一位政客懂得行善积德?他们为什么不想保障人民的安全,让他们有东西吃,有电可以用呢?"

继伊斯兰团体之后,军队成了援助的主力。参与赈灾的不仅有我们国家的军队,还有美国人派出的直升机,这引起了一些人的怀疑。

三个女孩,三颗子弹

有种说法认为，这场灾难是美国人利用一种名叫"高频主动极光研究计划"（HAARP）的技术制造的，借助这种技术，他们能在海底掀起巨浪，淹没我们的国土。这样他们就能打着赈灾救援的旗号堂而皇之地进入巴基斯坦，窃取我们所有的机密。

雨停之后，生活依然困难重重。我们没有清洁的饮水，也没有电力。8月，明戈拉出现了第一起霍乱病例。医院外很快就搭起一顶帐篷，里面挤满病人。由于运送补给的道路中断，仅存的食物变得极其昂贵。当时正值收获桃子和洋葱的季节，农民们为抢救自己的作物而拼尽全力。许多人铤而走险，划着轮胎扎成的橡皮船往返于波涛汹涌、水位高涨的河面，设法把作物运到市场上去。我们发现市场上还能买到桃子，高兴极了。

这次我们得到的国际援助不比以前。西方发达国家遭遇了经济危机，扎尔达里总统环游欧洲的旅行也削弱了西方国家对我们的同情。有外国政府指出，巴基斯坦大多数政客没有缴纳个人所得税，所以让这些西方国家并不富裕的纳税人来为巴基斯坦捐款似乎有些说不过去。而且，塔利班发言人还要求巴基斯坦政府拒绝接受基督徒和犹太人的捐助，这也使得外国援助机构开始担心员工的人身安全。没人敢无视塔利班的话。去年10月，世界粮食计划署（World Food Programme）驻伊斯兰堡办事处遭到自杀式袭击，五名援助队员不幸遇难。

在斯瓦特，越来越多的迹象表明塔利班从未走远。又有两所学校被炸毁，三名来自某基督教团体的外国援助队员在回到明戈拉的驻地时被人绑架，随后惨遭杀害。我们陆续得知了更多惊人的消息。两名持枪歹徒闯入穆罕默德·法鲁克博士的办公室将他杀害，他是父亲的挚友，也是斯瓦特大学的副校长。法鲁克博士精通伊斯兰教研究，曾是伊斯兰大会党成员，他是塔利班意识形态最有力的反对者，甚至颁布过一道禁止自杀式袭击的伊斯兰教令。

我们再度陷入挫败和恐惧。在我们沦为"境内流离失所者"时，我曾想过成为一名政治家，而现在，我确信这是正确的决定。我们的国家遭遇过那么多危机，却从来没有一位真正的领袖人物能带领我们走出困境。

17　为长高祈祷

到了十三岁，我突然不长个儿了。我一直显得比实际年龄成熟，但突然间，身边所有的朋友都比我高了。全班三十人，我成了最矮的三个女生之一。在朋友们中，我总有些抬不起头。每天临睡前，我都会向真主祈祷，希望能再长高些。我用直尺和铅笔在卧室墙上给自己量身高，每天早上都会紧紧地背靠墙壁，看自己有没有长高。但铅笔画下的记号顽固地停在五英尺[1]处。我甚至向安拉保证，只要能再长高一点，我就在每天的五次正式祈祷之外再多做一百次*自愿拜功*（raakat nafl）[2]。

我在许多活动上做过演讲，但由于个子太矮，很难显得威严。有时我的视线甚至无法越过讲台。我不喜欢高跟鞋，但也只好开始穿了。

那年，我们班有个女生没能再回学校。她刚进入青春期就嫁了人。她虽然比同龄人高大，但也只有十三岁而已。没过几年，我们就得知她有了两个孩子。在课堂上，我背诵碳氢化合物分子式的时候会走神，想象自己假如离开学校相夫教子会怎么样。

我们渐渐开始关心塔利班以外的事，但还无法彻底淡忘。我们的军队开发了许多奇怪的副业，比如生产玉米片、制造化肥，甚至拍肥皂剧。巴基斯坦各地都迷上了一部名叫《迅雷尖兵》的黄金档剧集，它反映了军队士兵在斯瓦特与激进分子作战的真实经历。

针对激进分子的军事行动造成一百多名士兵死亡，九百余人受

1　约1.52米。
2　*自愿拜功*（raakat nafl），指超出正式要求的自愿祈祷，旨在表达虔诚、寻求祝福。

伤,这些人希望能被当作英雄。按理说,他们巨大的牺牲应该能让政府重新控制斯瓦特,但我们的社会依然无法可依。我下午放学回家时,常看到有女人来我家哭诉。战争期间,数百名男子在军事行动中下落不明,据说是遭到了军方或三军情报局的逮捕,但没人出来证实。这些女人打听不到任何消息,不知丈夫或儿子是死是活。她们中有人根本无法养活自己,陷于绝望。而依照我们的习俗,只有在丈夫被宣布死亡而不是失踪之后,女人才可以再婚。

母亲给她们沏茶,为她们准备食物,但她们并不是为这些而来。她们来到我家,是为了得到父亲的帮助。父亲是斯瓦特族长支尔格大会的发言人,充当了民众与军队沟通的桥梁。

"我只想知道我丈夫是死是活。"我看见一位妇女这样恳求,"要是能确认他已经遇害,我就可以把孩子送进孤儿院。可现在我既不是寡妇也没有丈夫。"另一个女人则说自己的儿子失踪了。她们说这些失踪的男人并没跟塔利班合作,也许只是被迫给过塔利班士兵一点水和面包而已。现在倒好,塔利班领导人逍遥法外,这些无辜的人却被关了起来。

我们学校有位老师,住得离我家很近,走路只要十分钟。她的兄弟就被军队带走了,他被铐上脚镣,严刑拷打,然后关进冰箱冻死。他跟塔利班毫无瓜葛,只是一名普通的店主。事后,军队向她道歉,说他们搞错了名字,抓错了人。

来我家求助的不光是穷困的妇女。一天,一位富商也从波斯湾地区的马斯喀特远道而来。他告诉我父亲,他的兄弟和五六个侄子全都下落不明,他很想知道他们究竟是已经遇害还是被关了起来,这样他才能确定他们的妻子是否可以改嫁。这些人中有一位是大毛拉,父亲设法把他救了出来。

这种事不只发生在斯瓦特。我们听说巴基斯坦全国有数千人失踪。许多人在法庭外抗议,张贴寻人海报,但往往一无所获。

与此同时，我们的法院正忙着处理另一个问题。巴基斯坦有项法令叫《渎神法》，保护《古兰经》不受亵渎。齐亚将军推行伊斯兰化运动期间，这项法令变得尤为严苛，任何"玷污神圣先知之名"的人都可能被判处死刑或终身监禁。

2010年11月的一天，我们读到一则新闻：一位名叫艾莎·比比的女基督徒被处以绞刑。她是个贫穷的母亲，有五个孩子，在旁遮普省的一个村子里以采摘水果为生。在一个炎热的日子里，她打水给工友们喝，有人却拒绝喝她打来的水，说她是基督教徒，打的水是"不干净"的，穆斯林与她一同喝水就会被她玷污。其中一个人是她的邻居，也是跳得最高的一个，她叱责艾莎·比比的山羊弄脏了她的水槽。两人终于吵了起来。当然，就像我们在学校争吵一样，对于吵架的内容众说纷纭。其中一种说法是那些人想劝说艾莎·比比皈依伊斯兰教。她却反问，耶稣基督为偿还基督徒犯下的罪孽而在十字架上受难，请问先知穆罕默德又做了什么？一名摘果工向当地的伊玛目告发了她，伊玛目报了警。她被关进监狱，过了一年多法院才审理此案，结果她被判处死刑。

穆沙拉夫当政时批准了卫星转播，现在我们的电视上有不少频道。突然间，我们能从电视上了解这类事件的来龙去脉了。这件事在全世界引发了强烈的抗议，所有谈话节目都在讨论这个话题。旁遮普省省长萨勒曼·塔西尔，是少数为艾莎·比比辩护的人之一。他本人曾是政治犯，也是贝娜齐尔·布托亲密的盟友，后来成为富有的传媒大亨。他去监狱探望了艾莎·比比，还称扎尔达里总统应该赦免艾莎·比比。他斥责《渎神法》是一部"黑暗之法"，一些电视新闻主播不断把这个词挂在嘴边，想故意搅起风浪。结果，在拉瓦尔品第最大的清真寺，几名伊玛目在星期五的祈祷中谴责了这位省长。

几天后，2011年1月4日，在伊斯兰堡一处咖啡馆林立的时髦街区，萨勒曼·塔西尔刚吃过午饭就被自己的保镖射杀。保镖朝他连开二十六枪。事后凶手坦承,自己在拉瓦尔品第听了星期五的布道,决定替天行道。让我们震惊的是,许多人对凶手大加称赞。凶手出庭时,连律师都往他身上抛撒玫瑰花瓣。而与此同时,在已故省长隶属的清真寺,伊玛目却拒绝为塔西尔做葬礼上的祈祷,总统也没来吊唁。

我们的国家正一步步陷入疯狂。我们怎么能给杀人凶手戴上花环呢?

那之后不久,我父亲收到了死亡威胁。他在纪念哈吉巴巴中学遇袭三周年的活动上发表了一次演讲,讲得慷慨激昂。"法兹卢拉是群魔之首!"他高呼,"他为什么还没被绳之以法?"事后,大家都劝他多加小心。不久,一封写给父亲的匿名信被寄到家中。这封信以"愿真主赐你平安"开头,内容却跟平安毫不沾边。信上说:"你是教士之子,但你不是个好穆斯林。无论你走到哪里,圣战者都会找到你的踪迹。"收到这封信之后,父亲似乎也担心了几个星期,但他并没停止发声,不久注意力就转移到别的事情上去了。

那段时间,我感觉好像人人都在谈论美国。我们过去总把一切问题都归咎于我们的宿敌印度,而现在,人们把什么都怪到美国头上。大家都在抱怨联邦直辖部落地区几乎每周都会遭到无人机轰炸。我们听说有许多平民死于非命。接着,在拉合尔,一个名叫雷蒙德·戴维斯的美国中情局特工开枪打死了两名靠近他汽车的摩托车骑手,号称他们想对他实施抢劫。美国否认他为中情局工作,说他只是一名普通外交官,但人们普遍认为这并不可信。连我们这些学生都知道,普通外交官不可能开着无牌汽车四处转悠,身上还揣着格洛克手枪。

我国媒体宣称,由于不信任我们的情报机构,美国中情局向巴基斯坦派遣了大批秘密特工,戴维斯就是其中之一。据说他负责监视拉合尔的激进组织"虔诚军",这个组织曾在大地震和洪灾期间大力援助民众,但也有传言称他们是2008年孟买连环恐怖袭击案[1]的幕后黑手。这个组织的目标是解放克什米尔的穆斯林,让他们脱离印度统治,不过他们最近也开始在阿富汗活动。还有人说,戴维斯真正的任务是窥探我国的核武器。

雷蒙德·戴维斯迅速成为巴基斯坦最知名的美国人。抗议活动在全国各地蔓延。人们想象市场上到处都是雷蒙德·戴维斯这样的密探,四处搜集情报,发回美国。接着,由于迟迟得不到公正的判决,被戴维斯枪杀的其中一位骑手的遗孀陷于绝望,服鼠药自杀。

华盛顿与伊斯兰堡,或者说是华盛顿与拉瓦尔品第的陆军总部僵持了数周之久,案子才尘埃落定。双方协商的结果,其实有点像我们传统的支尔格大会的决定——美国人将支付两百三十万美元的"血腥钱"(blood money),戴维斯被迅速带出法庭,送出巴基斯坦。巴基斯坦要求美国中情局从巴基斯坦撤出大批雇员,停止给他们发放签证。这起事件影响极为恶劣。而且3月17日,也就是戴维斯获释的第二天,北瓦济里斯坦的一个部落会议竟然又遭到无人机轰炸,造成约四十人丧生。这如同一次挑衅,宣告美国中情局可以在巴基斯坦为所欲为。

* * *

某个星期一的早上,我正要靠墙测量身高,想看自己有没有奇迹般地一夜长高,忽然听见隔壁传来一阵喧哗。父亲的朋友带来一个令人难以置信的消息。美国特种部队"海豹突击队"(Navy SEALs)昨晚突袭了阿伯塔巴德,抓获并处死了奥萨马·本·拉登。我们逃难时

---

[1] 2008年11月26日,印度孟买发生了一连串恐怖袭击,恐怖分子在孟买南区的多处地点同时发动袭击,目标主要是标志性建筑和旅游胜地。

也在阿伯塔巴德住过。而本·拉登竟一直住在离军校不到一英里的地方，藏在一座高墙环绕的大院内。我们很难相信军方居然一直不知道本·拉登的下落。报纸上说，本·拉登住的地方甚至就离军校生操练的田野不远。他的院墙高达十二英尺[1]，顶端还加装了带刺铁丝网。本·拉登和他最年轻的妻子住在顶楼，她来自也门，名叫阿迈勒。楼下住着他另外两位妻子和十一个子女。美国一位参议员说本·拉登的藏身处其实昭然若揭，就差挂块霓虹灯招牌了。

其实，为了遵守深闺制度和保护隐私，普什图地区的许多居民都住在围墙高筑的大院里，所以本·拉登的住处本身并没有什么特别。奇怪之处在于院内居民从不出门，房子里也没装电话和网络。有一对兄弟负责往院里运送食物，他俩也携妻子住在院内，给本·拉登跑腿送信。其中一人的妻子还是斯瓦特人。

海豹突击队击中了本·拉登的头部，将他当场击毙，用直升机运走了他的尸体。听上去他似乎并没反抗。本·拉登的两个兄弟和一个已成年的儿子也被杀死，但他妻子和别的子女则被捆绑起来，留在现场，随后被带往巴基斯坦关押。美国人把本·拉登的尸体葬在大海。奥巴马总统喜出望外，我们从电视上看到白宫外举行了盛大的庆祝活动。

一开始，我们都以为巴基斯坦政府知情并参与了美国的行动，但很快我们发现这场行动完全由美国单独展开。这引发了我国民众的不满。按理说我们两国是盟友，我军士兵在这场反恐战争中伤亡比美国还要惨重。美国人摸黑潜入我们的国家，驾驶特制的降噪直升机低空飞行，用电子干扰器屏蔽我们的雷达。事成之后，他们才向陆军参谋长阿什法克·卡亚尼将军和扎尔达里总统通报了本次行动。大部分军方领导人是从电视上得知的。

美国人说他们别无选择，因为没人清楚三军情报局真正的立场，

---

[1] 约3.7米。

如果提前通知巴基斯坦，就存在有人在本·拉登落网前向他通风报信的可能。美国中情局局长说巴基斯坦"不是与其串通一气，就是能力不足。而这两种情况都很糟糕"。

父亲说这是耻辱的一天。"这样一个臭名昭著的恐怖分子，为什么能藏身巴基斯坦这么多年而不被发现？"他质问。许多人也有同样的疑问。

你完全可以理解人们为什么普遍认为我国情报部门早就掌握了本·拉登的藏身地点。三军情报局毕竟是个庞大的组织，特工网络遍布全国。本·拉登怎么能住在离首都这么近——仅仅四十英里的地方？还住了这么长时间！或许这可以用"最危险的地方就是最安全的地方"来解释，但他从 2005 年地震之后就一直住在那所房子里。他有两个孩子甚至是在阿伯塔巴德的医院出生的。而且他已经在巴基斯坦生活了九年之久。搬到阿伯塔巴德之前，他住在赫里布尔，而在那之前，他就躲在我们斯瓦特河谷，还曾在这里跟"9·11"事件的主谋哈立德·谢赫·穆罕默德碰头。

本·拉登被捕的过程跟我弟弟胡什哈尔喜欢的那些间谍片的情节一样精彩。为了不被追踪，他派人送信，从不依赖电话或电子邮件。但美国人盯上了他的一名信使，追踪了那人的车牌，一路从白沙瓦跟到了阿伯塔巴德。接着，他们用一种带 X 光透视功能的大型无人机侦察这栋房屋，看见一名蓄长须的高大男子在院内踱步。他们称他为"踱步者"。

民众着迷于每天新出炉的种种细节，但更让他们愤怒的似乎不是世界头号恐怖分子就住在我们国家，而是美国人的入侵。有报纸宣称美国人其实早在几年前就杀死了本·拉登，并把他的尸体放进冰柜冷藏。这次他们提前将尸体藏在阿伯塔巴德，然后导演了这场突袭，为的是让巴基斯坦颜面扫地。

我们开始收到短信，鼓动大家上街集会，表达对军方的支持。"1948年、1965年和1971年，我们都与你们同在。"一则短信这样写道，暗指三场印巴战争，"而现在，我们遭人暗算，请跟我们站在一起。"但同时也出现了一些嘲讽军队的短信。有人问：四架美国直升机绕过我们的雷达，大摇大摆地进入巴基斯坦，我们每年的六十亿美元军费（比教育经费多七倍）都花到哪里去了？要是连遥远的美国都能如此肆意妄为，我们又拿什么来阻止邻国印度？"别按喇叭，军队睡得正香呢。"一条短信这样写道。"转让巴基斯坦二手雷达，无法侦测美军直升机，但能接收有线电视。"另一条短信这样调侃。

卡亚尼将军和三军情报局局长哈迈德·舒贾·帕夏将军接到了议会质询的传唤，这在我国前所未有。国家蒙受了屈辱，我们想知道原因。

我们还了解到，美国政界对本·拉登一直生活在我们眼皮底下的事实感到愤慨，他们一直以为他藏身在某座山洞。美国人抱怨说，在过去八年的合作中，他们已经向我们输送了两百亿美元，而我们的立场始终暧昧不明。有时，好像一切都是为了钱。大部分资金落入军方手中，普通百姓什么也没得到。

几个月后，在2011年10月，父亲告诉我他收到一封邮件，通知他"儿童权益"（KidsRights）——一个来自荷兰阿姆斯特丹的儿童权益组织——提名了五位国际和平奖候选人，其中有我。提名我的是南非的德斯蒙德·图图[1]大主教。他致力于反对种族隔离制度，是我父亲心中的大英雄。我最终没能获奖。父亲有些失望，但我告诉他，我所做的只是公开发言而已，而最终的获奖者成立了自己的组织，采取了切实的行动。

---

1 德斯蒙德·图图（Desmond Tutu，1931—2021），圣公会开普敦教区荣休大主教，南非圣公会首位非裔大主教，1984年获得诺贝尔和平奖。

不久，我应旁遮普省首席部长沙赫巴兹·谢里夫之邀前往拉合尔，在一场教育盛会上发言。他正在筹建一个全新的学校网络，名叫达尼斯学校，他们会免费向学生提供笔记本电脑。为了激励全省的学生，他还向成绩优异的男女生发放现金奖励。我则因为帮女孩争取受教育权而获得了一张五十万卢比的支票，大约相当于四千五百美元。

那天我穿着粉色的衣裙出席晚会，头一次公开讲述我们在塔利班禁令下悄悄上学的经历。"正因为有人强行夺走了我的书本和笔，我才真正意识到教育是多么重要。但斯瓦特的女孩们无所畏惧，我们依然坚持学习。"

后来有一天，我正在上课，班上的同学突然告诉我："你得了大奖，能拿到整整五十万卢比！"父亲告诉我，政府决定授予我巴基斯坦有史以来第一个国家和平奖。我不敢相信自己的耳朵。记者蜂拥而至，学校几乎成了新闻演播室。

颁奖典礼于 2011 年 12 月 20 日在总理官邸举行，官邸坐落在宪法大道尽头的小山坡上，就是我们上次游览伊斯兰堡时参观过的那排高大的白色公馆之一。那时我已经习惯了会见政治人物。虽然父亲一直告诉我吉拉尼总理的家族圣贤辈出，想引起我的重视，但我一点也不紧张。从总理手中接过奖状和支票后，我向他提出一连串诉求。我说我们希望能重建学校，还希望斯瓦特能有一所女子大学。我知道他不会把这些要求当真，所以也并没有强求。我想：*我总有一天要成为一名政治家，亲手把这一切变为现实。*

政府决定，这个奖项今后每年颁发一次，专门面向十八岁以下的孩子，并以我的名字将它命名为"马拉拉奖"。我发现这让父亲有些不安。像大多数普什图人一样，他也有点迷信。在巴基斯坦，我们一般不用活人的名字为事物命名，这是逝者专属的待遇，所以父亲觉得这是个不祥之兆。

我知道母亲不喜欢我得奖，因为她担心随着知名度上升，我会被人盯上。她自己从不公开露面,甚至不拍照片。她是位传统女性,恪守我们民族几个世纪以来的传统美德。假如她打破传统,那么大家,尤其是我们自己的亲人,就会对她指指点点。她从不反对父亲和我从事这些工作,但我获奖后,她却说:"我不想要那些奖项,我只要我的女儿。就算把整个世界给我,也别想换我女儿一根睫毛。"

父亲辩解说他的初衷只是创办一所学校,让孩子们有学可上。后来他投身政治、倡导教育,都是不得已而为之。"我唯一的抱负,"他说,"就是尽我所能地让自己的子女和同胞多受教育。但假如我们的领导人有一半在说谎,另一半则与塔利班沆瀣一气,我们就别无选择,只能站出来发声。"

回到家,我得知有一大群记者要来学校采访我,心想我得稍稍装扮一下。我起初想穿一条特别漂亮的连衣裙,但后来还是决定穿得朴素一点,因为我希望人们能关注我的话语而不是衣着。到了学校,我发现朋友们全都身着盛装。"惊喜!"我一踏进校门,他们就齐声喊道。原来他们凑了一笔钱,给我办了个庆功派对,还准备了一个纯白的大蛋糕,上面用巧克力糖霜写着"成功永驻"。朋友们愿意分享我的成功,这实在是太好了。我知道,只要有父母支持,我们班每个女生都能取得同样的成就。

"你们蛋糕也吃了,现在可以回去上课了吧。"派对快结束时,玛丽亚姆女士说,"3月就要考试了!"

这一年却在悲伤中结束。我获奖五天后,我母亲的大姐巴布姨妈突然撒手人寰,她还不到五十岁。她患有糖尿病,从电视广告中看到拉合尔有位医生会一种神奇的疗法,于是说服姨夫带她去看病。我们不知道那个医生给她注射了什么,但她突然休克,猝然离世。父亲说那个医生是江湖骗子,正因如此,我们才必须继续与愚昧做斗争。

那年年底,我攒下不少钱——总理、旁遮普省首席部长、开伯尔-普什图省首席部长和信德省政府各奖给我五十万卢比。我们本地的军队指挥官，古拉姆·卡马尔少将，也给学校捐赠了十万卢比，用于修建科学实验室和图书馆。但我的抗争还远没有结束。我想起曾在历史课堂上学到过，军队每打一场胜仗都会获得战利品或奖赏。我也开始以同样的态度看待这些奖励和表彰，它们不过是小小的战利品，没有太多意义。我必须继续集中精力去赢得整场战争。

父亲用一些奖金给我买了新床和新橱柜，又拿出一些钱给母亲植牙，还在香格拉县买了块地。剩余那些钱，我们决定用来帮助有需要的人。我想成立一个教育基金会。自打见了那些在垃圾山谋生的孩子，我就萌生了这个想法。我忘不了垃圾山上黑黢黢的硕鼠，也忘不了那个蓬头垢面、不停分拣垃圾的女孩。我们邀请二十一名女孩召开了一次大会，把确保每个斯瓦特女孩都有学可上列为第一要务，重点关注流浪儿童和童工。

途经马拉坎德山隘时，我看见一个年轻女孩在兜售柑橘。她只能用指甲在一张纸上画道道记录自己卖出了多少个柑橘，因为她不会读写。我拍下她的照片，暗下决心一定要尽我所能，帮助这样的女孩上学。这是一场战争，而我义不容辞。

18 女人与海

娜杰玛姑姑泪流满面,这是她第一次见到大海。我跟家人一起坐在岩石上隔海眺望,呼吸着阿拉伯海腥咸的空气。大海浩瀚无垠,没人知道哪里是它的尽头。那一刻,我心旷神怡。"总有一天,我要到海的那边去。"我脱口而出。

"她在发什么梦?"娜杰玛姑姑问,好像我是在痴心妄想。而我还在设法消化她从未亲眼见过大海这个事实,她在卡拉奇这座海滨城市生活了三十年呢。她丈夫从不带她到海边去,就算她能溜出家门,也没法顺着路标找到海滩,因为她不识字。

我坐在岩石上,思绪飘向海的彼岸,在那些国度,女性拥有宝贵的自由。我们巴基斯坦出过一位女总理,我也在伊斯兰堡见过一些了不起的职业女性。但事实是,我们国家绝大多数女性必须依赖男性生活。我们的校长玛丽亚姆女士能力出众,也受过良好的教育,但我们这个社会依然不允许她独自居住,也不允许她自由地工作。她必须跟丈夫、兄弟或父母住在一起。

在巴基斯坦,女人如果表示想独立生活,人们就会认定她是想挑战父亲、兄弟和丈夫的权威。但这并不是她们的目的。我们想要的是自己为自己做决定。我们想自由地上学,自由地工作。《古兰经》上找不到关于女性必须依附男性的内容。这不是真主的意志,真主没有说过女人必须服从男人。

"贾尼,你好像在神游千里啊。"父亲打断了我的思绪,"你在想什么呢?"

"我只是想到海的另一边去,爸爸。"我回答。

"别再胡思乱想啦！"弟弟阿塔尔嚷道，"我们可是在海边啊，我要去骑骆驼！"

这是 2012 年 1 月，我们作为 Geo 电视台的嘉宾应邀前往卡拉奇，当时信德省政府刚刚宣布要以我的名字命名使命路的一所女子中学。我弟弟胡什哈尔在阿伯塔巴德上学，所以同去的只有我和父母，还有阿塔尔。我们是飞往卡拉奇的，大家都是第一次坐飞机。飞行时间只有两小时，我们都感到不可思议。同一段路，坐长途车至少要花两天时间。在飞机上，我们看到有人因为看不懂字母和数字而找不到座位。我坐在靠窗的位子，能俯瞰脚下的沙漠与山峦。越往南飞，土地越是焦黄。我开始想念斯瓦特的苍翠，也理解了为什么斯瓦特人可以去卡拉奇工作，但骨子里总想回到河谷，投身这片清凉。

从机场前往住处的路上，我惊讶地看到竟有那么多行人、房屋和车辆。卡拉奇是世界最大的城市之一。[1] 想到它在巴基斯坦建国时还只是一个仅有三十万人口的小港口，我感觉不可思议。穆罕默德·阿里·真纳曾在这里生活，把这里定为巴基斯坦的第一个首都。很快，数百万穆斯林难民从印度拥入这座城市，他们被称为*穆哈吉尔人*（*mohajirs*），也就是"移民"，他们的语言是乌尔都语。今天，卡拉奇大约有两千万人口，而且尽管它远离我们的故土，却依然是全世界普什图人口最多的城市，没有之一。有五百万到七百万普什图人在卡拉奇谋生。

可惜卡拉奇也是一座暴力横行的城市，穆哈吉尔人和普什图人常常爆发冲突。我们见到的穆哈吉尔人社区都秩序井然、干净整洁，普什图人聚居区却又脏又乱。几乎所有的穆哈吉尔人都支持一个名叫统

---

[1] 原文如此，但根据 2024 年的数据，卡拉奇人口约为 2000 万，是巴基斯坦第一大城市，还不在世界最大城市前列。——编者注

一民族运动党（MQM）的政党，这个党派由阿尔塔夫·侯赛因[1]领导，他目前流亡伦敦，平时用 Skype 跟党内成员联络。统一民族运动党是个组织性极强的团体，穆哈吉尔人也特别团结。相形之下，我们普什图人则四分五裂。有些人追随伊姆兰·汗[2]，因为他是一个优秀的板球运动员；有人追随法兹勒·拉赫曼大毛拉[3]，因为他领导的伊斯兰神学者协会是伊斯兰宗教政党；有人则支持世俗政党人民民族党，因为它是普什图民族主义政党；还有人支持贝娜齐尔·布托领导的巴基斯坦人民党（PPP），或是纳瓦兹·谢里夫领导的巴基斯坦穆斯林联盟（PML）。

我们来到信德省议会，在场的议员用热烈的掌声欢迎我们。接着我们走访了几所学校，包括那座以我的名字命名的学校。我做了演讲，强调了教育的重要性，还提到了贝娜齐尔·布托，因为卡拉奇是她的故乡。"我们一定要携手努力，为女孩争取权益。"我在演讲中说。同学们为我唱歌，还送给我一幅画，画的是我仰望天空的模样。看到自己的名字出现在一所学校的招牌上，正像阿富汗的许多学校都以迈万德的马拉莱——我名字的由来——命名一样，我感觉既古怪又幸福。下个假期，我和父亲打算深入斯瓦特的偏远山区，向当地孩子的父母强调学习读写的重要性。"我们就像传教士，传播教育的信仰。"我说。

那天晚些时候，我们拜访了姑姑和姑父。他们的房子很小，父亲终于理解了当年他上大学时，他们为什么不肯让他借住。路上，在经

---

[1] 阿尔塔夫·侯赛因（Altaf Hussain，1953— ），英籍巴基斯坦政治人物，统一民族运动党创始人。
[2] 伊姆兰·汗（Imran Khan，1952— ），巴基斯坦政治人物，第 22 任巴基斯坦总理，年轻时曾是巴基斯坦板球国家队队长。
[3] 法兹勒·拉赫曼大毛拉（Maulana Fazlur Rehman，1953— ），巴基斯坦政治人物，宗教激进主义者。

过阿西宽·拉索尔广场时，我们震惊地看见那里赫然摆着一张照片，上面是谋杀萨勒曼·塔西尔省长的凶手，四周还装点着玫瑰花环，仿佛他是个圣人。父亲愤慨不已："这座城市有两千万人，难道就没有一个人愿意把这东西摘下来吗？"

除了游览海滨，逛那些巨大的巴扎（母亲从巴扎买了一大堆衣服），我们此行还有一个重要的目的地，那就是我们巴基斯坦的国父、伟大领袖穆罕默德·阿里·真纳的陵墓。这座白色的大理石建筑宁静祥和，仿佛遗世独立，隔绝了都市的繁忙与喧嚣。它是我们心中的圣地。贝娜齐尔·布托乘坐的汽车被炸毁时，她就是要去这里演讲，那本该是她重返巴基斯坦后发表的第一次演讲。

大厅里悬挂着一盏中国赠送的巨型吊灯，灯下有一副棺木，但警卫告诉我们里面并没有真纳的遗体。真正的棺木在下方那层，真纳与比他晚很多年去世的妹妹法蒂玛合葬在这里。旁边则是巴基斯坦第一任总理利雅卡特·阿里·汗之墓，他是被暗杀的。

接下来，我们参观了陵墓后方的小博物馆，那里展示着真纳从巴黎订购的白领结、在伦敦定制的三件套西装、他的高尔夫球用具和为他特制的旅行箱，箱子能装十二双鞋，包括他最喜欢的双色雕花皮鞋。墙上挂满照片。在建国初期的照片里，他面颊深陷，看得出已时日无多。他的皮肤薄如蝉翼。但在当时，他的健康状况被视为机密。真纳每天要抽五十支烟，当时，蒙巴顿勋爵——英属印度的末任总督——同意印度独立并一分为二，而与此同时，身患肺结核和肺癌的真纳已经病入膏肓。事后，蒙巴顿勋爵承认，假如知道真纳已经不久于人世，他就会推迟印巴分治，巴基斯坦就不会存在。实际上，真纳在1948年9月去世，当时巴基斯坦独立仅有一年多时间。接着，三年多后，我们的第一任总理也惨遭暗杀。自打建国之初，巴基斯坦就是个命途多舛的国家。

博物馆还陈列着真纳最著名的几篇演讲稿，其中一篇宣称在新成立的巴基斯坦国，人们可以自由地信仰各种宗教，还有一篇强调了女性发挥的重要作用。我很想看看在真纳生平中出现的重要女性的照片，但他的妻子很早就过世了，而且她是帕西人[1]，他们唯一的女儿迪娜则留在了印度，也嫁给了帕西人，这在新成立的伊斯兰国家并不容易被人接受。迪娜目前生活在纽约。所以我看到的照片几乎都是真纳的妹妹法蒂玛的。

参观了真纳之墓，读过他那些演讲稿之后，我不禁想，真纳如果还在世，应该会对巴基斯坦的现状非常失望。他也许会说这不是他当初想建立的国家。他希望我们的祖国独立而包容，人民能善待彼此。他希望每个人都能获得自由，无论他们信奉什么。

"假如我们没有独立，而是继续作为印度的一部分，情况会不会不像现在这么糟糕？"我问父亲。在我印象中，印度教徒和穆斯林在巴基斯坦建国前一直冲突不断。即便后来我们建立了自己的国家，冲突依然存在，只是敌对双方变成了穆哈吉尔人和普什图人，还有逊尼派和什叶派。我们的四个省非但没有互相支持，反而龃龉不断。信德省总是扬言要脱离巴基斯坦；俾路支省战事不断，但由于地处偏远，一直无人关注。既然存在这么多冲突，我们是不是该把国家再拆分一次？

我们离开时，有几名男青年在博物馆外举旗抗议。从他们口中，我们得知他们来自旁遮普省南部，说的是赛莱基语，他们想建立自己的省份。

似乎有太多事情让人们争执不休。如果基督徒、印度教徒或犹太教徒真像人们说的那样，是我们的敌人，那我们穆斯林之间又有什么理由互相争斗呢？我们的人民受到了蛊惑。他们最关心的是捍卫伊斯

---

[1] 帕西人（Parsee），特指从古代波斯，即今天的伊朗，移居到印度次大陆的波斯人，信仰拜火教先知琐罗亚斯德。

兰教的尊严，却被蓄意曲解《古兰经》的塔利班之流引入歧途。我们应该多关注实际问题。我们国家还有那么多文盲，许多女性连一天学都没上过。在我们生活的地方，学校会被炸毁，电力时有时无。每天都至少有一名巴基斯坦人死于非命。

某天，一位名叫谢拉·安茹姆的女士来到我们的住处。她是一位巴基斯坦裔美国记者，生活在美国阿拉斯加，她从《纽约时报》网站上看到了我们的纪录片，很想来见见我。她跟我聊了一会儿，又跟父亲聊了几句。我发现泪水在她眼眶里打转。她问我父亲："齐亚丁，你知道塔利班已经开始威胁这个无辜的女孩了吗？"我们听得一头雾水，于是她打开网页，给我们看塔利班当天向两名女性发出的威胁，一个是迪尔的政治活动家莎·贝加姆，另一个就是我自己，马拉拉。"此二人散布世俗主义谬论，死有余辜。"我并没在意，因为互联网上什么消息都有，这如果是真的，我们应该会从别的渠道得到消息。

那天傍晚，父亲接到一个电话，过去这十八个月以来，有家人一直在我们家借住，这个电话就是他们打来的。他们家的屋顶是泥巴糊的，一下雨就会漏水。我家还有两间空房，就请他们来住。他们只需要象征性地交点房租，孩子们可以在我们学校免费就读。他家有三个孩子，我们很欢迎他们来住，因为这样一来，我们就能凑在屋顶上玩警察抓小偷的游戏了。这家人打电话告诉父亲，警察来到我家，询问我们有没有收到威胁。父亲听罢立刻给警察局副局长打了个电话，结果副局长也问了同样的问题。"为什么这么问？难道你们听到了什么风声？"副局长告诉父亲，回斯瓦特之后务必去见他一面。

那之后，父亲开始坐立不安，无心再欣赏卡拉奇的风光。我能看出母亲和父亲都心烦意乱。我知道母亲还没从姨妈去世的伤痛中走出来，我频繁得奖也让他们担心，但他们似乎还有别的挂虑。"你们怎么啦？"我问，"你们有事瞒着我们。"

于是他们把家里打来电话的事告诉了我，说他们得重视这次威胁。不知为什么，得知自己成了袭击目标，我并不是特别担心。我想人人都知道自己总有一天会死。既然没人能永生，那么被塔利班杀死和被癌症杀死，好像也没什么区别。所以，我更应该去做自己想做的事。

"贾尼，也许我们该暂停宣传活动，蛰伏一段时间。"父亲说。

"这怎么行？"我回答，"你告诉过我，一旦我们相信有些事比生命重要，死亡只会放大我们的声音。我们绝不能半途而废！"

人们请我在活动上发言，我怎么能因为一点安全隐患就一口回绝？我们不能这样做，何况我们还是骄傲的普什图人。父亲常说，英雄主义刻在普什图人的基因里。

话虽如此，我们回到斯瓦特时依然心情沉重。父亲去了警察局，警方给他看了一份关于我的资料。他们说，我在国内外的声誉已经引起了塔利班的注意，也招来了死亡威胁。他们还说我需要保护。他们提出派警卫保护我们一家，但父亲并不赞成。斯瓦特的许多长老都配有警卫，却依然惨遭杀害，旁遮普省的省长更是死于自己的保镖之手。父亲认为武装警卫会让学生家长紧张，他也不想给别人带来危险。父亲此前也曾遭受威胁，那时他总说："杀我可以，但不能伤及无辜。"

父亲提议送我去阿伯塔巴德读寄宿学校，像胡什哈尔一样，但我不同意。他还会见了我们本地的陆军上校，后者表示去阿伯塔巴德读书并不会比现在安全，只要我低调一点，我们在斯瓦特就不会有事。所以，得知开伯尔-普什图省政府想任命我为和平大使，父亲认为还是拒绝比较好。

回到家中，我开始每天晚上锁门。"她嗅到了威胁。"母亲对父亲说。父亲闷闷不乐。他一直嘱咐我晚上睡觉时拉上窗帘，我却不肯。

"爸爸，我不明白。"我对他说，"塔利班最强大的时候，我们没有危险,现在没有塔利班了,我们反而不安全了。"

"是啊,马拉拉。"父亲回答,"现在的塔利班只针对我们这些敢于发声的人。斯瓦特其他地方都风平浪静。三轮摩托车司机、小店店主都安全无忧。这次塔利班瞄准的是一小群人,其中就包括我们。"

频繁获奖还有另一个副作用——我缺了太多的课。3月的考试结束后,我的新橱柜里只添了一座第二名的奖杯。

19　秘密的塔利班化

"咱们来想象这是一部《暮光之城》的电影吧,咱俩就是森林里的吸血鬼。"我对莫妮巴说。我们正在参加全校郊游,要去马格哈札。那是一处美丽的山谷,郁郁葱葱,空气凉爽,还有一座巍峨的高山和一条清澈的河流,我们就打算在那条河边野餐。白色宫殿大酒店也在那附近,它曾是瓦里的夏季行宫。

那是2012年4月,大考已过,我们都非常轻松。我们一行大约有七十名女生,同行的还有几位老师和我的父母。父亲租了三辆飞行巴士,但人实在太多,我们只好拨出五个人——我、莫妮巴和另外三个女生——去坐丰田戴纳,我们的校车。车上并不舒适,车里还堆满我们为野餐准备的几大锅鸡肉和米饭,好在车程只有短短半个小时。我们一路唱着歌,兴高采烈。那天莫妮巴显得特别好看,皮肤像瓷器一样白皙。"你用的哪款润肤霜?"我问她。

"跟你用的一样。"她回答。

我知道她没说实话。"不可能。瞧我多黑,再瞧瞧你!"

我们前往白色宫殿大酒店,参观了英国女王住过的房间,游览了姹紫嫣红的花园,只可惜没看到瓦里的房间——它被洪水冲毁,尚未修复。

森林里草木葱茏,我们在林中奔跑、拍照,又去河里蹚水,互相泼水嬉戏。水珠在阳光下闪闪发亮。山崖下有道瀑布,我们在岩石上坐下,静静听着水声。然后莫妮巴又朝我泼水。

"别泼啦!我可不想把衣服弄湿!"我向她求饶,跟另外两个她不喜欢的女生走了。别的女生开始拱火,我们管这叫"火上浇油",

结果我又跟莫妮巴吵了一架。我感觉很不痛快，但等到我们登上悬崖准备吃午餐时，我的心情又豁然开朗。司机奥斯曼大哥像往常一样逗得我们捧腹大笑。玛丽亚姆女士带来了她尚在襁褓中的小儿子和两岁的女儿汉娜，汉娜看着就像个洋娃娃，但她人小鬼大。

午餐糟透了。校务助理正准备把锅架在火上给咖喱鸡加热，却忽然担心这点食物不够那么多人吃，就往锅里加了许多溪水。我们把这顿饭称为"史上最难吃的午餐"。咖喱鸡稀得不成样子，有个女生甚至说："这咖喱汤清得都能倒映出天空。"

返程前，按照每次旅行的惯例，父亲让大家轮番登上一块大石头，分享我们这一天的见闻。这次大家的话题高度一致，纷纷吐槽午餐有多难吃。父亲有些难堪，半天说不出一句话来。

第二天早晨，一位校工来到我家，给我们送了早餐要吃的牛奶、面包和鸡蛋。每次都是父亲去开门，因为按照传统，女性不能抛头露面。校工告诉父亲，店老板捎给他一封复印的信件。

父亲拆开信封，顿时脸色煞白。"真主啊，这是对我们学校可怕的诬蔑！"他告诉母亲，然后大声读道：

亲爱的穆斯林兄弟：

有一所学校，就是胡什哈尔学校，是由一个非政府组织开办的（在巴基斯坦的信众心目中，非政府组织形象恶劣，所以这种说法旨在激起人们的愤怒），集低俗与淫猥于一身。神圣先知在圣训中教诲我们，目睹邪恶，就应该用自己的双手去制止。自己做不到，也应该告知他人；如果这也做不到，那你至少应该在心中认清它的邪恶。我个人与这所学校的校长并无瓜葛，但我认为有必要重申伊斯兰教的教义。这所学校集低俗与淫猥于一身，竟带年轻女子到各个度假胜地野餐。如果你不出手制止这种行为，那么等到末日来临,你就得自己去向真主交代。去问白色宫殿大酒店的经理吧,他会告诉你这些女子都干了什么勾当……

父亲放下那张纸。"没有署名。这是封匿名信。"

我们坐在那里,瞠目结舌。

"他们知道没人真会去问经理,"父亲说,"大家只会猜测到底发生了什么不堪的事。"

"我们都知道当时的情况,这些女孩没做任何坏事。"母亲向他保证。

父亲打电话给我堂兄卡安吉,请他了解一下这封信传播得有多广。卡安吉带回了坏消息——传单撒得到处都是,尽管大多数店主没理会它,把它当垃圾扔了。清真寺前还贴着一张大幅海报,上面是同样的指控。

在学校,同学们都很害怕。"先生,他们把我们学校说得邪恶不堪。"她们对父亲说,"我们的父母看了会怎么想?"

父亲让所有女生到操场上集合。"你们有什么好怕的?"他反问,"你们违背伊斯兰教的教义了吗?你们做什么不道德的事了吗?你们没有。你们只是泼水、拍照,根本不用害怕。这都是法兹卢拉走狗们的宣传。希望他们倒台!你们跟男孩一样有资格享受绿林、瀑布和美景。"

父亲的发言掷地有声,但我看得出,忧虑与恐惧依然盘桓在他心中。只有一个人来让他妹妹退学,但我们明白事情不会就此结束。不久,我们得到消息,一位从德拉伊斯梅尔汗出发,曾完成过和平徒步壮举的旅行家要途经明戈拉,我们想对他表示欢迎。我和父母赶去见他,途中,一个对着两部手机喋喋不休的矮个子男人突然走上前来。"别走那条路。"他劝我们,"那边有自杀式炸弹袭击者!"但我们已经跟徒步旅行家约好见面了,于是临时改走另一条路,给他献上一个花环，然后匆匆打道回府。

那年春夏之际，怪事层出不穷。陌生人跑到我家门口问东问西，打探父亲和那些跟他一起呼吁和平的同僚的情况。父亲说这些人都是情报部门的特工。后来，父亲与斯瓦特族长支尔格大会在我们学校举行了一场集会，反对军方抽调明戈拉居民和我们的社区自卫委员会成员在夜间上街巡逻。集会之后，那些陌生人来得更频繁了。"军方号称和平已经实现，"父亲质问，"那我们为什么还要搞旗帜游行和夜间巡逻？"

接下来，我们学校为明戈拉的孩子们办了一场绘画比赛，赞助者是父亲的一位朋友。这位朋友创办了一个非政府组织，旨在为女性争取权利。参赛作品必须体现两性平等或反映女性遭受的性别歧视。那天上午，两个情报特工来学校找我父亲。"你们学校在搞些什么？"他们问。

"这里是学校，"父亲回答，"我们在办绘画比赛，像办辩论赛、烹饪大赛、作文比赛一样。"那两人听了非常生气，父亲也怒不可遏。"大家都清楚我的为人，也知道我做过什么！"父亲怒斥，"你们为什么不做点正事？为什么不去抓法兹卢拉和那些双手沾满斯瓦特人鲜血的刽子手呢？"

那个斋月，父亲有一位来自卡拉奇的朋友，瓦基勒·汗·斯瓦蒂，寄来一批为穷人准备的衣物，想让我们帮忙分发。我们在一座大礼堂派发衣物。但活动还没开始，情报人员就跑来质问："你们在干什么？这些衣服是谁弄来的？"

7月12日是我十五岁的生日，伊斯兰教认为十五岁就是成年人了。但同时到来的，却是这样一个消息：塔利班杀害了斯瓦特欧陆酒店的老板，他是和平委员会的委员。那天他走出家门，前往开在明戈拉巴扎的酒店，在一片田野里遭到塔利班伏击。

人们开始担忧塔利班会卷土重来。不过这次的情况与2008年、2009年不同,那时所有人都面临频繁的威胁,而现在受威胁的主要是敢于公开反对激进分子、不满军方高压手段的人。

父亲的朋友希达亚图拉与父亲讨论这件事,说:"塔利班并不是我们想象中那个组织严明的团体。它是一种心态,而这种心态在巴基斯坦十分盛行。无差别反对美国、反对巴基斯坦政府当局、反对英式法治的人,有些其实已经受到了塔利班思想的侵染。"

8月3日傍晚,父亲接到一通电话,打来电话的是Geo电视台记者马赫布,他带来一个令人惊恐的消息。马赫布是父亲的朋友扎希德·汗的侄子,扎希德·汗是一位酒店业主,曾在2009年遭受过袭击。大家常说扎希德·汗和我父亲都上了塔利班的名单,随时可能遭遇不测,只是不确定他们谁会先遇害而已。马赫布在电话中说,他叔叔那天正要去家附近的清真寺做当天最后一次礼拜——宵礼,在路上被人一枪击中面部。

父亲说,得知这个消息,他顿时两腿一软,脚下的土地仿佛突然陷落。"那种感觉,就像我自己也中了一枪似的。"他说,"我明白,下一个就轮到我了。"

我们恳请父亲不要去医院看他,因为当时天色已晚,袭击扎希德·汗的凶手很可能就守在医院等他。但父亲说他要是不去,就是懦夫。几位与他共事的活动人士提出要陪他一起去,但父亲觉得等他们赶过来再去医院,很可能就见不到扎希德·汗了。于是他打电话让我堂兄开车送他到医院去。母亲开始祈祷。

到了医院,他发现那里只有一名支尔格大会成员在陪护。扎希德·汗血流如注,白胡子都被鲜血染红了。不过他还算走运。一名男子用手枪近距离朝他开了三枪,但他设法抓住了对方的手,所以对方只有第一发子弹命中。神奇的是,子弹穿过他的脖颈,竟从鼻孔钻了出来。事后他说,他记得有个小个子男人在他面前狞笑,胡子刮得干干净净，甚至没戴面罩。接着，黑暗围拢过来，吞没了他，他仿佛坠入暗无天日的黑洞。讽刺的是，扎希德·汗是在不久前才开始走路去清真寺的，因为他觉得已经没有危险了。

为朋友祈祷之后，父亲在医院接受了媒体采访。"我们难以理解，既然当局号称和平已经实现，为什么扎希德还会遇袭？"他拷问道，"我要对军方和政府提出质问。"

有人提醒父亲赶快离开医院。"齐亚丁，午夜都已经过了，你怎么还待在这里！别犯傻了！"他们说，"你和扎希德都是塔利班的目标，你也像他一样容易遇袭。别再铤而走险了！"

扎希德·汗最终被转往白沙瓦接受手术，父亲回到家中。我提心吊胆，一直睡不着觉。自那之后，我晚上总要把家里的锁统统检查一遍，确认每扇门都锁得严严实实。

我家的电话响个不停，不断有人打电话来提醒父亲，下一个很可能就是他。希达亚图拉是第一批打来电话的人之一。"看在真主的分儿上，你一定要当心。这次遇袭的本可能是你。"他告诫父亲，"他们正逐一除掉支尔格大会成员。你可是发言人啊，他们怎么会放过你呢？"

父亲也相信塔利班不会放过他，但他再次拒绝让警方保护。他说："要是我到哪儿都带着一大群保镖，塔利班就会动用卡拉什尼科夫自动步枪或发动自杀式炸弹袭击，造成更多伤亡。现在我要是死了，至少不会牵连无辜。"他也不肯离开斯瓦特。"我还能去哪儿？"他问我母亲，"我不能离开这里。我是全球和平委员会的主席、支尔格大会的发言人、斯瓦特私立学校协会的主席，我是我们学校的理事长，也是这个家的一家之长。"

他唯一采取的安保措施，是打乱每天的行程安排。今天他可能在小学部，明天可能在女校，后天可能在男校。我发现他无论走到哪里，都会把街道来回看个四五遍。

尽管存在这些风险，父亲和朋友们依然十分活跃，忙着组织抗议活动和召开新闻发布会。"如果和平真的实现了，为什么扎希德·汗还会遇袭？袭击他的凶手是谁？"他们质问道，"自从我们脱离'境内流离失所者'的身份后，我们就没再见过军人或警察遇袭。现在遭受攻击的只有那些努力促成和平的人和平民百姓。"

我们本地的军事指挥官听了很不高兴。"我说了，明戈拉没有恐怖分子。"他坚称，"我们的报告上是这么写的。"他还宣布，扎希德·汗被枪击是因为财产纠纷。

扎希德·汗一共在医院住了十二天，做了修复鼻子的整形手术，然后回家休养了一个月。但他依然不甘沉默，要说他跟以前有什么不同，那就是变得更加心直口快，不留情面，对情报部门尤其不客气，因为他相信，情报部门正是塔利班的后台。他在报上发表评论，指出斯瓦特地区的军事冲突是有人精心策划的。他这样写道："我知道要杀我的是谁。但我们更需要知道究竟是谁给我们招来了这么多恐怖分子。"他强烈要求最高法院院长设立一个司法委员会，查明把塔利班带入河谷的幕后黑手。

他画下袭击者的画像，呼吁人们要赶在这名男子对别人下手之前阻止他。但警方完全没有搜捕袭击者的意思。

我受到威胁后，母亲不再放心我自己走路，坚持要我坐三轮摩托去上学，放学再乘校车回家，尽管从我家到学校步行只要五分钟而已。校车会把我送到通向我们街道的台阶前。一群住在附近的男孩经常在那儿玩耍。有个叫哈龙的男生有时会跟他们混在一起，他大我一岁，以前也住在这条街上。我们小时候一起玩过，后来有一天，他突然来跟我表白，说他爱上我了。但没过多久，我们的邻居萨菲纳有个漂亮的表妹搬来跟她同住，他转而爱上了她。被她拒绝后，他又回过头来找我。后来他家搬到另一条街上去了，我们住进了他家以前的房子里。再后来，哈龙就去陆军学校读书了。

不过他每逢假期都会回来。一天我放学回家，发现他在街上转悠。他跟着我走到我家门口，往门缝里塞了张字条，让我一眼就能看见。我托一个小女孩帮我取来字条，只见他在上面写着："你现在变得好受欢迎。我依然爱你，我知道你也爱我。这是我的号码，给我打电话哦。"

我把字条交给父亲，他气坏了。他打电话给哈龙，扬言要告诉他父亲。那是我最后一次见到哈龙。自那之后，男生们再也不敢到我们街上来了，但有个跟阿塔尔一起玩的小男孩每次见我走过，总会阴阳怪气地问一句："哈龙怎么样了？"弄得我不胜其烦。于是，有一天，我让阿塔尔把那个男生带到家里，冲着他一通怒吼，骂得他再也不敢乱问。

跟莫妮巴重新和好后，我把这件事告诉了她。她跟男生接触总是万分小心，因为她那几个哥哥什么都要过问。"有时候啊，我真觉得在《暮光之城》里当个吸血鬼都比在斯瓦特当个女孩轻松。"我感叹道。但说实在的，如果我最大的困扰只是被男生骚扰，那该有多好。

20　谁是马拉拉？

夏末的一个清晨，父亲正准备去学校，却发现那幅描绘我注视天空的画像在夜里移了位，歪了一点。这幅画是卡拉奇那所学校送给我的，父亲特别喜欢，把它挂在床头。看到画挂歪了，他心烦意乱，特别严厉地责怪我母亲："把它摆正行吗！"

也是在那个星期，我们的数学老师莎兹娅小姐惊慌失措地来到学校。她告诉父亲自己做了个噩梦，梦见我来上学时腿被严重烧伤，她竭力想保护我。她恳请父亲煮一些米饭分给穷人，因为我们普什图人相信只要把米饭分给穷人，连蚂蚁和鸟儿也会吃到地上的碎屑并为我们祈祷。父亲选择捐款而不是分发米饭，这加剧了莎兹娅小姐的担忧，她说捐款起不到作用。

我们笑莎兹娅小姐杞人忧天，但我自己很快也开始噩梦连连。我没告诉父母，但每次出门，我都会担心突然有塔利班跳出来，举着枪对我射击或往我脸上泼硫酸，像他们在阿富汗对一些女性做的那样。我特别害怕那段通向我们街道的阶梯，就是那些男生以前玩耍的地方。有时，我感觉仿佛有脚步声从身后传来，或有人闪身躲进阴影。

我不像父亲那么大意，而是采取了严格的防范措施。晚上，在所有人——母亲、父亲、弟弟，以及与我们同住的亲戚和从村里来的客人——都睡下之后，我会再次逐一确认所有门窗都已关好。我会走出房门去检查大门有没有上锁，会依次查看每个房间。我的房间位于屋子前部，窗户很多，而我总是不拉窗帘。我想把一切都看在眼里，尽管父亲总让我把窗帘拉上。"他们要真想杀我，2009 年就动手了。"我嘴上这样说，心里还是担心有人会在屋外搭起梯子，爬进窗户。

这些都做完了，我就开始祈祷。我曾在夜晚频繁地祈祷。尽管塔利班不承认我们，但我们是真正的穆斯林。我们对真主的信仰比他们虔诚，我相信真主会保佑我们。我喜欢在祈祷时念《王座诗》（Ayat al-Kursi），那是《古兰经》第二章《黄牛》的一节。这段经文非常特别，我们穆斯林相信夜里把它念上三遍，能保佑家宅平安，不受魔鬼侵扰。念上五遍，你家那条街道都会安然无虞。念上七遍，整个地区都会平安无事。所以我起码会念七遍，有时甚至更多。然后我会祈求真主："请保佑我们，保佑我们的父亲和亲人，保佑我们的街道，保佑整个摩哈拉，保佑我们的斯瓦特。"接着又补充说，"不对，请保佑全体穆斯林。哦不，不光是穆斯林，请保佑全人类吧。"

我一年中祈祷最多的是考试期间。只有在那段时间，我和朋友们才会一次不落地做完五次礼拜，像母亲一直指望的那样。我发现下午那次礼拜最难坚持，因为我不想中途放弃精彩的电视节目。考试时，我会祈求真主赐我高分，尽管老师常常告诫我们："不努力学习，真主是不会让你得高分的。真主为我们赐福，但真主也是诚实的。"

所以，我学习也很用功。我对考试一般都没什么不满，把考试看成证明自己实力的机会。但在2012年10月那个考试季，我感觉压力很大。我不想再像3月那样屈居第二，输给马勒卡·努尔。我们之间通常只有一两分的差距，但那次，她整整比我高出五分！这次我一通恶补，考前还在男校的阿姆贾德先生那里补课。考试前一天，我熬夜学到凌晨三点，把教科书从头到尾梳理了一遍。

第一门考试安排在10月8日，星期一，科目是物理。我喜欢物理，因为它揭示真理——物理世界遵从一条条原理和定律，不像政治，尤其是我们国家的政治那样充斥着胡作非为、黑白颠倒——我在心中默念神圣的诗句，等待考试铃声响起。我完成了试卷，但很快发现自己做错了一道填空题。我气极了，觉得太不应该了，差点气哭了。这道小错只值一分，但不知为什么，这却让我觉得灭顶之灾就要来了。

那天下午回到家，我困得要命，但第二天我们还得考巴基斯坦研究，这是我觉得很难的一科。我担心会丢掉更多分数，就给自己冲了杯牛奶咖啡，想驱散睡意。母亲来看我，尝了一口咖啡，觉得很好喝，于是一口气喝了个精光。我又不能跟她说："巴比，别喝了，那是我的咖啡。"可橱柜里已经没咖啡了。我只好硬着头皮又熬了一夜，背诵课本上关于巴基斯坦独立的内容。

早上，父母像往常一样来房间叫我起床。在我印象中，凡是上学的日子，我没有哪一天是大清早自己醒来的。母亲准备了我们常吃的早餐，有加了糖的茶、恰帕提薄饼（chapati），还有煎蛋。我们全家一起吃早餐，我、母亲、父亲、胡什哈尔和阿塔尔全部围坐在桌旁。那天对母亲来说意义重大，因为那天下午，她就要开始跟我的幼儿园老师乌尔法特小姐学习读写了。

父亲拿阿塔尔开涮，阿塔尔今年八岁，脸皮越来越厚。"阿塔尔，听好，将来马拉拉当了总理，你就来给她当秘书。"

阿塔尔火了。"不要，不要，才不要！"他抗议道，"我又不比马拉拉差。我才是总理，她来给我当秘书。"这些插科打诨占去了不少时间，弄得我都快迟到了，鸡蛋只吃了一半，桌子也来不及收拾。

巴基斯坦研究的试题比我想的简单，考了真纳把巴基斯坦建成世界第一个伊斯兰国家的始末，还有孟加拉国独立的民族悲剧。孟加拉国离我国足有一千英里[1]，我总是很难相信它曾经属于巴基斯坦。我答完了所有题目，感觉自己考得不错。考完之后，我心情舒畅，一边跟朋友们聊天，一边等校务助理谢尔·穆罕默德·巴巴打电话通知我们校车到了。

校车每天有两班，我们那天坐的是第二班。每次考完试，我们

---

[1] 约1609公里。

总喜欢在学校逗留，莫妮巴提出："考试那么累，我们不如在回家之前留下来聊聊天吧！"我觉得自己巴基斯坦研究考得不错，放松了不少，所以同意留下。那天我无忧无虑。我感觉肚子有点饿，但我们已经十五岁了，不能再单独上街买东西，所以我托一个小女孩帮我买了根煮玉米。我吃了一点，把剩下的留给另一个女生吃完。

十二点整，巴巴在广播里召唤我们。我们飞奔下楼。别的女生出校门前都会遮起面容，再爬上巴士后座。而我只是裹着头巾，没遮住脸。

趁等待两位老师上车的当儿，我请奥斯曼大哥给大家讲个笑话。他肚子里全是搞笑的故事。但那天他没讲故事，而是给我们变了个魔术，把一颗鹅卵石变不见了。"让我们看看你是怎么变的！"我们吵着要看，但他怎么也不肯说。

等所有人都准备就绪，他就让鲁比小姐和几个年幼的孩子跟他一起坐进前排的驾驶室。一个小女孩哭了起来，说她也想坐前面。但奥斯曼大哥告诉她前面满员了，她只能跟我们一起坐后排。我觉得她很可怜，便说服奥斯曼让她也坐前面。

母亲让阿塔尔跟我一起坐校车，他从小学部走了过来。他喜欢站在车尾的挡板上，这动作十分危险，惹得奥斯曼大哥大为光火。那天，奥斯曼大哥终于忍不下去了，坚决不让他站在那里。"坐进来，阿塔尔·汗，否则我就不带你了！"奥斯曼大哥呵斥道。阿塔尔使起性子，不肯上车，一气之下决定跟朋友们走路回家。

奥斯曼发动了校车，我们上了路。我一路都在跟我聪明又善良的朋友莫妮巴聊天。有几个女生在唱歌，我用手指敲打座椅，打着拍子。

莫妮巴和我都喜欢坐在车了敞开的后盖附近，好欣赏沿途的风景。在那个时段，哈吉巴巴路上总是车水马龙，挤满五颜六色的三轮摩托、步行的人们和摩托车手，人们你推我搡，喇叭声响个不停。一个卖冰激凌的少年蹬着三轮自行车追在我们车后，他的车上用颜料画着红白色的核弹头，他不停地冲我们挥手，直到一位老师赶跑了他。

一个男人正在宰鸡，他斩下鸡头，鸡血滴在大街上。我用手指打着拍子。"嚓、嚓、嚓""嗒、嗒、嗒"。说来好笑，我小时候总听人说斯瓦特人爱好和平，想找人宰鸡都难。

空气中弥漫着柴油、面包和烤肉串的味道，还夹杂着小河沟散发的臭气。尽管父亲和朋友们一再呼吁，人们还是继续往小河沟里倾倒垃圾，而且看样子还会继续倒下去。不过我们早就见怪不怪。再说，冬天就快到了，大雪会让一切重归宁静与洁白。

校车在军队检查站右转，驶离主干道。一座岗亭上贴着一张海报，上面写着"通缉恐怖分子"一行大字，还有几个眼神狂热的男人形象，不是蓄着大胡子就是戴着帽子或头巾。最上方那个裹着头巾、留着大胡子的男人就是法兹卢拉。军方清除斯瓦特塔利班的行动已经过去三年多了。我们感谢军方的努力，但我们想不通军人为什么还是无处不在，把机枪架在屋顶，或是在检查站里站岗。就连进入我们河谷都得官方批准。

那条上坡路是一条捷径，平时总是挤满车辆，那天却异常空旷。"人都到哪儿去了？"我问莫妮巴。女生们都在唱歌、聊天，我们的声音在车厢里回荡着。

差不多就在同一时间，母亲应该刚刚走进学校。这是她自从六岁辍学以来第一次上课。

我并没看见有两个年轻人突然出现在路中央，拦住我们的去路。我也来不及回答他们的问题——"谁是马拉拉？"否则我一定会向他们解释清楚，他们为什么应该允许我们这些女孩上学，允许他们自己的姐妹和女儿接受教育。

我记得的最后一件事，是自己正在琢磨要为明天的考试复习哪些内容。我脑中回响的不是那三枚子弹出膛的"啪、啪、啪"三声脆响，而是街上那人斩下鸡头的声音。"嚓、嚓、嚓""嗒、嗒、嗒"，鸡头纷纷坠向尘土飞扬的地面。

第四部 生死之间

PART FOUR

BETWEEN LIFE AND DEATH

Khairey ba waley darta na kram
Toora topaka woranawey wadan korona

黑暗的枪口啊！我怎能不诅咒你？
你把爱的家园，化作残垣断壁。

21 "真主啊,我把她托付给你"

奥斯曼大哥一回过神,就开着校车以最快的速度冲向斯瓦特中心医院。车上的女生都在尖叫、大哭。我趴在莫妮巴腿上,头和左耳血流如注。我们没走多远就被警察拦下盘问,耽误了宝贵的时间。一个女生摸摸我的脖子,看脉搏是不是还在。"她还活着!"她喊,"我们得送她去医院。别再为难我们了,你们倒是去抓干出这种事的人呀!"

我们总以为明戈拉很大,但它其实只是一座小城,我中枪的消息很快传开了。当时父亲正在斯瓦特媒体俱乐部出席私立学校协会的会议,他刚要上台演讲,手机突然响了。他看见是学校打来的,就把电话交给朋友艾哈迈德·沙阿接听。"你们的校车遭到了枪击。"沙阿在父亲耳边急切地说。

父亲顿时脸色煞白。他立刻想到:马拉拉可能就在那辆车上!他试着自我安慰,猜想也许只是某个心怀嫉妒的少年想羞辱爱人,朝着空气开枪而已。那场会议非常重要,大约四百位来自斯瓦特各地的校长云集于此,抗议政府强行设立中央监管机构的决定。作为协会主席,父亲不想让大家失望,所以还是按计划发表了演讲。但他额头上不断冒出豆大的汗珠,罕见地不等人提醒就收了尾。

演讲结束后,父亲没留下来回答听众提问,而是跟艾哈迈德·沙阿和另一个有车的朋友马利克·里亚兹一起赶往医院。医院离会场只有五分钟车程。他们来到医院门口,发现门外已经聚集了一大批人,还架满了相机和摄像机。这下父亲确信我就在那辆车上,心猛地一沉。他拨开人群,在此起彼伏的闪光灯中冲进医院。医院里,我躺在推车上,头上缠着绷带,双眼紧闭,头发散乱。

"我的女儿啊,我勇敢的女儿,我美丽的女儿。"他一遍遍呢喃,亲吻着我的额头、脸颊和鼻子。他也不知道为什么要对我说英语。而我当时尽管双眼紧闭,但好像知道父亲就在身边。后来,父亲说:"这很难解释,但我感觉她有反应。"有人说我微微扬起了嘴角,但对父亲而言那不是笑容,只是一个稍纵即逝的美好瞬间,让他明白自己还没永远地失去我。目睹我的惨状,父亲如坠地狱。每个孩子都是父母的珍宝,但对父亲而言,我就是他的宇宙。长期以来,我一直是他亲密的战友,最初是作为古尔·玛凯暗中作战,后来则以马拉拉的身份公开亮相。他一直以为塔利班即使要对我们下手,对象也一定是他而不是我。他说他当时犹如五雷轰顶。"他们想一举两得,杀了马拉拉,也让我永远闭嘴。"

父亲很害怕,但没有流泪。四周人头攒动,参加会议的校长全都赶到医院,还有大批新闻媒体和活动人士聚集在这里。一时间,好像全城的人都来了。"为马拉拉祈祷吧。"父亲告诉大家。医生们宽慰他说,他们已经给我做了 CT 扫描,结果显示子弹并没伤及大脑。他们已经给我清理并包扎了伤口。

"啊,齐亚丁!他们做了什么?"玛丽亚姆女士冲进医院。那天她在家照顾宝宝,没去学校。她接到姐夫的电话,询问她的安危,她心头一惊,立刻打开电视,看到胡什哈尔学校校车遭枪击的头条新闻。得知我中了枪,她立刻打电话给丈夫。他骑着摩托车把她载到医院,而她这种受人尊敬的普什图女性是很少坐摩托车的。"马拉拉,马拉拉,你听得见吗?"她大声呼唤。

我挣扎着发出一声呜咽。

玛丽亚姆女士四处打听情况。她认识的一位医生说,子弹只是从我的前额穿过,没有伤及大脑,我不会有生命危险。她还去看望了另外两名受伤的女生。莎兹娅中了两枪,分别在左侧的锁骨和手掌,她跟我一起被送到了医院。凯纳特一开始并没发现自己受伤,直接回了家。到家之后,她才发现右臂上方被子弹擦伤,家里人又把她送进了医院。

父亲明白自己也该去看看她们,但他一刻也不想离开我床边。他的手机响个不停。开伯尔-普什图省首席部长第一个打来电话。他说:"别担心,一切都交给我们处理。白沙瓦的雷丁夫人医院已经做好了接收马拉拉的准备。"但真正主持一切的却是军队。下午三点,本地指挥官来到医院,宣布他们会派一架军用直升机护送我和父亲去白沙瓦。他们来不及去接母亲,于是玛丽亚姆女士坚持要与我们同行,因为我可能会需要女性的协助。玛丽亚姆的家人对此颇有微词,因为她尚未断奶的小儿子也刚刚做了个小手术。但对我而言,她就像另一个母亲。

我被送上救护车之后,父亲非常担心塔利班会再次出手。他似乎觉得人人都知道救护车运的是谁。直升机停机坪就在一英里外,开车只要五分钟,但他一路上都提心吊胆。到了停机坪,直升机还没来,于是我们就在救护车上等待,对父亲而言,我们仿佛足足等了几个小时。终于,直升机来了,我被转入机舱,同行的还有父亲、堂兄卡安吉、艾哈迈德·沙阿和玛丽亚姆女士。大家都是第一次坐直升机。起飞之后,我们飞过军方运动会的会场上空,体育场上正播放着激昂的爱国歌曲。听士兵们放声讴歌他们的爱国之情,父亲心里五味杂陈。换作平时,他一般都会跟着哼上几句,可现在,当一个年仅十五岁的女孩头部中弹,当他心爱的女儿与死神擦肩而过,再唱爱国歌曲未免有些不合时宜。

地面上,母亲站在屋顶仰望天空。得知我受伤时,她正在跟乌尔法特小姐学习读写,努力记住了"书""苹果"这些单词。刚出事那会儿,消息传得纷杂混乱,她还以为我出了意外,伤到了脚。她火急火燎地赶回家中,把消息告诉当时正在我家做客的外祖母。她恳请外祖母立刻为我祈祷。我们普什图人相信真主会更专注地聆听白发人的祈祷。接着,母亲注意到桌上还放着我早餐时吃了一半的鸡蛋。家里摆满我不顾她反对接受颁奖的照片。望着这些照片,她泣不成声。她环顾四周,发现目之所及全是马拉拉,马拉拉。

很快,大批妇女来到我家。根据我们的传统,一旦有人去世,女人们就会来到死者家中哀悼,男人们则会去胡吉拉吊唁——不仅是死者的家人朋友,整个地区的人都会前来致哀。

看到家里来了这么多人,母亲目瞪口呆。她坐在祈祷垫上诵读《古兰经》,告诉那些女人:"不要哭。要祈祷!"这时,我的两个弟弟冲进房间。阿塔尔放学后走路回家,打开电视,突然看到我中枪的新闻。他打电话通知胡什哈尔,两人一起哭了起来。家里的电话响个不停。人们安慰母亲说,子弹虽然击中了我的头部,但只轻轻擦过我的额头。关于我伤情的说法很多,有人说我的脚受了伤,有人说我头部中枪,母亲一时不知该信谁才好。她觉得她要是不去医院看我,我一定会很奇怪,但大家都劝她别去,说我不是已经去世就是准备转院。随后,父亲有位朋友打电话告诉她我乘直升机到白沙瓦去了,让她走陆路去那儿跟我们会合。最让她崩溃的是,有人送来了我的家门钥匙,说是在事发现场找到的。"我不要什么钥匙,我只要我的女儿!"母亲放声大哭,"没有了马拉拉,我还留钥匙做什么?"这时,他们听见了直升机的轰鸣声。

直升机停机坪离我家只有一英里远,女人们一齐拥上屋顶。"肯定是马拉拉!"她们高呼。直升机掠过头顶,母亲一把拽下头巾——这个举动对于普什图妇女来说很不寻常。她高举双手,献祭似的托起头巾,举过头顶,对着天空念念有词:"真主啊,我把她托付给你。我们没请警卫,因为你就是守护我们的神明。她处在你的庇护之下,请务必让她平安归来。"

直升机上，我突然口吐鲜血。父亲惊恐万状，觉得这是内出血的征兆。他开始陷入绝望。但玛丽亚姆女士注意到我还想用头巾擦嘴。"看，她还有反应！"她说，"这是个好兆头。"

到了白沙瓦，大家本以为我们会被送往雷丁夫人医院，那里有位出色的神经外科医生——蒙塔兹医生——受到大家的一致推荐。但实际上，我们却被送入军事综合医院（CMH[1]）。这是一家大型医院，床位有六百张之多，医院始建于英国殖民时期，砖砌的大楼还在不断扩建。当时医院正在新建塔楼，到处都在施工。白沙瓦是通向联邦直辖部落地区的门户。自2004年军方进入该地区打击激进分子以来，由于白沙瓦地区战事不断，市内外自杀式炸弹袭击频发，这家医院一直在治疗伤兵和遇袭的伤员。医院周边也像巴基斯坦大部分地区一样，设有林立的碉堡和密集的检查站，以保护医院免受自杀式炸弹袭击。

我被紧急送进重症监护室，监护室在一栋单独的建筑中。护士站上方的时钟显示，时间是下午五点。我被推进一间带玻璃墙的隔离病房，一位护士给我挂上点滴。隔壁病房里住着一位军人，被自制炸弹严重炸伤，一条腿被炸断。一位年轻人走进我的病房，说他是神经外科医生朱奈德上校。父亲越发不安。面前这个人太年轻了，不像医生。"她是你女儿吗？"上校问玛丽亚姆女士。为了跟着一起进来，她假装就是我的母亲。

朱奈德上校查看了我的伤情。我尚有意识，但躁动不安，不能说话，也不知道发生了什么，不断地眨着眼睛。上校缝合了我左侧眉骨上方的伤口，那是子弹的入口，但令他意外的是，CT扫描结果中竟然看不到子弹。"有进必有出。"他喃喃自语。他在我脊柱上摸索，发现子弹卡在我左侧的肩胛骨旁。"她中弹时肯定弯着腰，低着头。"他这样判断。

---

1 Combined Military Hospital 的缩写。

他们又给我做了一次 CT 扫描。然后上校把父亲请进办公室，把片子投到屏幕上。他告诉父亲，斯瓦特的医院只做了一个角度的扫描，而新做的这次扫描显示，我的伤情比之前估计的严重。"齐亚丁，你看，"上校说，"扫描显示子弹非常靠近大脑。"他说颅骨碎片已经损伤了脑膜，又补充道，"我们只能向真主祈祷，静观其变。现阶段我们暂时不打算动手术。"

父亲万分焦急。在斯瓦特，医生们告诉他我的伤并不难治，现在情况却变严重了。而且我的病情既然这么严重，他们为什么不立即动手术？转入军方医院也让他很不舒服。在巴基斯坦，军方曾多次攫取政权，民众，尤其是斯瓦特居民，对他们怀有戒心，因为军队没有及时采取行动铲除塔利班势力。父亲的一位朋友打来电话："把她转出那家医院吧。我们可不想看到她像利雅卡特·阿里·汗那样，变成沙希德·米拉特（shaheed millat，民族先烈）。"父亲一时不知该如何是好。

"我不明白，"他问朱奈德上校，"为什么把我们送到这儿来？我还以为我们会去地方医院。"然后他又问，"你们能把蒙塔兹医生请过来吗？拜托了。"

"那成何体统？"朱奈德上校反问，显然受了冒犯。

我们后来才知道，他尽管显得年轻，却已经拥有十三年的临床经验，是巴基斯坦军方经验最丰富、成绩最突出的神经外科医生。他之所以选择成为军医，是因为军队能提供优良的设备，他叔叔也是军队的一位神经外科医生，他追随叔叔的步伐，选择了这份职业。白沙瓦军事综合医院处在军方与塔利班交火的前线，朱奈德上校每天都要面对枪伤和爆炸伤员。"我治疗过数千个马拉拉。"上校后来说。

但当时父亲并不知道这些，他十分沮丧。"就照你说的办吧。"他说，"你是医生。"

随后是几小时的等待和观望，护士密切监测我的心跳和生命体征。我不时会小声嘟囔、动动手指或眨眨眼睛。每到这时,玛丽亚姆就会喊我:"马拉拉,马拉拉。"有一次我完全睁开了眼睛。"我以前从没注意,她的眼睛是这么美丽。"玛丽亚姆说。我躁动不安,一直想拽手指上的检测仪。"不要扯。"玛丽亚姆对我说。

"老师,别责备我。"我轻声说,仿佛我们还在学校。玛丽亚姆女士是位严格的校长。

傍晚时分,母亲和阿塔尔赶到了医院。他们坐了四小时汽车,开车的是父亲的朋友穆罕默德·法鲁克。母亲抵达前,玛丽亚姆在电话里提醒她:"看到马拉拉,你千万不要哭喊。你以为她听不见,但她其实听得见。"父亲也提前给她打了电话,让她做好最坏的打算。他想减少她受的伤害。

母亲抵达后,他们紧紧相拥,强忍着眼泪。"阿塔尔来了,"母亲对我说,"他来看你了。"

阿塔尔不知所措,泪流满面。"妈妈,"他哭着说,"马拉拉伤得好重。"

母亲处在震惊之中,无法理解医生为什么没有立即动手术取出子弹。"我勇敢的女儿啊,我美丽的女儿。"她失声痛哭。后来阿塔尔实在太吵,一名勤务兵不得不把他们带到医院附属的军事招待所,安置在那里。

医院门外聚集了许多来支持我的人——有政界人士、政府高层和省级官员。见此情景,父亲手足无措。连省长都来了,塞给父亲十万卢比,供我治疗使用。在我们的传统中,家人去世时有政要前来吊唁是种荣耀。但父亲只觉得恼怒,他认为这些人没有保护我出过一分力气,现在也只是在等待我的死讯而已。

后来他们吃饭时,阿塔尔打开电视,父亲立刻关掉了它。在那样的时刻,他实在无法忍受在电视上观看我遇袭的新闻。等他走出房间,玛丽亚姆又打开电视。每个频道都在播放我的画面,配以祷词和感人的诗句,仿佛我已经不在人世。"我的马拉拉呀,我的马拉拉。"母亲号啕大哭,玛丽亚姆也流泪不止。

午夜前后,朱奈德上校把父亲叫到重症监护室门口。"齐亚丁,马拉拉的大脑出现了水肿。"父亲不明白这意味着什么。于是医生告诉他,我的情况已经开始恶化,我的意识正逐渐模糊,而且再次开始咯血。朱奈德上校送我去做了第三次CT扫描,结果显示我的大脑正在肿胀,情况万分危急。

我父亲说:"不是说子弹没击中她的大脑吗?"

朱奈德上校向他解释,我有块颅骨断裂了,碎片进入大脑,造成了冲击,致使大脑肿胀。他必须切除一部分颅骨,给肿胀的大脑腾出空间,不然我会颅压过高。"我们必须立即手术,这样她才有机会存活。"上校说,"不做手术她可能就没救了。我不希望你将来为自己没采取行动后悔。"

对父亲而言,切掉一部分颅骨听上去相当极端。"她能挺过去吗?"他不停追问,但在那个阶段,没人能向他保证什么。

朱奈德上校的决定非常勇敢,尽管他的上级并不同意这么做,还不断被其他人劝说将我送往国外。正是他这个决定挽救了我的生命。父亲同意手术,朱奈德上校表示他会把蒙塔兹医生请来会诊。签署同意书时,父亲的手都在颤抖,同意书上白纸黑字地赫然写着:"病人存在死亡风险。"

凌晨一点半左右,手术开始。母亲和父亲坐在手术室外等待。"真主啊,请让马拉拉康复。"父亲祈祷着,跟真主提出交换条件,"只要她能睁开眼睛,我甚至可以留在撒哈拉沙漠;没有她我活不下去。真主啊,请给她我余下的生命,我这一生已经满足。即使她带着伤痕,也请让她存活。"

终于,母亲打断了他。"真主没那么吝啬,"她说,"祂会把女儿原封不动地还给我。"她开始祈祷,手捧《古兰经》面壁而立,反复念诵经文，一念就是好几个小时。

"我从没见过谁像她那样祈祷。"玛丽亚姆女士说，"如此虔诚的祈祷，一定能得到真主的回应。"

父亲竭力不去回忆过往，不去想他鼓励我勇敢发声、四处游说是不是个错误。

手术室里，朱奈德上校从我头部左上方锯下一块边长八到十厘米的方形颅骨，给大脑留出膨胀的空间。接着他又切开我左下腹的皮下组织，把锯下来的颅骨放进去保存。为了预防气管肿胀影响呼吸，他又帮我做了气管切开术。他还移除了我大脑中的血栓，取出了肩胛骨上的子弹。完成之后，他们给我装上呼吸机。手术进行了四个小时。

尽管母亲一直在祈祷，但父亲坚持认定外面的人十有八九都只是在等待我的死讯而已。他们中的一些人，比如父亲的朋友和同情者，都显得非常沉痛，但父亲认为还有一些人嫉恨我们行事高调，暗地里觉得我们是咎由自取。

父亲想暂时离开手术室里紧张的气氛，出去透气。他站在门外时，一位护士走过来问："您是马拉拉的父亲吗？"父亲的心又猛地一沉。护士把他带进一个房间。

他以为她会说："很抱歉，我们恐怕无能为力。"但进屋后，护士告诉他："我们需要一个人去血库取血浆。"父亲松了口气，但感觉一头雾水。"难道只能由我去取吗？"他想。最后他找到一位朋友替他去取。

凌晨五点半左右，医生们走出手术室。他们告诉父亲，他们已经取出一块颅骨，把它临时放置在我的腹腔内，还介绍了其他一些情况。依照我们的习俗，医生一般不会对病人或家属做详细解释，所以父亲毕恭毕敬地问："不介意的话，请允许我问一个愚蠢的问题。依您看，她能活下来吗？"

"在医学上，二加二不一定等于四。"朱奈德上校回答，"我们尽到了职责，取出了那块颅骨。现在我们必须静观其变。"

"我还想问个愚蠢的问题。"父亲继续追问，"那块颅骨怎么办？你们打算怎么处理？"

"三个月之后，我们会让它复位。"蒙塔兹医生回答，"很简单，就像这样。"他两手一拍。

第二天早上，好消息传来。我已经能挪动手臂。随后，省内三位顶尖外科医生来给我会诊。他们一致称赞朱奈德上校和蒙塔兹医生医术精湛，认为手术非常成功。不过据他们判断，我现在应该被诱导进入昏迷状态，因为恢复意识会让我的大脑受到压迫。

正当我命悬一线时，塔利班发表了声明，宣布对我的枪击事件负责，但否认这是因为我四处争取受教育的权利。"此次袭击由我们发动，任何人胆敢反对我们，都将遭到惩罚。"巴基斯坦塔利班的发言人之一埃赫萨努拉·伊赫桑宣称，"马拉拉成为我们的目标，是因为她悍然倡导世俗生活方式……她年纪轻轻，却在普什图地区鼓吹西方文化，亲近西方，反对塔利班，甚至把美国总统奥巴马奉为偶像。"

父亲知道他指的是什么。当年获得国家和平奖时，我接受了许多电视采访，其中一次，我被问到最喜欢的政治家是谁。我选了汗·阿卜杜勒·加法尔·汗、贝娜齐尔·布托和奥巴马总统。我读过一些关于奥巴马总统的文章，很钦佩他。身为一个家境贫寒的年轻黑人，他最终实现了自己的抱负与梦想。然而，美国在巴基斯坦人心目中的形象是负面的，总跟无人机空袭、巴基斯坦境内的秘密行动和雷蒙德·戴维斯事件联系在一起。

一位塔利班发言人称，两个月前，法兹卢拉在一次会议上亲自下达了对我发动袭击的命令。"任何支持政府、反对我们的人，都必须铲除。"他说，"你们等着瞧吧，很快会有更多重要人物丧命。"他还补充说，他们派两个斯瓦特本地人搜集了我的资料，摸清我上学的路线，并故意在军方的检查站附近发动袭击，以示他们能在任何地方出手。

那天早上，就在我的手术结束几小时后，房间里突然一阵骚动，所有人都开始整理制服、检查仪容。紧接着，军方领导人卡亚尼将军走进病房。"全国人民都在为您和您的女儿祈祷。"他对我父亲说。2009年反塔利班武装行动结束后，卡亚尼将军曾来斯瓦特出席过一场大型会议，我在那里见过他一面。

"我很高兴您的工作卓有成效。"我在那次会议上说，"现在，您只要把法兹卢拉绳之以法就可以了。"会场爆发出热烈的掌声，卡亚尼将军走到我跟前，慈父般地摸摸我的头。

朱奈德上校向将军简要介绍了我的手术情况和他们拟订的治疗方案，卡亚尼将军建议他把CT扫描结果发到国外，向顶尖专家寻求建议。为了防止感染，将军离开后，医院禁止任何人靠近我的病床。但不断有人来探望我：前板球选手、现政治家伊姆兰·汗；省新闻部长、直言不讳地批评塔利班的米安·伊夫蒂哈尔·侯赛因，他唯一的儿子被塔利班枪杀；还有我们省的省长海德尔·霍蒂，我曾与他一起上过谈话节目。不过他们都没获准进入病房。

"请放心，马拉拉不会死。"霍蒂告诉大家，"她还有很多事要去完成。"

下午三点左右，两名英国医生乘直升机从拉瓦尔品第赶来。贾维德·卡亚尼医生和菲奥娜·雷诺兹医生在伯明翰的医院工作，当时碰巧在巴基斯坦指导军方设立国内首个肝脏移植项目。除教育数据外，我们国家还有许多惊人的数据，其中一项是我们的儿童当中，每七名中就有一名罹患肝炎，病因主要是针头污染，患病儿童中又有许多人死于肝病。卡亚尼将军决心改变这种现状，为此，军方再次担负起政府没能胜任的职责。两位医生即将回国，将军请他们在离开前介绍项目进展，时间恰好是我中弹的第二天早上。医生们去见将军，发现他打开了两台电视，一台调到乌尔都语的本地频道，另一台是天空电视台的英文新闻，两个频道都在播放我遭遇枪击的消息。

将军和卡亚尼医生有相同的姓氏，但并不是亲戚，不过两人交情甚笃。将军告诉贾维德医生，他得到许多相互矛盾的消息，非常担忧，希望医生能在飞回英国之前全面评估我的病情。贾维德医生是英国伊丽莎白女王医院的急救顾问，他答应了将军的请求。不过他提出要带菲奥娜医生同行，她来自伯明翰儿童医院，是儿童重症监护方面的专家。菲奥娜医生对前往白沙瓦有些忐忑，因为当时那里已经禁止外国人进入。但得知我是女童受教育权的倡导者，菲奥娜医生欣然应允，因为她认为自己也很幸运，能够进入顶尖的医学院学习，并成为一名医生。

两位医生的来访，似乎让朱奈德上校和医院院长不大高兴。双方争执起来，直到贾维德医生表明他们是奉卡亚尼将军之命来到这里。两位英国医生并不满意他们目睹的现状。一开始他们想洗个手，却发现水龙头没水。随后菲奥娜医生查看了仪器和各项数值，跟贾维德医生小声交谈了几句。她想知道医院上次给我测血压是什么时候。有人回答："两小时前。"她表示他们应该随时监测，并询问护士为什么没插动脉导管。她还指出我血液中的二氧化碳浓度过低。

父亲庆幸自己没听见她对贾维德医生说了什么。她说的是我"还有救"——因为在合适的时间做了该做的手术——但现在，术后护理却影响了我康复的概率。神经外科手术完成后，监测呼吸和换气是护理的关键，必须确保病人血液中的二氧化碳浓度维持在正常水平。这就是那些管线和仪器真正的用途。贾维德医生说："这就好比开飞机——人只有用对仪器才能升上天空。"而医院就算有这些仪器，也没用对方法。提完这些意见，两位医生就乘直升机飞离了白沙瓦，因为城里晚上会非常危险。

内政部长拉赫曼·马利克也是没能进入病房的访客之一。他给我带来一本护照，父亲谢过他，心里却很难过。那天晚上父亲回到军队招待所，从兜里掏出护照交给母亲，说："这是给马拉拉的，但我不知它会带她去另一个国家,还是天国。"说完,两人都哭了。身处医院封闭的环境中,他们并不知道我的故事已经传遍了世界,许多人都呼吁送我去国外治疗。

我的病情不断恶化,父亲已经很少接听电话。他接的少数几通电话之一,来自阿尔法·卡里姆的父母,阿尔法是旁遮普省一位计算机天才少女,我们曾在一次邮票首发仪式上见过,那些邮票上印有她的形象。她九岁那年就凭借超群的编程实力成为世界上最年轻的微软工程师,甚至应邀去硅谷与比尔·盖茨见面。但不幸的是,今年1月,她却死于癫痫诱发的心脏病,去世时年仅十六岁,只比我年长一岁。她父亲打来电话那一刻,我父亲再也忍不住眼泪。"告诉我,没有了女儿,人还怎么活得下去?"父亲泣不成声。

22　通向未知的旅程

我是星期二午餐时间遇袭的，到了星期四早上，父亲几乎已经确信我生还无望，开始嘱咐我舅舅法伊兹·穆罕默德让村里着手准备我的后事。我处在诱导昏迷状态，生命体征不断恶化，面部和身体都在肿胀，肾脏和肺部都在衰竭。父亲后来告诉我，我躺在那个小小的玻璃隔间里浑身插满管子的画面，令他触目惊心。他当时认定我在医学上已经死亡，心中悲痛欲绝。"她走得太早了，才十五岁啊。"他反复想，"难道她的一生竟是这样短暂？"

母亲还在祈祷——她几乎没合过眼。法伊兹·穆罕默德建议她诵读《朝觐篇》——《古兰经》中关于朝觐的章节，于是母亲一遍又一遍地念诵那十三段赞颂真主全知全能的经文（第58—70节）。她告诉父亲，她预感我能活下来，但父亲并不相信。

朱奈德上校来查看我的情况时，父亲又问了一次："她能活下来吗？"

"你信真主吗？"医生反问。

"信。"父亲回答。朱奈德上校似乎对信仰有着颇深的领悟，他建议父亲继续祈祷，说这一定能得到真主的回应。

星期三深夜，军队的两位重症急救专家驱车从伊斯兰堡赶来。他们奉卡亚尼将军之命来到医院，因为那两位英国医生向将军汇报说我如果继续留在白沙瓦，就会因为护理不当、感染风险极高而脑部受损，甚至死亡。他们希望我能转院，同时建议请一位顶尖医生来协助治疗。但这一切似乎都为时已晚。

医院工作人员完全没有按照菲奥娜医生的建议改善护理，结果到了夜间，我的病情急转直下。感染已经出现。星期四早上，那两位专家中的一位——阿斯拉姆准将——致电菲奥娜医生。"马拉拉病情危急。"他在电话中说。我出现了一种叫作"弥散性血管内凝血"（DIC）的急症，这意味着我的凝血出了问题，血压极低，血尿酸浓度升高。我不再排尿，肾脏开始衰竭，乳酸水平飙升。看来，潜在的危险全都成为现实。菲奥娜医生这时正要启程返回伯明翰，行李都已经运往机场，得知这个消息后，她毅然决定留下来帮忙。两名与她一同来自伯明翰医院的护士也决定跟她一起留下。

星期四中午，菲奥娜医生返回白沙瓦。她告诉父亲，我会乘飞机转往拉瓦尔品第的一家军事医院，那里有最好的重症监护设备。父亲不明白一个病情如此严重的孩子怎么能乘坐飞机，但菲奥娜医生向他保证她经常这样转移病人，让他不必担心。父亲问她我还有没有存活的希望。菲奥娜医生回答："如果没有希望，我就不会出现在这里。"父亲说，他听了这句话，当即眼泪决堤。

那天晚些时候，一位护士来为我滴眼药水。"你看，卡什塔，"母亲说，"菲奥娜医生没骗我们，因为护士来给马拉拉滴眼药水了。要是她生还无望，他们才不会来给她滴什么眼药水呢。"另一个中枪的女生莎兹娅也被转入这家医院，菲奥娜医生也去查看了她的情况。菲奥娜医生告诉父亲，莎兹娅恢复得很好，还拜托她说："请好好照顾马拉拉！"

我们乘救护车前往停机坪，车辆高度警戒，车顶蓝灯闪烁，前方警车开道。直升机飞行了一小时十五分钟。菲奥娜医生几乎全程没有落座，一直忙着摆弄各式仪器，父亲觉得她忙得简直像在跟它们搏斗。她所做的正是她多年来一直从事的工作。在英国，她有一半时间都在转移病情危重的儿童，另一半时间则在重症监护室对他们进行治疗。但她从没遇到过这样的情况，不仅因为白沙瓦对西方人而言十分危险，还因为她在谷歌中搜索了我的名字，意识到这个病例并不简单。"马拉拉一旦有任何差池，就会有人把责任全部推到我这个白人女医生头上。"事后，她说，"要是她不幸去世，我就成了害死巴基斯坦特蕾莎修女的凶手。"

我们一抵达拉瓦尔品第，另一辆由军方护送的救护车就把我们送进一家名为军事心脏专科研究所的医院。父亲警觉起来，心脏专科医院会治疗头部的枪伤吗？但菲奥娜医生再三向他保证，这里有全国最好的重症医学科，还有先进的设备，医生曾在英国受训过。她自己从伯明翰带来的护士就在这里等候，并向心脏科护士交代了处理头部枪伤的必要流程。我似乎对输血产生了严重的排斥反应，于是在接下来的三小时里，医护们寸步不离地守在我身边，帮我更换抗生素和动脉导管。终于，他们宣布，我的情况已经趋于稳定。

这家医院被彻底封闭。医院外有整整一个营的士兵把守，屋顶上甚至安排了狙击手。任何人都不得进入医院。医生必须着制服出入；病人只允许直系亲属探望，所有人都必须接受严格的安检。军方给我父母指派了一位陆军少校，到哪儿都跟在他们身后。

父亲惊恐不安，舅舅则反复叮咛："一定要多加小心，这些人中很可能有秘密特工。"军方在军事招待所腾出三个房间安置我的家人。所有人的手机都被收走。军方表示这是出于安全考虑，但其实也可能是为了防止父亲联络媒体。招待所离医院很近，走几步路就到，但父母每次来医院之前都必须用对讲机申请，至少要等半个小时才能获批。就连穿过草坪去餐厅吃饭，他们身后都跟着警卫。访客一律不得进入病房——连总理来看我都吃了闭门羹。这似乎有过度安保之嫌，但这三年来，塔利班曾成功渗透并袭击了一些采取最高警戒措施的军事基地，包括迈赫兰的海军基地、卡姆劳的空军基地，还有与医院同在一条路上的陆军总部。

我们全家都面临被塔利班袭击的危险。有人告诉父亲，就连我的两个弟弟都可能遭到攻击。他非常担心，因为我弟弟胡什哈尔还在明戈拉。不过他后来被接到拉瓦尔品第与我们会合。招待所里没有电脑，也不能上网，但好心的厨师亚辛·马玛常给我的家人送来报纸和各种必需品。亚辛告诉我父母，能为我的亲人准备伙食是他的荣幸。我父母和兄弟被他的善意打动，跟他讲了许多我们的故事。亚辛想用美食滋养他们，抚慰他们的痛苦。他们总是没什么胃口，于是他就变着花样做各种美味佳肴、蛋糕糖果，激发他们的食欲。有一天吃饭时，胡什哈尔突然说桌上只有四个人，显得空荡荡的。少了我，这个家好像缺了一块。

正是在亚辛送来的一份报纸上，父亲第一次读到了国际社会对这起枪击事件的强烈反响。整个世界仿佛都为之震怒。联合国秘书长潘基文斥之为"令人发指的懦弱行径"，奥巴马总统则说这次枪击"有违人伦道德，令人作呕，可悲至极"。但巴基斯坦国内的声音就没那么正面了。也有报纸把我奉为"和平偶像"，但另一些报纸依然是满纸阴谋论，一些博主甚至质疑枪击事件的真实性。假消息满天飞，尤其是在乌尔都语媒体上，比如有篇报道捏造事实，谎称我批评了蓄须的习俗。对我最不留情面的人之一，是来自宗教党派伊斯兰大会党的女议员拉希拉·卡齐医生。她骂我是美国的走狗，还拿出一张我与美国大使理查德·霍尔布鲁克并排而坐的照片，作为我"与美军高层过从甚密"的证据。

菲奥娜医生带给我们许多安慰。母亲只会说普什图语，完全听不懂菲奥娜医生说的话。但医生每次走出我的房间都会竖起大拇指，说一声"好得很"。在我父母心中，她已经成了一位信使，而不仅仅是我的医生。她会耐心地坐到我父母身旁，请父亲给母亲解释病情，不遗漏任何一个细节。父亲又惊又喜——在我们国家，很少有医生愿意费心给不识字的妇女解释病情。从菲奥娜医生口中，我父母得知，许多海外机构都主动提出要为我提供治疗，美国一家顶级医院——约翰·霍普金斯医院——表示愿意免费救治我。一些美国人也主动伸出援手，包括曾多次访问巴基斯坦的美国富豪约翰·克里议员，还有女参议员加布丽埃勒·吉福兹，她曾在亚利桑那州一家购物中心遭遇枪击，头部中枪。除此之外，德国、新加坡、阿联酋和英国也纷纷主动出手相助。

时间紧迫，关于对我的治疗方案，医院来不及事事征求我父母的意见。何况他们伤心过度，难以决断。所以，一切都由军方决定。卡亚尼将军征求贾维德医生的意见，想知道是否应该安排我出国治疗。卡亚尼将军身为陆军首长，却出人意料地在这个问题上花费了大量时间——贾维德医生说，他们居然花了六个小时讨论我的问题！也许卡亚尼将军比任何政治家都清楚我的死会造成怎样的政治影响。他希望各方能达成政治共识，支持他对塔利班发起全面攻击。不过他身边也有人说，将军是个富有同情心的人。他自己的父亲只是一名普通士兵，还去世得很早。作为长子，年仅八岁的他扛起了养家糊口的重任。当上陆军首长之后，卡亚尼将军做的第一件事就是改善普通士兵而不是军官的住宿条件，提升他们的伙食和教育质量。

菲奥娜医生说我可能会落下语言障碍，右侧的上肢和下肢可能会疲软乏力，需要动用全套的康复设备，而巴基斯坦不具备这个条件。"要想让她达到最佳康复效果，就该送她出国。"她这样提议。

卡亚尼将军坚决不让美国人插手。继雷蒙德·戴维斯事件、本·拉登突袭事件、美军直升机在一座边防哨所打死数名巴基斯坦士兵之后，巴美两国关系一直非常紧张。贾维德医生建议把我送往伦敦的大奥蒙德街儿童医院[1]，或是爱丁堡和格拉斯哥的专科医院。"为什么不送到你们医院呢？"卡亚尼将军问。

贾维德医生猜到他会这么问。伯明翰的伊丽莎白女王医院以接收

---

[1] 大奥蒙德街儿童医院，位于英国伦敦的中心区域，始建于1852年，是英语世界国家第一家专业的儿童医院。在超过60个儿科专业领域引领创新发展。——编者注

从阿富汗和伊拉克战场回国的受伤英军士兵而著称。医院地处市郊，位置隐蔽。贾维德医生给他的上司——医院首席运营官凯文·博尔杰打了个电话，博尔杰很快认定这是正确的选择，尽管他在事后表示："我们从没想过这会对医院产生这么大的影响。"要把一名外籍未成年患者转入伊丽莎白女王医院并不容易，博尔杰很快发现，自己完全被英国和巴基斯坦的官僚体系捆住了手脚。与此同时，时间却在一分一秒地流逝。尽管我的病情已经趋于稳定，但根据判断，我还是需要在四十八小时内转院，最多不能超过七十二小时。

终于，转院获得了批准，但医生们又不得不解决如何护送我的问题，明确费用应该由谁来支付。贾维德医生提议接受英国皇家空军的帮助，因为他们经常从阿富汗运送伤员，但卡亚尼将军拒绝这样做。那天深夜，将军把贾维德医生请到家中商议——将军经常熬夜——他一边一根接一根地抽烟，一边解释他不希望任何外国军事力量介入此事。关于这次枪击事件，民间已经有许多阴谋论开始流传，说我是美国中情局培养的特工，诸如此类，卡亚尼将军不想助长这类流言蜚语。这让贾维德医生进退两难。英国政府愿意提供帮助，但也需要巴基斯坦政府正式提出请求。我们国家的政府却碍于颜面，不肯开口。好在这时，阿联酋的统治者家族介入了此事，表示愿意提供他们的私人飞机，机上还配有医疗系统。10月15日，星期———早，我就要第一次离开巴基斯坦的国土了。

虽然我父母大概知道人们在商量把我转往国外，却对磋商细节一无所知。他们想当然地认为无论我被送到哪里，他们都会随行。但我母亲和弟弟们都没有护照和相关文件。周日下午，父亲从上校那里得知我第二天一早就要动身前往英国，只有他可以陪同，我母亲和弟弟们则要留在这里。上校说帮母亲他们办护照时出了点状况，而且为了确保安全，父亲甚至应该瞒着家人出发。

父亲跟母亲一向无话不谈，他也看不出有什么必要隐瞒。他带着沉重的心情把这个消息告诉了母亲。母亲当时正跟法伊兹·穆罕默德舅舅坐在一起，舅舅气愤不已，为母亲和我弟弟们的安全担心。"让她一个人带着两个儿子待在明戈拉，他们可能随时会遭遇危险！"

父亲打电话给上校："我跟家里人说了，他们很不高兴。我不能丢下他们。"这带来一个麻烦：我是未成年人，不能独自出境，于是许多人都加入了游说的队伍，想劝父亲跟我一起离开，朱奈德上校、贾维德医生和菲奥娜医生轮番上阵。父亲不喜欢有人对他施压，依然不肯松口，尽管他很清楚再这样下去他就是在制造麻烦。他向贾维德医生解释："我女儿现在受到了妥善的照顾，要去一个安全的国家。我不能把妻儿单独留在这里，他们会面临危险。我女儿身上的事已经发生，现在，我把她托付给真主。我是一个父亲——我的儿子们也和女儿同样重要。"

贾维德医生要求单独跟父亲谈谈。"你不想一起走，仅仅是出于这一个原因吗？"医生问，想确定父亲并没受到外界的压力。

"我妻子对我说：'你不能抛下我们。'"父亲回答。医生把手搭在父亲肩头，向他保证我会被照顾得很好，请父亲放心。父亲说："马拉拉遭遇枪击时你们碰巧都在，这难道不是个奇迹？"

"我始终相信，真主会先送来解决方案，再提出难题。"贾维德医生回答。

接着，父亲签署了《代行监护人职责》同意书，将菲奥娜医生指定为我英国之行的监护人。父亲把我的护照交给菲奥娜医生，握着她的手泪流满面。

"菲奥娜，我相信你。请照顾好我的女儿。"

父亲和母亲到病床边与我道别。当时是深夜十一点左右，那是他们最后一次在巴基斯坦见到我。我无法说话，双眼紧闭，只有规律的呼吸能让他们确认我还活着。母亲泣不成声，但父亲相信我已经脱离了危险，劝她不要难过。医生们一开始提出的那些期限——接下来二十四小时会很危险、四十八小时很重要、七十二小时很关键——都已经平安度过。我的肿胀已经消退，血液指标也改善了。我的亲人们相信，菲奥娜医生和贾维德医生会给我最好的照顾。

我的父母和兄弟们回到房间，夜不成眠。午夜刚过，有人就敲响了他们的房门。来人是一位上校，之前他曾劝父亲把母亲留在巴基斯坦，单独前往英国。他特地来告诉父亲，他必须随我前往，否则我可能无法入境。

"我昨晚已经跟你说过，问题都解决了。"父亲回答，"你为什么还来打扰我休息？我绝不离开我的家人。"

随后，另一位官员又被派来找他谈话。"你必须去。"那人说，"你是她父亲，你要是不去，英国的医院说不定会不让她入院。"

"我心意已决。"父亲斩钉截铁，"多说无益。过几天，等证件都办齐了，我们全家再一起过去。"

上校听了，说："那咱们去一趟医院吧，还有些文件需要你签字。"

父亲起了疑心。时间已过午夜，他心里有些忐忑。他不想一个人跟军官们走，坚持要母亲陪同。一路上他都惴惴不安，一直在反复念诵《古兰经》的一段经文。它出自先知尤努斯被鲸吞入腹中的故事，大致相当于《圣经》中约拿的故事。尤努斯在鲸腹中念诵的正是这段经文。它告诉我们，人只要心怀信仰，千难万险都能克服。

到了医院，上校告诉父亲，他还得签署一些文件才能让我独自飞往英国。这本不是什么难事。父亲之所以不安和害怕，完全是因为他们把赴英治疗的事搞得太过神秘，因为穿军服的人无处不在，而我们一家又脆弱得不堪一击。这一切都让他阵脚大乱，疑神疑鬼。其实，整件事的罪魁祸首不过是繁冗的官僚体系。

终于，我父母回到招待所，心情异常沉重。父亲不愿看到我没有家人陪伴，只身前往异国。他怕我会困惑不解。昏迷之前，我只记得自己在乘坐校车。他怕我会以为他们抛弃了我。

10月15日，星期一凌晨五点，我由武装军人护送转移。通往机场的道路实施了交通管制，狙击手在沿途建筑的屋顶上待命。来自阿联酋的飞机正在静静等待。我后来得知这架飞机极尽奢华，有一张豪华双人床和十六个头等舱座位，后部还有一座微型医院，配备了一位德国医生和几名欧洲护士。想到自己全程昏迷，没能醒着享受这一切，我惋惜极了。飞机先飞往阿布扎比补充燃油，然后直奔伯明翰。傍晚时分，我们降落在那里。

招待所里，父母守候着我的消息。他们以为护照和签证都有人在办，我们全家要不了几天就能团聚。但他们什么也没等到。没人打来电话，他们也无法上网了解我的情况。等待仿佛没有止境。

第五部

PART FIVE

第二次生命

A SECOND LIFE

Watan zama za da watan yam
Ka da watan da para mram khushala yama

我是个爱国者,我热爱我的祖国。
为她,我甘愿奉献一切!

23 "伯明翰,头部中枪的女孩收"

10月16日,在枪击发生一星期后,我苏醒过来。我离家数千英里,脖子上插着一根管子,它能帮助我呼吸,却也让我无法开口说话。当时我刚做完CT扫描,正被送回重症监护室,我先是半睡半醒,最后终于完全醒了。

我脑中浮现的第一个念头是:"*感谢真主,我还活着*。"但我并不知道自己在哪里。看得出,这里不是国内,护士和医生都说英语,不过他们似乎都来自不同的国家。我想跟他们说话,但喉咙上的管子让我发不出声音。不说别的,我的左眼首先就一片模糊,他们每个人看上去都像有两个鼻子、两双眼睛。我脑中冒出无数疑问:*我在哪里?是谁带我来的?我父母在哪儿?父亲还活着吗?*我害怕极了。

我醒来时贾维德医生在场,后来他告诉我,他永远也忘不了我那副夹杂着恐惧和困惑的表情。他用乌尔都语对我说话。我唯一能确信的,是真主给了我第二次生命。一位戴头巾的女士亲切地握住我的手,对我说:"*Asalaamu alaikum.*[1]"这是我们穆斯林的传统问候语。然后她开始用乌尔都语祈祷,吟诵《古兰经》中的诗句。她告诉我她叫蕾哈娜,是一名穆斯林牧师。她的嗓音柔和而温暖,我听着听着,又沉入了梦乡。

梦中,我并不在医院。

第二天,我再次醒来,发现自己躺在一个奇怪的绿色房间里,室内灯光如昼,没有窗户。这是伊丽莎白女王医院的一间重症监护室。

---

[1] 穆斯林常用的问候语,字面意思是"和平降临于你",用法相当于"你好"。

这里的一切都是那么干净、光洁，跟明戈拉的医院截然不同。

一位护士递给我一支笔和一块写字板。但我没法好好写字，每个字都写得歪歪扭扭。我想写下父亲的电话号码，但写出来的字全都挤在一起。贾维德医生给我带来一块字母板，让我指着字母拼写。我最先拼出的词是"父亲"和"国家"。护士告诉我，我此刻在伯明翰，但我并不知道伯明翰在哪里。后来他们给了我一张地图，我才知道伯明翰是在英国。我完全不知道发生了什么。护士们个个都对我守口如瓶，连我的名字都不肯说。我还是马拉拉吗？

我头痛欲裂，医生们注射的镇痛剂都无法缓解。我的左耳流血不止，左手也有种古怪的感觉。护士和医生不断进进出出。护士们向我提问，告诉我眨两下眼睛就代表"是"。没人告诉我发生了什么，也没人告诉我是谁送我来这家医院的。我想他们自己大概也不知道答案。我感觉左脸有些麻木。如果我盯着护士或医生看得太久，左眼就会流泪。我的左耳似乎什么也听不见，我也没法正常移动下巴。我做了个手势，让人们站到我右边说话。

随后来了一位女士，叫菲奥娜医生，她非常亲切，送给我一只白色的泰迪熊。她说我可以给它起名朱奈德，原因她之后再跟我解释。但我不知道谁是朱奈德，所以就叫它莉莉。菲奥娜医生还带给我一本粉色练习本，让我用它写字。我用笔写下的头两个问题是"我父亲为什么不在"和"我父亲没钱，医疗费谁付"。

"你父亲很安全。"她回答，"他在巴基斯坦。你不用担心医疗费的问题。"

每进来一个人，我都会重复这两个问题，他们的回答也都一样。但我并不信服。我不知道自己经历了什么，而且我谁也信不过。要是父亲真的没事，他为什么不在这里？我以为父母不知道我在哪里，说不定正在明戈拉的广场和集市上四处寻找我的下落。我不相信父母都没有危险。在最初那段日子里，我的思绪总飘浮在梦境与现实之间。

我不断回想起这样一个片段：我躺在床上，数不清的人把我围在中间，而我在问："我父亲在哪里？"我感觉自己好像遭到了枪击，但并不确定——这些片段究竟是梦境还是记忆？

我总忍不住去想这些治疗得花多少钱。我得到的奖金几乎花光了，用来负担学校的开支和我们在香格拉老家村里买地的费用。每次看到医生互相交谈，我就觉得他们说的是："马拉拉没钱，付不起医疗费。"其中有位医生是波兰人，看上去总是满面愁容。我以为他是医院的老板，为我付不起医疗费而发愁。于是我用手势示意护士帮我取一张纸来，在纸上写道："你为什么难过？"他回答说："没有，我并不难过。""谁来付钱？"我继续写道，"我们家没钱。""别担心，费用由你们的政府支付。"他说。从此，他每次见我都面带微笑。

我一向喜欢想办法解决问题，所以我想，我也许可以走到医院前台，提出要打电话给父母。我大脑的第一反应却是：*你付不起电话费，你也不知道巴基斯坦的国际代码。*然后我又开始琢磨：*我要出去打工赚钱，买手机打电话给父母，这样我们一家就能再次团聚。*

我脑中一片混乱，一切都混淆在一起。我以为菲奥娜医生本来送了我一只绿泰迪熊，但后来换成了白的。"那只绿泰迪熊呢？"我不停地问，尽管人们不厌其烦地告诉我并没有什么绿色的泰迪熊。我念念不忘的绿色，很可能只是重症监护室墙上的反光，但我依然相信那只绿泰迪熊真的存在。

我老是想不起英文单词。在一张给护士的字条上，我写着"剔牙的钢丝"。我指的是牙线，因为我感觉牙缝里塞了东西。但这其实跟牙齿没有关系，而是因为我的舌头知觉麻木。只有蕾哈娜来看我时，我才会比较平静。她会诵读关于疗愈的祷词，听她读到某些地方，我也会跟着翕动嘴唇，并且在祈祷结束时做出"阿敏"（*amin*）的口型（相当于我们穆斯林的"阿门"）。电视一直没打开过，只有一次，他们给我看《厨艺大师》，我以前在明戈拉经常看这个节目，特别喜欢，但这次我只觉得一切都恍恍惚惚。后来我才知道，医院不允许任何人带报纸给我或告诉我发生了什么，担心这会引发精神创伤。

我特别害怕父亲已经不在人世，于是菲奥娜医生给我带来一份一星期前的巴基斯坦报纸，上面有一张父亲跟卡亚尼将军谈话的照片，在他们身后，一个裹着披肩的身影跟我弟弟坐在一起。我只能看见她的脚。"那是我母亲！"我写道。

那天晚些时候，贾维德医生带着一只手机走进病房。"咱们要给你父母打个电话。"他说。我听了，顿时兴奋得两眼放光。"不要哭，也别流泪。"他叮嘱我。他说话的语调有点生硬，但人特别亲切，像已经认识我很久似的。"我会把手机给你。你得坚强一点。"我点点头。他拨通电话，讲了几句，然后把手机递给我。

电话那头传来父亲的声音。我还插着管，没法说话。但听到他的声音，我欣喜若狂。由于面部麻木，我没法微笑，但我心里仿佛有一抹笑容。"我很快就过去找你。"父亲许诺，"你好好休息，我们过两天就去了。"后来他告诉我，贾维德医生叮嘱他一定要忍住眼泪，哭泣只会让我们更伤感。医生希望我们能为彼此坚强。我们通话时间不长，因为父母不想把我累坏。母亲一直在电话那头祈祷，为我祝福。

我依然深信家人没跟我一起来英国，是因为父亲负担不起我的医疗费用。这也能解释他为什么还留在巴基斯坦，他肯定打算卖掉村里那块地，再把学校卖掉。但我们那块地很小，学校的校舍和我家的房子也都是租的，他还有什么可以变卖的呢？说不定他正在从有钱人手中借债。

尽管通了电话，但我父母还是不能彻底放心。他们并没真正听到我的声音，况且他们依然与世隔绝。拜访他们的人总是带来自相矛盾的消息。其中一位访客是少将先生（斯瓦特总指挥官），斯瓦特军事行动的领导者。"从英国传来了好消息。"他告诉父亲，"听说我们的女儿活下来了,我们大家都很高兴。"他管我叫"我们的女儿",因为我现在俨然成了国民女儿。

少将告诉我父亲,军方正在斯瓦特地区逐户排查,并监控了边境。他说他们知道袭击我的人来自一个由二十二名塔利班武装分子组成的团伙,跟两个月前袭击扎希德·汗的是同一伙人,扎希德·汗就是我父亲那位遭到枪击的朋友。

父亲一言不发,但满腔愤慨。军方此前一直声称塔利班早已在明戈拉绝迹,自诩彻底铲除了塔利班势力。现在这位少将却告诉他,我们城里有二十二名塔利班武装分子,而且至少已经存在了两个月之久。此前军方还一口咬定扎希德·汗遇袭是因为家庭纠纷,跟塔利班无关。现在他们又说我跟他一样,是被同一伙塔利班袭击。父亲很想质问他:"你们两个月来一直知道河谷里存在塔利班,也明知道他们想杀我女儿,为什么没有出手阻止?"但他意识到,这么问对他不会有任何好处。

将军还带来了更多的消息。我恢复了意识,这是好事,但我的视力受了损伤。父亲感到困惑。这位军官为什么会比他这个父亲知道的还多?父亲很担心我会失明。他想象自己心爱的女儿有如此明媚的面庞,却只能终生行走在黑暗之中,边走边问"爸爸,我现在在哪儿"。这个消息实在可怕,他都不敢告诉母亲,尽管他通常很难保守秘密,尤其是在她面前。他转而对真主说:"我接受不了这个。我要把一只眼睛给她。"但紧接着,他又开始担心自己已经四十三岁,可能视力也不怎么好。那晚,他彻夜难眠。第二天一早,他就问负责安保的少校能不能把手机借给他,他想给朱奈德上校打个电话。"我听说马拉拉失明了。"父亲焦虑地说。

"瞎说。"上校回答,"她要是还能读写,又怎么会看不见呢?菲奥娜医生一直在告诉我最新进展,马拉拉写的第一张字条就问到了你。"

第二次生命　　225

在遥远的伯明翰，我不但看得见，还很想照照镜子。"镜子。"我在粉色练习本上写道——我想看看自己的面容和头发。护士们给了我一面白色的小镜子，我直到今天还保留着它。看到镜中的自己，我惶恐不安。我曾不惜时间精心打理的长发不见了，而且我的左半边脑袋上连一根头发也没有。"现在我的头发很小[1]。"我在本子上写道。我一开始还以为我的头发是被塔利班剪掉的，但它其实是被巴基斯坦那些铁面无情的医生剃掉的。我的五官变得扭曲，像被人拽往一边似的。我左眼上方还有一道疤痕。

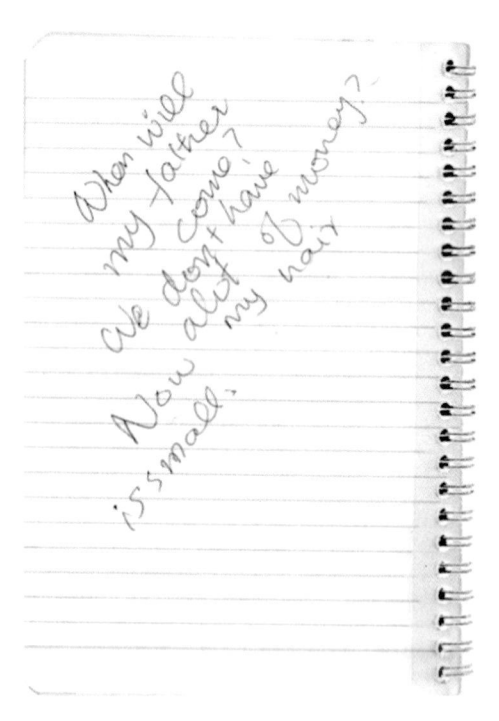

我父亲什么时候来？我们没钱。现在我的头发很小。

---

[1] 受伤后，马拉拉的语言表达能力受到影响，这些错别字旨在还原她混乱的措辞。

"这是谁干的?"我写道,字迹依然歪歪斜斜,"我怎么了?"

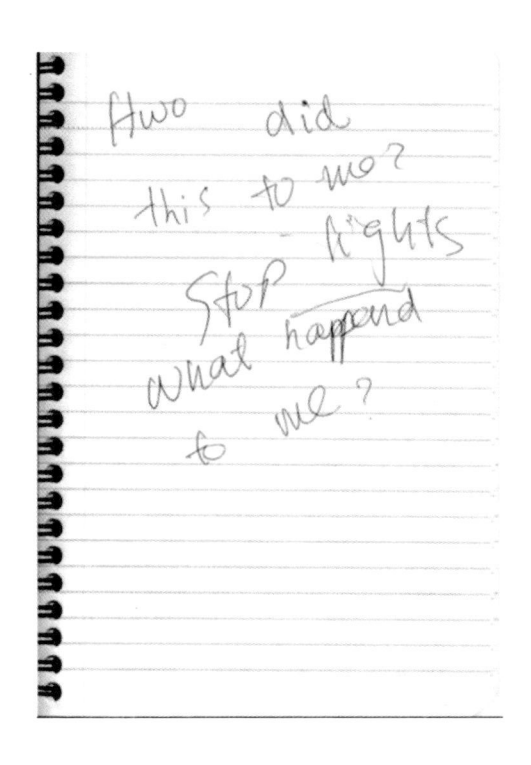

我还写了"关灯",因为明亮的灯光刺得我头疼。

"你遇上了非常可怕的事。"菲奥娜医生说。

"我中枪了吗?我父亲中枪了吗?"我写道。

她告诉我,我在校车上遭遇了枪击。她还说另外两位朋友也中了枪,但我就像从没听过那两个名字似的。她解释说子弹从我左眼的伤疤处射入,向下钻了十八英寸[1],最后停留在我的左肩。它完全可能射穿我的眼睛或钻进我的大脑,我能活下来是个奇迹。

1　约45.7厘米。

我听完并没有什么感觉，也许只觉得心里有块石头落了地。"这么说他们还是动手了。"我想。我唯一遗憾的，是没能在他们开枪之前跟他们说几句话。而现在，他们永远不会知道我当时想说什么了。我对开枪打我的人毫无恨意——也完全不想报仇——我只想回斯瓦特。我只想回家。

随后，一些画面开始在我脑中晃动，但我分不清哪些是梦境哪些是现实。我记忆中的枪击过程跟真实情况有很大出入。我记得自己是在另一辆校车上，跟父亲、朋友和另一个叫古尔的女生坐在一起。我们正行驶在回家的路上，沿途突然冒出两个穿黑衣的塔利班。其中一个人用枪指着我的头，一枚小小的子弹破膛而出，钻入我体内。梦中，他们还对父亲开了枪。然后一切归于黑暗，我躺在担架上，四周围满了人，简直人山人海，我一直在用眼睛四处搜寻，寻找着父亲。终于，我捕捉到他的身影，想跟他说话，却发不出声音。有时，我会梦见自己在不同地点中枪，在伊斯兰堡的真纳市场，或是在明戈拉的奇纳巴扎。还有一些时候，我甚至会梦到连医生都是塔利班。

我越来越清醒，开始想了解更多细节。医院一般不允许带手机进病房，但菲奥娜医生专门从事急救工作，所以总是带着她的苹果手机。我会趁她把手机放在一旁时拿起它，在谷歌上搜索自己的名字。这对我来说相当困难，因为我视线模糊，看什么都是重影，总是输错字母。我还想查看电子邮件，却怎么也记不起密码。

第五天，我能说话了，但声音听上去像不属于我似的。蕾哈娜来看我时，我们开始从伊斯兰的角度讨论这起枪击。"他们朝我开枪。"我对她说。

"没错，正是这样。"她回答，"在伊斯兰世界，太多人无法相信一个穆斯林竟会犯下这种暴行。比如我母亲，就会说他们绝不是真正的穆斯林。有些人以穆斯林自居，行为却违背了伊斯兰的教义。"我们谈到每件事情背后都有不同原因，而这件事恰好就发生在我身上。

我们也谈到接受教育的权利不应该独属于男性，女性也应该拥有，这才符合伊斯兰教义。我是在为捍卫自己作为一名穆斯林女性应得的受教育权而大声疾呼。

一能开口说话，我就用贾维德医生的手机跟父母通了电话。我担心自己的声音会很奇怪。"我的声音变了吗？"我问父亲。

"没有。"父亲说，"你的声音还跟以前一样，如果真有变化，也只是变得更好听了。你感觉怎么样？"

"还行。"我说，"不过我的头实在太疼了，我都快疼得受不了了。"

听我这么说，父亲担心极了。我想，等挂了电话，他的头说不定会疼得比我还要厉害。后来每次通话他都会问："头疼好些了吗？还是加重了？"

我每次都会说："我挺好的。"我不想让他难过。就连医生给我头上的伤口拆线，又往我脖子上打了一大管针药的事，我都没跟他抱怨一声。"你们什么时候来呢？"我不断地问。

那时，他们已经在拉瓦尔品第那家医院附属的军队招待所困了一个星期，没有任何人来通知他们什么时候可以去伯明翰。母亲几近绝望，对父亲说："要是明天还没有消息，我就绝食抗议。"那天傍晚，父亲找负责他们安保的少校说明了情况。少校显得有些不安。不到十分钟，父亲就得知上面已经做出安排，会在当天晚些时候将他们转往伊斯兰堡。这么说，一切想必都已经安排妥当了吧？

父亲回到母亲身边，称赞道："你真是个了不起的女人。我一直以为只有马拉拉和我是活动家，但其实你才最知道该怎么抗议！"

他们被安置在伊斯兰堡的克什米尔之家，一家专门接待议员的招待所。安保措施依然十分严格，连父亲请理发师来给他刮胡子都有一位警察全程坐在一旁，确保那人不会趁机割开父亲的喉咙。

不过现在我父母至少拿回了自己的手机，我们通话方便了不少。

贾维德医生每次都会提前告诉父亲我什么时候可以打电话，确保他会留出时间。但医生拨号之后电话又总是占线。父亲无时无刻不在打电话！我飞快地背出母亲的十一位手机号码，贾维德医生都听呆了，立刻意识到我的记忆没有受损。但我父母依然不明白他们为什么还不能飞到我身边。贾维德医生也对此疑惑不解。见我父母也不知道原因，贾维德医生打了一通电话，发现问题不在军方，而在政府。

事后，他们发现，内政部长拉赫曼·马利克并没有全力帮助我父母第一时间坐上飞往伯明翰的航班，与他们病中的女儿团聚。相反，他盘算着与他们同行，好在医院里一起开一场新闻发布会，而做这些安排需要一定的时间。他还希望确保我们不会向英国寻求政治庇护，那会让他的政府难堪。最后，他干脆直接问我父母有没有这个打算。这很可笑，因为我母亲根本不知道什么是政治庇护，父亲也从没考虑过这件事——他的心思完全不在这里。

父母住进克什米尔之家后，索尼娅·沙希德来看他们。她是我们的朋友西扎的母亲，西扎就是安排我们学校的女生游览伊斯兰堡的人。索尼娅还以为我父母已经跟我一起去了英国。发现他们居然还在巴基斯坦，她特别震惊。我父母告诉她，他们被告知去伯明翰的机票已经售罄。索尼娅一得知我遇袭，就立刻赶到了白沙瓦，给母亲带来了莫大的安慰。他们离开斯瓦特时没带什么衣物，索尼娅就给他们送来一些，顺便把扎尔达里总统办公室的电话号码给了父亲。父亲打去电话，留了口信。总统当晚就跟他通了电话，承诺会尽快把事情办妥。"我也尝过骨肉分离的滋味。"总统说着，谈起了他那几年的牢狱生活。

得知家人会在两天内抵达伯明翰，我提出一个请求。"把我的书包带来。"我恳求父亲，"不回斯瓦特去取也没关系——那就再帮我买几本新书，3月我就要参加委员会考试了。"我自然想考全班第一。我尤其需要物理教材，因为这门课对我而言很难，我还得练习算数，因为我数学也不是很好,不大擅长解数学题。

我以为等到 11 月,我肯定已经回家了。

*　　　*　　　*

然而,我父母过了十天才来到我身边。那十天,我在医院度日如年。等待非常无聊,我睡得也不好。我总是盯着房间里的时钟。时间一分一秒地流逝,让我确信自己还活着,而且我有生以来第一次发现,我也是能早起的。每天清晨,我都盼着快到七点,因为七点护士会来。护士们和菲奥娜医生会陪我玩游戏。伊丽莎白女王医院不是儿童医院,他们就从别处弄来一台游戏机,里面有许多游戏。我最喜欢的一款是四子棋。我和菲奥娜医生总是打成平手,但其他人都不是我的对手。护士们和医院的员工都同情我独在异乡,远离家人,所以对我格外照顾,尤其是乐呵呵的运营总监伊玛·乔杜里,还有护士长朱莉·特雷西。他们会坐下来,握住我的手。

我只从巴基斯坦带来一件衣物,一条米色披肩,那是朱奈德上校托菲奥娜医生转送给我的礼物。于是医生和护士们就上街给我添置新衣。但他们完全不知道我的穿衣风格有多保守,也不知道一个来自斯瓦特河谷的十几岁少女会穿什么。他们去了 Next[1] 和英国家居店[2],扛回来几大袋 T 恤、睡衣和袜子,连内衣都有。伊玛问我要不要沙尔瓦·卡米兹,我点点头。"要什么颜色呢?"我当然选了粉色。

他们担心我吃得太少。但我不喜欢医院的餐食,也担心那不是清真食品。我唯一肯吃的是营养奶昔。不过护士长朱莉发现我喜欢吃

---

1 英国平价服装零售巨头,主营男女服饰、童装、时尚的家具以及家居用品。
2 英国百货连锁店,主营服装和家居用品。

芝士粟米条，会给我准备一些。"你喜欢吃什么呢？"他们问我。"炸鸡。"我这样回答。伊玛在小希思找到一家清真肯德基店，每天下午都去给我买炸鸡和薯条。有一天，她还给我做了一顿咖喱大餐。

为了让我有事可做，医院给我送来一台DVD机。他们带来的第一批碟片中有《我爱贝克汉姆》，这部电影讲述了一个信奉锡克教的女孩挑战本民族的文化规范，坚持从事足球运动。他们觉得我肯定会喜欢这种励志故事。但我看到女孩们脱掉上衣、只穿运动内衣训练，惊掉了下巴，赶紧请护士把画面关掉。后来他们改给我看动画片和迪士尼电影。我刷完了三部《怪物史莱克》，还看了《鲨鱼黑帮》。我的左眼依然视线模糊，所以每次看电影，我就把左眼挡住；我的左耳也常常出血，我得不停往里塞止血棉球。有一天，我拉起一位护士的手放在自己肚子上，问她："这里为什么有个肿块？"我的肚子又鼓又硬，我不知道这是什么原因。

"那是你的头盖骨啊。"她回答。我听了非常震惊。

能讲话之后，我也开始试着恢复走路。躺在床上时，我并没觉得四肢有任何异样，只有左手略显僵硬，因为子弹曾停在我左侧的肩胛骨上。所以，我一直没发现自己现在连走路都成问题。头几步我走得非常吃力，像跑了一百公里。医生说我会康复的，只是需要做大量的理疗，好让我的肌肉恢复运转。

有一天，另一个菲奥娜——菲奥娜·亚历山大——来到病房，她是伊丽莎白女王医院的新闻官。我觉得这有点好笑。我很难想象斯瓦特中心医院会需要专门设一个新闻处。直到见到她，我才意识到自己吸引了多少关注。按理说，我从巴基斯坦飞往英国的消息应该是严格保密的。但从巴基斯坦流出了一些我启程前往英国的照片，媒体很快查明我的目的地是伯明翰。没过多久，天空新闻的一架直升机开始在医院上空盘旋，两百五十名记者从世界各地赶来，有些甚至来自遥远的澳大利亚和日本。菲奥娜·亚历山大当过二十年记者，也曾

232　第五部

在《伯明翰邮报》担任编辑，很清楚该如何向媒体提供素材，同时防止他们擅自进入医院。医院开始每天定期发布关于我治疗情况的新闻简报。

许多人直接出现在医院，想来探望我——其中有政府官员、外交官、政治家，甚至包括坎特伯雷大主教的特使。大多数人带来了鲜花，有些还非常精美。有一天，菲奥娜·亚历山大给我带来一大袋卡片、玩具和照片。那天刚好是开斋节，也就是我们穆斯林重要的宗教节日大尔德节，所以我一开始还以为这些都是穆斯林同胞送来的礼物。接着，我看到了邮戳上的日期，10月16日、10月17日，都是好几天前的，我这才意识到这些礼物跟开斋节无关。它们是世界各地的人们寄来祝我早日康复的礼物，很多都来自学龄儿童。我惊呆了，菲奥娜笑道："这还只是冰山一角呢。"她告诉我，这样的袋子还有很多只，他们总共收到大约八千张卡片，很多都只写着"伯明翰医院，马拉拉收"。其中一张甚至写着"伯明翰，头部中枪的女孩收"，不过它还是被寄到了这里。有人提出想收养我，就跟我没有父母似的，还有一个人甚至向我求婚。

蕾哈娜告诉我，全世界有千千万万的成人和儿童支持我，为我祈祷。那一刻，我意识到，是大家拯救了我的生命。我活下来是有原因的。人们还送来一些别的礼物，有一盒又一盒巧克力，还有造型不一、大小各异的泰迪熊。而这些礼物中最珍贵的，大概要数贝娜齐尔·布托的子女比拉瓦尔和巴赫塔瓦尔寄来的包裹，里面是他们的母亲生前用过的两条披肩。我把鼻子埋进披肩里，希望能闻到她的体香。后来，我在其中一条披肩中找到一根长长的黑发，这让我的礼物显得愈加珍贵。

我意识到，塔利班对我犯下的罪行让全世界看到了我的抗争。当我还躺在病床上，等着在这片崭新的土地上迈出第一步时，联合国教育特使、英国前首相戈登·布朗已经以"我是马拉拉"为口号发起请愿，呼吁在 2015 年之前让世界上的每一个孩子都享有受教育的机会。全球的国家元首、政府要员和电影明星纷纷向我寄语，其中一条留言来自一位女士，她是我们省最后一任英国总督奥拉夫·卡罗爵士的孙女。她在信中表示惭愧，因为尽管她祖父能说流利的普什图语，她自己却不会用这种语言读写。碧昂斯也给我写了一张卡片，还把它分享在自己的脸书上；赛琳娜·戈麦斯在推特上发了一条关于我的推文；麦当娜为我唱了一首歌。就连我最喜欢的女演员兼社会活动家安吉丽娜·朱莉都给我发来祝福，我简直等不及要把这件事告诉莫妮巴了！

当时我还不知道，我不会回家了。

24 "他们夺走了她的笑容"

父母启程飞往伯明翰那天,我搬出了重症监护室,住进了519号病室的4号房间。这个房间有窗户,我第一次看到窗外的英国。"山呢?"我问。那天雾气沉沉,还飘着雨,所以我以为山也许被云雾遮住了。那时我并不知道这里天无三日晴。放眼望去,只能看到房屋和街道。所有的房子都以红砖砌成,看上去一模一样。街上的一切都显得那么平静而秩序井然,看到这里的人们生活得如此恬淡从容,我心里有说不出的滋味。

贾维德医生说我父母就快到了,帮我把床调高,这样我到时候就能坐着跟他们打招呼。我激动万分。从我喊着"再见"跑出明戈拉的家门那天早上起,已经过去了整整十六个日夜。这期间,我换了四家医院,辗转了几千英里。这十六天就像十六年那么漫长。门开了,我听见熟悉的声音叫着"贾尼"和"皮硕",他们就在我眼前,他们亲吻着我的手,像生怕把我碰碎似的。

我再也抑制不住眼泪,开始放声大哭。独自住院这段日子,我一次也没哭过,即使脖子上挨了那么多针,头上还拆了钢钉,也没流一滴眼泪。可现在,我的眼泪决堤。我父母也泣不成声。那种感觉,就像有人突然移开了压在我胸口的巨石。现在,我感到一切都在慢慢变好。连见到弟弟胡什哈尔都让我很高兴,我正缺个吵架的对手呢。"我们很想你,马拉拉。"弟弟们说,尽管他们的注意力不久就被那一大堆泰迪熊等礼物吸引了。胡什哈尔很快跟我吵了起来,因为他拿走了我的笔记本电脑,用它来打游戏。

父母的模样令我错愕。他们从巴基斯坦远道而来,刚刚结束长途飞行，旅途劳顿，一脸倦容。但这还不是全部——他们似乎老了许多，都长出了白发。他们试着掩饰，但我看得出来，我的模样也让他们心神不宁。他们进来之前，贾维德医生跟他们打过预防针："马拉拉现在只恢复了百分之十，还有百分之九十得再接再厉。"但他们并不知道我有半张脸都不能动弹，也不能微笑。我的左眼鼓出眼眶，头发被剃去一半，嘴歪向一边，像被人拽着似的，笑起来只会一脸苦相。我的大脑仿佛忘记了我还有半张左脸。我还有一只耳朵听不见声音，说话也口齿不清，像个牙牙学语的孩子。

我父母被安排住在大学宿舍，跟学生们住在一起。医院管理层认为让他们住在医院会不太方便，因为他们容易被记者包围。我正处在康复的关键阶段，院方希望能尽量保护我们。他们的行李很少，只有身上那几件衣服和西扎的母亲索尼娅送给他们的东西，因为10月9日离开斯瓦特时，他们并不知道自己不会回去。回到住处，我父母像孩子那样号啕大哭。我一直是个快乐的孩子。父亲总是得意地跟人说起我"天使般的笑容、天籁般的笑声"。而现在，他痛惜地告诉母亲："她失去了那张美丽对称的脸，那张明媚耀眼的脸；她失去了笑容和笑声。塔利班真是残忍——他们夺去了她的笑容。"他还说，"没了眼睛和肺还可以移植，但笑容没了，就再也找不回来了。"

问题出在一条面部神经上。在那个阶段，医生们还不能断定它仅仅是受损还是已经彻底断裂。我安慰母亲，告诉她即使脸不再对称，我也不会在意。这可是我呀，一个曾经那么在意外表、那么注重发型的人！但当你见过死亡的模样，你的想法就会改变。"就算我不能正常地微笑或眨眼也不要紧。"我告诉母亲，"我还是我，还是那个马拉拉。重要的是真主把生命留给了我。"但每次他们来医院看到我在笑或试图微笑，母亲的脸都会突然一沉，仿佛蒙上了阴影。我们就像一对相反的镜像——我一露出笑容，母亲就面露忧伤。

父亲望向母亲，而她仿佛用眼神在问：*马拉拉为什么会变成这*

样?这个被她带到世上的女孩,这个十五年来一直在微笑的女孩。有一天,父亲问母亲:"佩凯,你跟我说实话。你对这件事怎么看——你觉得是我的错吗?"

"不,卡什塔。"她回答,"你又没教马拉拉去偷去抢,去杀人犯罪。这是一项崇高的事业。"

话虽如此,父亲还是担心我今后每次微笑都会让我们想起枪击。但他们发现这并不是我唯一的变化。在斯瓦特时,我是个脆弱敏感的孩子,为一点小事就能哭哭啼啼。但在伯明翰的医院,我再疼也不吭一声。

医院谢绝其他访客探视,尽管探视的请求多得令他们应接不暇。他们希望我安心养病,不受外界打扰。父母到达四天后,几位政界人士来到医院,他们来自三个救助过我的国家——包括巴基斯坦内政部长拉赫曼·马利克、英国外交部长威廉·黑格和阿联酋外交部长谢赫·阿卜杜拉·本·扎耶德。院方拒绝让他们进入病房,不过医生向他们介绍了我的情况,他们也见到了我父亲。见完几位政要,父亲心情沮丧,因为拉赫曼·马利克叮嘱他:"告诉马拉拉,她应该对全国人民露出笑容。"部长并不知道,我什么都不怕,唯独这件事对我来说难于登天。

马利克告诉我们,袭击我的人叫阿塔乌拉·汗,是塔利班成员,他2009年曾在斯瓦特军事行动中被捕,但短短三个月后就获释了。有报道称,他拥有杰汉泽布大学的物理学学位。马利克说,枪杀我的计划是在阿富汗制订的。他说政府悬赏一百万美元捉拿阿塔乌拉,一定要将他捉拿归案。但我们很怀疑他们能否做到,因为从没有一名行凶者被绳之以法——杀害贝娜齐尔·布托的凶手没有,为杀死齐亚将军不惜制造空难的人没有,谋杀我国第一任总理利雅卡特·阿里·汗的凶手也没有。

枪击事件发生后,只有两人被捕——一个是我们可怜的司机、亲

第二次生命

爱的奥斯曼大哥,另一个是我们学校的会计,只因为他接听了奥斯曼大哥打来通知他发生了枪击的电话。会计在几天后获释,奥斯曼大哥却一直被关押,因为军方号称需要他指认凶手。这让我们非常难过。为什么他们逮捕的是奥斯曼大哥,而不是阿塔乌拉?

11月10日,也就是枪击发生后的一个月零一天,联合国宣布将把每年的7月12日定为"马拉拉日"。我并没特别在意,因为我正在为第二天那场重要的手术做准备,届时医生们会帮我修复面部神经。他们用电磁脉冲做了测试,神经没有反应,他们据此认定神经已经断裂,必须尽快手术,否则我的脸会永久瘫痪。院方照常向媒体通报了最新的治疗情况,但为了避免外界干扰,他们没有透露要做手术的消息。

11月11日,我被推进手术室,为我主刀的是一位名叫理查德·欧文的外科医生。他向我解释,这条神经控制着半张脸,让我可以睁闭左眼、动鼻子、扬起左侧的眉毛,还有微笑。修复这条神经的工作无比精细,耗时长达八个半小时。医生首先帮我清理了耳道里的疤痕组织和骨骼碎片,发现我左耳的鼓膜受损。接着,他沿着那条神经进行修复,从它进入颅腔的那块颞骨一直追溯到它的出口,沿途清理了无数限制我下巴活动的骨骼碎片。他发现在这条神经钻出颅骨的位置有整整两厘米的缺失,于是决定改变它的路径,从绕道耳后改到耳前,以弥补缺口。

手术非常顺利,但我的左脸足足过了三个月才慢慢恢复知觉。我每天都举着我的小镜子做面部运动。欧文医生告诉我,再过六个月,神经就会开始运作,不过无法完全复原。我很高兴自己不久就能微笑、眨眼了。每过一个星期,我父母就会发现我的表情又丰富了一些。虽然脸是我的,但看到它恢复正常,最开心的还是我的父母。事后,欧文医生告诉我,在他二十年的手术生涯中,这次手术的结局是他见过最理想的,多达百分之八十六的神经功能得到了恢复。

手术的另一个喜人成果，是我的头疼终于有所缓解，我又重新开始阅读了。我从《绿野仙踪》读起，这是戈登·布朗送我的一大摞书中的一本。我喜欢多萝西的故事，喜欢看她尽管归心似箭，却依然会停下脚步去帮助那些有需要的人，像胆小的狮子和生锈的铁皮人。她必须克服千难万险，才能抵达她要去的地方，我想，在实现自己目标的路上，你注定会遭遇重重阻碍，而你必须坚持走下去。我读得心潮澎湃，一口气读到最后，还把这个故事讲给父亲听。他开心极了，因为他觉得我既然能复述这么详尽的细节，记忆力应该不成问题。

我知道父母很担心我记忆力受损，因为我告诉他们自己一点也不记得枪击时的情形了，还老是想不起朋友们的名字。他们的担忧溢于言表。有一天，父亲问我："马拉拉，能给我们唱一首普什图语的塔帕吗？"我唱了我们都喜欢的那句："如果你的旅途始于毒蛇的尾尖，蛇头的毒海就是你的终点。"我们认为这句话正好影射了巴基斯坦当局，他们起初利用激进分子，现在又深陷自己制造的混乱而无法自拔。接着，我说："其实我觉得有首塔帕真该改改。"

父亲来了兴趣。塔帕是我们普什图人千百年来的智慧结晶，内容一般是固定不变的。"你想改哪一首呢？"他问。

"这首。"我说。

که د زلمو نه پوره نه شوه
کرانه وطنه جینکی به دي کتی نه

祖国啊，若男人们赢不下这场战役，
女人们就会英勇杀敌，为你争得荣誉。

我想把它改成：

第二次生命　　　　　　　　　　　　　　　239

که دزلمو نه شوه که نه شوه
کرانه وطنه جینکی به دې ګټی نه

祖国啊，无论男人们是否赢下这场战役，
女人们都会英勇杀敌，为你争得荣誉。

他像以前一样开怀大笑，逢人便讲这个故事。

为了帮助我的胳膊和腿恢复功能，我在健身房刻苦训练，跟着理疗师努力地复健。终于，我的努力得到了回报，12月6日，我第一次走出医院。我告诉伊玛我喜欢亲近自然，于是她安排了两位雇员带我和母亲去医院附近的伯明翰植物园郊游。他们没让父亲同行，认为他常在媒体上露面，很容易被认出来。尽管如此，我还是兴高采烈，因为这是我第一次回到外面的世界，能看一看伯明翰和英格兰。

他们叮嘱我要坐在汽车后座中间，不要靠近窗户，这让我有点恼火：我真想好好看看这个陌生国家的一切。我并没意识到他们这样做是为了确保我的头部不受碰撞。进入植物园，看到葱茏的草木，我开始不可抑制地想家。我不停地说"我们河谷也有这个""我们河谷也有那个"。我为我们河谷那些争奇斗艳的植物骄傲。看到别的游客，我心里五味杂陈，对他们而言，这不过是一次稀松平常的出游。我却感觉自己就像多萝西一样，终于来到了旅途的终点。母亲兴奋极了，打电话告诉父亲："我终于开心起来了。"那天特别冷，我们走进一家咖啡馆，点了美味的茶和蛋糕，一种叫"奶油茶"的东西。

两天后，我迎来了第一位亲属以外的访客——巴基斯坦总统阿西夫·扎尔达里。医院并不希望他来，深知这样的会面足以激发媒体的狂热，但父亲很难拒绝总统的要求。不只因为扎尔达里先生是我们国家的元首，还因为他表示政府将支付我所有的医疗费用，而到我出院时，这笔费用预计将达二十万英镑。政府还帮我父母在伯明翰市中心租了一套公寓，这样他们就可以搬出大学宿舍。见面安排在12月8日星期六，过程犹如《007》电影中的情节。

那天一大早，大批记者就聚集在医院外守候，想当然地以为总统会来医院看我。但实际上，我裹着一件紫色带帽防寒外套被人从员工通道带出来，乘车直奔医院办公室。我们的车径直穿过满是记者和摄影师的人群，他们中的一些人甚至爬到了树上，不过他们似乎都没注意到我。然后我坐在办公室里等待，同时在玩一款名叫《精灵保龄球》的游戏，还打败了我弟弟阿塔尔，尽管我才第一次玩而已。扎尔达里先生和随行人员抵达后被人从后门带了进来。差不多有十人与他同行，包括他的参谋部长、军事秘书，还有巴基斯坦驻伦敦的高级专员，后者接替了菲奥娜医生的工作，在我父母抵达英国之前充当我的官方监护人。

医生们向总统简要介绍了情况，提醒他避免提到我的脸。然后他走进来，跟他最小的女儿、只比我年长几岁的阿西法一起来慰问我。他们送给我一束鲜花。他摸摸我的头，这是我们的传统习俗，父亲却捏了把汗，因为我的大脑没有头盖骨保护，头顶上只覆盖着一层薄薄的皮肤，而且在披巾之下，我的头部还凹了一块。随后，总统坐到我父亲身旁，父亲告诉他，我能来英国治疗是我们全家的幸事。"在巴基斯坦她也许能活下来，但不会有机会康复，而且肯定会毁容。"他说，"而现在，她兴许还能找回她的笑容。"

扎尔达里吩咐高级专员为父亲安排一个教育随员的职位，这样他就能领到一份维持生计的薪水和一本外交护照，不必为留在英国而申请政治庇护。父亲听了如释重负，因为他当时正在为这笔费用发愁。戈登·布朗当时在联合国任职，也问过父亲是否愿意当他的顾问，只是没有报酬。总统说没问题，两个职位他都可以兼任。这次见面后，扎尔达里先生在接受媒体采访时形容我是个"了不起的女孩，是巴基斯坦的骄傲"。但在巴基斯坦，并不是所有人都对我这么支持。尽管父亲一直想瞒着我，但我知道有人在散布谣言，说对我开枪的人其实就是父亲自己，或者说我根本没有中枪，我们不过是自导自演，好名正言顺地移居海外。

2013年的新年，我过得开心极了。1月初，我出了院，终于又能跟家人生活在一起了。那位巴基斯坦高级专员在伯明翰市中心一个现代化的广场上找到一栋大楼，为我们一家租下两套酒店式公寓。公寓位于大楼十层，比我们以前住过的任何地方都高。我开起母亲的玩笑来，因为地震那年我们住的是一套位于二楼的公寓，那时她号称这辈子再也不住楼房了。父亲告诉我，他们刚搬来时母亲害怕极了，甚至说："我会死在这部电梯里！"

能再次团聚，我们一家欣喜若狂。我弟弟胡什哈尔还是一如既往地让人恼火。这两个小男生远离了学校和朋友，整天被关在屋里等我康复，感觉百无聊赖。不过面对各种新鲜事物，阿塔尔还是非常兴奋。我很快发现，我可以对他们为所欲为而不受任何责备。那年冬天异常寒冷，站在宽大的玻璃窗前看雪花飘落的时候，我多希望能像从前在家乡那样，去雪地里尽情奔跑，追逐雪花。有时我们会出去散步，锻炼我的体魄，但我总是很快就累了。

广场上有座喷泉和一家咖世家咖啡，透过咖啡馆的玻璃窗，可以看见男男女女在里面谈天说地，不分性别地共处一室，换作斯瓦特，这简直不可想象。我们的公寓坐落在宽街附近，这条街道非常有名，道路两旁是林立的商铺、夜店和脱衣舞酒吧。我们会去逛那些商店，不过我还是不喜欢逛街。入夜之后，看到街上的女性穿着暴露的服装，我们的眼球都快掉出来了——她们穿着像内裤一样短的热裤，在大冬天也光着腿，脚下的高跟鞋恨不得高到天上。母亲惊恐万状，高呼："Gharqa shoma!"意思是"我快淹死了"。她还一个劲儿地恳求父亲："快带我去迪拜吧，我在这儿待不下去了！"后来我们就拿这个调侃她。她还说:"难道她们的腿是铁打的,所以才不怕冷吗?"

我们被告知周末晚上不能在宽街待得太晚,以免遇到危险。我们不禁哑然失笑。这里难道还能比我们的家乡更不安全?塔利班会在这里砍下路人的头颅吗?我没告诉父母的是,每当有亚裔模样的男人靠近,我都会不寒而栗。我以为每个人身上都带着枪。

我每周都会用 Skype 跟明戈拉的朋友们通一次话,他们告诉我,他们依然在教室里保留了我的座位。老师把我中枪那天的巴基斯坦研究成绩带到了班上。我考了满分 75 分,但鉴于我没参加别的考试,第一名还是属于马勒卡·努尔。虽然我在医院也补了一些课,但我还是担心自己会跟不上进度。如今,马勒卡·努尔的对手只剩莫妮巴了。"少了你,竞争变得索然无味。"马勒卡·努尔说。

我的身体一天天好转,不过手术还没彻底完成。我的头盖骨依然缺了一块,医生也对我的听力有些担忧。出门散步时,我无法在人群中分辨父母说的话。我耳朵里会响起一种只有自己能听见的尖锐杂音。2月2日,星期六,我回到伊丽莎白女王医院接受手术。这次为我主刀的是一位女医生,名叫安文·怀特。她首先从我腹中取出头盖骨,但经过仔细检查,她决定不把它放回原处,因为它的保存状况不佳,可能会引发感染。她转而做了一种名叫"钛合金颅骨整形术"的手术(现在的我知道很多医学术语了),把一块特制的钛合金板安在我头上,用八枚螺丝固定,代替颅骨保护我的大脑。

手术过程中,曾为我修复面部神经的欧文医生也为我左耳受损的鼓膜找到了治疗方案。他把一个叫作"人工耳蜗"的小型仪器放进我的颅内,安置在耳朵附近,还告诉我他们一个月后会把外部装置安在我头上,到时候我就会听见声音。我在手术室里躺了五个小时,接受了三个手术,但我并没有什么特别的感觉,不到五天就出院搬回了公寓。几星期后,我耳后装上了接收器,左耳中第一次传来哔哔哔的声响。一开始,所有声音听上去都是那么机械,但很快,我的听力变得

第二次生命

越来越好。

我们这些凡夫俗子很少能体会真主的伟大。祂赋予我们非凡的大脑,和一颗敏锐有爱的心灵;赐予我们双唇,让我们能倾诉心声,抒发情感;赐予我们双眼,让我们能一睹世界的绚丽多彩;赐予我们双脚,让我们能在人生的道路昂首阔步;赐予我们双手,让我们能劳作与创造;赐予我们鼻子,让我们能感受美好的芬芳;赐予我们耳朵,让我们能聆听爱的话语。失聪的经历让我明白,只有失去一种感官,我们才会意识到这些平凡的能力蕴含着怎样的力量。

我感谢真主把这些兢兢业业的医生带到我身旁,让我恢复健康;感谢祂带我们来到这个世界,让我们在这里勉力求生。有人走上正道,有人误入歧途。一个人用子弹击中了我,令我瞬间大脑肿胀、听力受损,还截断了我左侧的面部神经。但那一秒之后,数百万人为我的生命祈祷,妙手回春的医生帮我找回了健康。我是个善良的女孩,我一心只想帮助他人。这无关奖项或金钱。我总是向真主祈祷:"我想帮助别人,请让我如愿以偿。"

一名塔利班武装分子在一辆校车上对三个女孩近距离开了三枪,却一个也没杀死。这听上去的确不太真实,所以人们都说,我的康复是个奇迹。我朋友莎兹娅,那个身中两枪的女孩,后来拿到了威尔士大西洋学院的奖学金,来到英国读书。我希望凯纳特也能如此。我知道,是真主把我从死亡边缘拉了回来。我仿佛拥有了第二次生命。人们祈求真主饶我不死,而我活下来只为一个理由——我要倾尽生命去帮助他人。每当有人谈起我中枪的经过和当时的情形,我只觉得这故事属于一个名叫马拉拉的人,"那个被塔利班的子弹击中的女孩"。我一点也不觉得这就是我自己的故事。

后记
一个孩子，一位老师，一本书，一支笔……

3月，我们从酒店式公寓搬进一栋租来的房子，住到一条绿树成荫的街上，不过我觉得自己不像在这里常住，倒像在这里露营。我们的物品都还留在斯瓦特，房间里到处是纸箱，装满好心的人们寄来的信件和卡片。有个房间里甚至摆了架钢琴，但我家没人会弹。母亲抱怨墙上描绘的希腊众神、天花板上雕刻的小天使好像都在盯着她看。

我们的房子宽敞而空旷。屋外有道电动铁门，我有时会觉得这就像我们巴基斯坦人说的"替代性监狱"，一种豪华的软禁。屋后有座不小的花园，花园里草木葱茏，还有一片绿油油的草坪，我和弟弟们可以在上面打板球。但我们没法在屋顶上玩耍，街上也没有斗风筝的孩子，邻居们不会进来借一盘米，我们也不会去问人家借两三个番茄。我们跟隔壁那栋房子只有一墙之隔，却感觉它远在千里之外。

有时我望向窗外，会看见母亲在花园里徘徊。她头戴披巾，正在给鸟儿喂食。她看上去像在唱歌，唱的或许就是她最爱的那首塔帕："花园屠鸽，断不可行；杀死一只，吓退一群。"她正用我们昨晚的剩饭喂鸟，眼中有泪光闪动。在英国，我们吃的跟在家里差不多——午餐和晚餐吃米饭和肉，早餐吃炒蛋、恰帕提薄饼，有时还抹点蜂蜜，这种吃法是我弟弟阿塔尔发明的，不过他在伯明翰发掘的最爱是能多益巧克力酱三明治。但我们总是没法把饭菜全部吃完。这让母亲很难过，觉得我们糟蹋了粮食。我知道她想起了那些曾在我家借住的孩子，我们总把他们喂得饱饱的，让他们不用饿着肚子去上学。她一定很想知道他们的近况。

以前在明戈拉，我每天放学回家，家里总是热闹非凡；而现在，我真不明白自己那时为什么总渴望能有一天的安宁，想拥有一点私人空间，好完成学校的作业。这里唯一的声响只有窗外的鸟鸣和胡什哈尔玩 Xbox 游戏机的声音。我独自坐在房间里玩拼图，盼着有客人登门拜访。

我家并不富裕，我父母也尝过饥饿的滋味。母亲从不拒绝帮助别人。曾经有个可怜的女人又热又饿又渴，跑到我家敲门。母亲让她进屋，拿吃的东西给她，这让那女人特别开心。"我敲遍了这个摩哈拉所有的门，只有你愿意给我开门。"她说，"愿真主让你大门常开，无论你身在何处。"

我知道母亲非常寂寞。她特别善于与人交往——以前，邻居家的阿姨们常常在午后聚到我家屋后的走廊上，给人帮工的妇女也会来我家歇脚。如今，母亲时刻都在跟家乡的人煲电话粥。她在这里过得很不容易，因为她一句英语也不会说。我们这栋房子设施齐全，她刚到这里时却感觉它们像一个个谜，我们连烤箱、洗衣机和电视都不会用，还得让别人来教。

父亲还是老样子，从不进厨房帮忙。我揶揄他："爸爸，你嘴上说着女权，却把家务全部丢给妈妈！你连茶具都不洗。"

这里有公交车和火车，但我们不会乘坐。母亲很怀念去奇纳巴扎逛街的日子。自从沙希达·乔杜里可以带她外出购物之后，她的心情好了一点，但还是找不回原来的感觉，而且她也没法跟朋友和邻居们分享自己都买了什么。

每当有敲门声响起，母亲总会惊跳起来——这段时间以来，任何风吹草动都能把她吓一大跳。拥抱我时，她常常忍不住流泪。"马拉拉还在。"她会说。现在我好像不再是她最年长的孩子，而成了最年幼的。

我知道父亲也会哭。他在我撩起头发向他展示伤疤时哭泣，在看见我脸上的伤痕时流泪；他还会从午睡中惊醒，仔细聆听花园里孩子们嬉戏的声音，在辨认出我的声音时如释重负，泪流满面。他知道有人说枪击是他的错，是他把我推上讲台，就像一个热爱网球的父亲拼命想把孩子培养成一个世界冠军，说得好像我没有自己的主见似的。这让他非常痛苦。他辛勤耕耘二十载的事业全被抛在身后——他从零开始创办的学校现在已经拥有三栋教学楼、一千一百名学生和七十位老师。我知道他为自己的成就而骄傲，他这样一个来自黑白两山之间那座小小山村的贫穷少年。他说："这就好比你栽下一棵树，培育它长大——你有权坐在它的树荫下乘凉。"

他毕生的梦想，一是在斯瓦特建立一所大型学校，提供高品质的教育；二是生活在和平之中，见证我们的国家实现民主。在斯瓦特，他凭借自己的奔走呼号与乐善好施赢得了尊重与地位。他从没想过移居国外，所以，看到有人含沙射影地说我们早就盘算着要来英国，他难掩沮丧。"一个为教育奋斗了十八年的人，一个生活美满、家庭幸福的人，你们怎么能只因为他为女孩受教育的权利说了几句话，就把他抛离了原本的生活，像把鱼抛出水面一样？"有时，他又会说，我们已经从"境内流离失所者"变成了"国外流离失所者"（EDP[1]）。我们常在饭桌上谈起家乡，想在心中尽可能多地留住一些东西。我们怀念家乡的一草一木，甚至对那条臭水沟都念念不忘。父亲说："早知道是这样，我就应该像先知（愿主赐福之，并使其平安）离开麦加迁往麦地时那样，回头多看几眼。先知离开前曾不断回首张望。"如今，一些来自斯瓦特的消息听上去已经有些遥远，仿佛来自一个我从书本上读到的地方。

父亲大部分时间都在出席教育方面的会议。如今人们都是因为

1　Externally Displaced Person 的缩写。

我而愿意听他说话，而不是相反，我知道他对此还不太习惯。以前人们是因为他而认识我这个女儿，现在大家则是因为我而认识他这个父亲。去法国替我领一个奖项时，他告诉现场的观众："在我出生的地方，大多数人是因为儿子而出名。我属于极少数幸运的父亲，能因为我的女儿而为人所知。"

我卧室的门上挂着一件时髦的新校服，颜色不再是品蓝，而是深绿，在这所学校，没人需要担心会在上学途中遇袭或有人炸毁学校。到了4月，我已经恢复得很好，可以开始在伯明翰继续上学了。能安心上学的感觉真好，我再也不用像在明戈拉那样提心吊胆，走在路上总是四下张望，怕哪里会突然冒出塔利班。

这所学校很棒。教的许多科目都跟我在家乡学的一样，只不过老师不是用粉笔和黑板上课，而是用PPT课件和电脑。此外，这里还有许多别的课程——音乐、美术、计算机和家政，我们在课堂上学习烹饪，还会在科学课上动手做实验，这在巴基斯坦非常少见。虽说我最近一次物理考试只考了四十分，但物理依然是我最喜欢的科目。我喜欢学习牛顿的故事，了解宇宙赖以运行的基本法则。

但我也像母亲一样，感觉非常寂寞。我来的时间太短，还不足以交到像家乡好友那样的伙伴，学校的女生们对我的态度也有所不同。她们会说："哇，她就是马拉拉。"——在她们心目中，我是"倡导女孩受教育权的社会活动家马拉拉"。而在胡什哈尔学校，我只是马拉拉而已，是大家熟悉的双关节女孩，爱讲笑话，爱用画图的方式解释问题。对了，我还喜欢跟弟弟和好朋友斗嘴！我想每个班级都有一个乖乖女、一个机智过人的天才少女、一个人气爆棚的女孩、一个漂亮的女孩、一个腼腆的女孩、一个不好惹的女孩……不过在这个班级，我暂时还没搞清楚谁是哪个角色。

这里没人能分享我的笑话，所以我就把它们攒起来，留到用

Skype聊天的时候讲给莫妮巴听。每次通话，我总是一上来就问："学校最近有什么新鲜事？"我喜欢听谁和谁又吵架了，谁又被老师狠批了一顿。莫妮巴在最近几次考试中都拿了第一。同学们依然在教室里保留了我的座位，上面写着我的名字。男校的阿姆贾德先生把我的大幅海报贴在校门口，说自己每天早晨上班时都会向我致意。

我向莫妮巴描述英国的生活。我告诉她，这里街上的房子都一模一样，排成一行，不像老家的房子千姿百态、参差不齐、杂乱无章，泥巴和石头搭成的小屋可以跟城堡般的大宅比邻而居。我告诉她这些房子是多么漂亮而坚固，能抵御洪水和地震，却没有可以爬上去玩耍的平坦屋顶。我告诉她我喜欢英国，因为这里的人们遵纪守法，尊敬警察，一切都准时准点。社会事务由政府全权负责，人们不必知道军方领导人的姓名。我见到女性从事着我们在斯瓦特无法想象的工作。她们可以是警察或保安，可以掌管庞大的企业，可以想穿什么就穿什么。

我很少去想枪击的事，尽管镜中的面容每天都会提醒我它的存在。神经手术已经发挥了最大效用，但我还是无法完全复原。我无法正常眨眼，说话时左眼经常会突然闭上。父亲的朋友希达亚图拉告诉他，大家应该为我的眼睛骄傲。"那是她的牺牲所展现的美。"他说。

时至今日，枪手身份依然不明，但有个名叫阿塔乌拉·汗的人自称是他干的。警方还没抓到他，但他们表示调查正在进行，希望能向我询问案情。

尽管我不太记得那天到底发生了什么，但记忆的片段仍会不时闪现，而且来得都很突然。最严重的一次，发生在今年6月，当时我们正在阿布扎比，准备去沙特阿拉伯参加*副朝*（*umrah*）[1]。我陪母亲去了

---

1 朝觐分正朝和副朝两种。正朝在伊斯兰教历12月8日至12日进行。副朝在一年中的其他任何时间都可进行，也不是穆斯林必遵的功课。——编者注

一家购物中心，因为她想为在麦加祈祷专门买一件罩袍。我不想买。我说我就戴自己的头巾，因为教义并没规定女性必须穿罩袍。

穿过购物中心时，我突然看见周围有许多男人。我以为他们都揣着枪守在那里，一见到我就会开枪。我吓坏了，但我尽量不动声色。我告诉自己：*马拉拉，你是跟死亡打过照面的人。这是你的第二次生命。不要害怕——恐惧只会让你裹足不前。*

我们穆斯林相信，当你第一次见到克尔白[1]——那个通体漆黑的立方体，穆斯林心中最神圣的地方——你心中的任何愿望都会被真主实现。于是在面对克尔白祈祷时，我们祈求和平降临巴基斯坦，祈求所有女孩都有学可上。我惊讶地发现自己竟泪流满面。但当我们造访麦加沙漠，去瞻仰先知曾生活和传教的圣地时，我却震惊地看到空饮料瓶和饼干袋散落一地。人们似乎完全不重视保护历史遗迹。我想他们大概已经把那条圣训彻底抛在脑后：保持清洁，即履行了一半的信仰。

我的生活完全变了样。在我们租住的房子里，客厅的架子上摆满我在世界各地获得的荣誉——来自美国、印度、西班牙、意大利、奥地利和其他许多国家。我甚至得到了诺贝尔和平奖提名，成为史上最年轻的候选人。以前在学校因成绩优异而获奖时，我会非常开心，因为那是我努力的成果，这些奖项却不一样。我为获得它们而心怀感激，但它们只会让我更加坚信，要实现让每个男孩、女孩都有学可上的目标，我依然任重而道远。我不想作为"被塔利班枪击的女孩"而为人所知，只希望人们把我视作"为争取受教育权而奋斗的女孩"。为了这项事业，我愿意奉献一生。

---

[1] 克尔白（Kaaba），意即"立方体"或"方形建筑"，是伊斯兰教圣城麦加的禁寺内一座方形石殿，是世界穆斯林礼拜朝向和朝觐中心。

十六岁生日当天，我在纽约联合国总部发表演讲。想到要在这座宽敞的大厅里发言，我有些紧张，这毕竟是那么多世界领袖发表演说的地方，不过我对自己想说的话很有把握。"马拉拉，你的机会来了。"我告诉自己。尽管现场只有四百名听众，但我抬头望去，仿佛看见场外还有数百万人在听。我的讲稿不仅为联合国代表而写，也为全世界每个能为改变现状做出贡献的人而写。我想让每个身陷贫困的人、每个被迫劳动的儿童、每个深受恐怖主义之苦或失去教育机会的人听见我的声音。在内心深处，我希望每个孩子都能从我的话语中汲取勇气，站出来捍卫自己的权利。

我穿着最心爱的粉色沙尔瓦·卡米兹，披着贝娜齐尔·布托的白披肩，呼吁各国领袖为全世界的儿童提供免费的教育。"让我们拿起手中的书和笔。"我说，"它们就是我们最强大的武器。一个孩子、一位老师、一本书和一支笔，足以改变世界。"我并不知道听众的反应，直到我看见人们纷纷起立，开始鼓掌。母亲泪流满面，父亲说，现在，我成了全世界的女儿。

那天还发生了一件事。母亲第一次接受公开拍照。她一生都恪守深闺制度，从没暴露在镜头前面，所以对她而言，这是一次巨大的牺牲，一个艰难的决定。

第二天，我们在酒店吃早餐时，阿塔尔问："马拉拉，我不明白你为什么这么出名。你都做过些什么呀？"在纽约，他更感兴趣的其实是自由女神像、中央公园，还有他最心爱的游戏《陀螺战士》！

那次演讲之后，世界各地的人们纷纷对我表示支持，但在我的祖国巴基斯坦，大多数人却对我抱以沉默。不过我们能从推特和脸书上看到我的巴基斯坦同胞对我的严厉抨击。他们说我站出来发声，不过是因为"小小年纪，就贪图虚名"。其中一个人说："别管什么国家形象，也别管什么学校。她最终会达到她真正的目的：在国外过上锦衣玉食的生活。"

但我对这些言论毫不在意。我知道有些人这么说，是因为他们眼看我国的领袖与政客许下种种诺言，却从不兑现。巴基斯坦的局势非但没有好转，反而每况愈下。无止境的恐怖袭击让全国人民惶惶不可终日。人与人之间的信任荡然无存，但我想告诉大家的是，我并不奢望他们支持我这个人，只希望他们能支持我所追求的和平与教育事业。

这场演讲之后，我收到的最出人意料的一封信来自一位刚刚越狱的塔利班指挥官。他名叫阿德南·拉希德，曾在巴基斯坦空军效力。他因刺杀穆沙拉夫总统未遂而被捕，2003年至今一直在服刑。他说塔利班袭击我并不是因为我倡导教育，而是因为我试图"抹黑（他们）为确立伊斯兰制度而付出的心血"。他表示这次写信给我，是因为他对我遭遇枪击的事感到震惊，他真心希望自己曾事先向我发出过警告。他还在信中说，要是我能回到巴基斯坦，穿上罩袍，去上宗教学校，他们就原谅我的所作所为。

记者们纷纷催我给他回信，我却在想，*这人有什么资格说这种话？*我们又不是塔利班的臣民。这是我的人生，该怎么活由我自己决定。不过穆罕默德·哈尼夫写了一篇文章，指出这封来自塔利班的信起码有一个好处：许多人声称我没有受到枪击，但在这封信中，他们至少承认事情是他们干的。

我知道自己总有一天会重返巴基斯坦，但我每次跟父亲说想回家，他总是顾左右而言他。"不行，贾尼，你的治疗还没结束呢。"他会说。或者是，"这里的学校很棒，你应该在这儿学习知识，让你的语言更有力量"。

他说得对。我渴望学习，渴望接受足够的训练，能熟练地运用知识的武器，这样我就能更好地为自己的事业战斗。

如今人们普遍认识到，接受教育是每个人的基本权利。不仅在西方如此，在伊斯兰世界，教义也赋予了我们这项权利。伊斯兰教认为每个女孩和男孩都应该上学。《古兰经》里写道，真主希望我们拥有知识。祂想让我们知道天空为什么蔚蓝，海洋与星辰究竟是什么。我明白这将是一场艰苦卓绝的战斗——全球有五千七百万名儿童没能进入小学，其中有三千两百万名是女童。可悲的是，巴基斯坦是情况最严重的地区之一：尽管我们的宪法规定每名儿童都有权接受教育，但仍有五百一十万名儿童连小学都没上过。我国有近五千万个成人是文盲，其中三分之二是女性，包括我自己的母亲。

女孩们还在被杀害，学校还在被炸毁。3月，卡拉奇一所我们曾访问过的女校遭到袭击。学校那天本来要举办颁奖典礼，仪式眼看就要开始，一枚炸弹和一枚手榴弹被抛入学校的操场。爆炸造成女校校长阿卜杜勒·拉希德丧生，八名五至十岁的儿童受伤。有个八岁的孩子被炸成残疾。听到这个消息，母亲潸然泪下。"孩子们睡着的时候，我们都舍不得动他们一根头发。"她说，"有人却朝他们开枪、扔炸弹。他们根本不在乎那些受害者还是孩子。"最惊人的一起袭击发生在6月，奎达市有一名自杀式炸弹袭击者炸毁了一辆校车，当时车上坐着四十名女生，正要去一所女校上学。爆炸造成十四人死亡。有人还尾随伤者进入医院，一些护士也遭到枪击。

儿童不仅死于塔利班之手，还死于战乱和饥荒。有时，他们甚至死在家人手中。6月，两名与我同龄的女孩在斯瓦特以北的吉尔吉特被杀，只因为她们把一段视频传到网上，内容是她们身着传统服饰、裹着头巾，在雨中跳舞。开枪打死她们的凶手明显是她们同父异母的兄弟。

如今，斯瓦特比巴基斯坦其他地方都要平静，但塔利班被铲除已经四年有余，军队却依然随处可见。法兹卢拉继续逍遥法外，我们的校车司机仍被软禁在家中。我们的河谷曾是一片游人如织的世外桃源，现在却令人闻之丧胆。外籍人士想来这里旅行，必须先向伊斯兰堡当局申请一份"无异议证明"。酒店和工艺品店门可罗雀。游客不知何年何月才会回归。

这一年来,我有幸游历了许多地方,但在我心目中,我们的河谷依然是世界上最美丽的地方。我不知什么时候才能与它重逢,但我知道自己总有一天会回去。斋月时,我在家中的花园种下一颗杧果种子,不知它现在长成什么样了。我想知道有没有人给它浇水,希望有朝一日,我们世世代代的儿女能享用它的果实。

今天,我望着镜中的自己陷入沉思。我曾祈求真主让我再长高一两英寸,祂却把我捧到天上,高得连我自己都无法度量。为了答谢真主的厚爱,我特地献上一百次自愿拜功,兑现我事先的承诺。

我深爱我的真主,感谢我的安拉。我无时无刻不在向祂倾诉。真主至大。祂将我推到这般高度以打动众人,祂也赋予我沉甸甸的责任。愿每个家庭、每条街道、每座村庄、每个国家都安享和平——这,是我的梦想。愿全世界的男孩和女孩都享有受教育的权利。坐在课椅上跟同学们一起读书,这是我的权利。看到每个人脸上都洋溢着幸福的微笑,这是我的心愿。

我是马拉拉。我的世界变了,但我依然是我。

2013 年 8 月,伯明翰

特殊用语表

阿也提（*aaya*）——《古兰经》中的一节或一节经文。

阿巴（*aba*）——普什图语，对父亲的昵称。

人民民族党（ANP）——Awami National Party，普什图民族主义政党。

巴巴（*baba*）——普什图语，对祖父或老人的昵称。

巴达尔（*badal*）——复仇。

巴比（*bhabi*）——乌尔都语昵称，意为"我兄弟的妻子"。

巴伊（*bhai*）——乌尔都语昵称，意为"我的兄弟"。

恰帕提薄饼（*chapati*）——用面粉和水制作的未经发酵的薄饼。

戴纳（*dyna*）——敞篷货车或卡车。

联邦直辖部落地区（FATA）——Federally Administered Tribal Areas，巴基斯坦与阿富汗接壤的地带，以英国殖民时代开创的间接统治模式管理。

圣训（Hadith）——先知（愿主赐福之，并使其平安）的箴言或教诲。

朝觐（Haj）——指赴麦加朝圣。朝觐是伊斯兰教的五大支柱（"五功"）之一［另外四大支柱是赞念安拉、礼拜、交纳天课（施舍）、斋戒（指斋月期间从早到晚禁食）］。每个有能力负担这趟旅行的穆斯林有生之年都应该朝觐一次。

哈拉姆（*haram*）——有违伊斯兰教教规的。

胡吉拉（*hujra*）——普什图族男性传统的聚会场所。

伊玛目（*Imam*）——地方传教士，在什叶派中特指教派内部宗教领袖。

境内流离失所者（IDP）——Internally Displaced Person，在境内流离失所的人。

三军情报局（ISI）——Inter Services Intelligence Directorate，巴基斯坦最高情报机构。

伊斯兰大会党——Jamaat-e-Islami Party，巴基斯坦保守派政党。

伊斯兰神学者协会（JUI）——Jamiat Ulema-e-Islam，巴基斯坦保守派政党，与阿富汗塔利班联系密切，主张严格实施伊斯兰教法。

贾尼（*jani*）——波斯语，亲爱的。

贾尼·穆（*jani mun*）——波斯语，灵魂伴侣。

圣战（*jihad*）——指为真主而战，或内心的斗争。

支尔格（*jirga*）——部落会议。

卡非勒（*kafir*）——异教徒。

卡什塔（*khaista*）——英俊的人。

汗（*khan*）——地方领主。

开伯尔-普什图省（KPK）——Khyber Pakhtunkhwa，字面意思是"普什图人地区"，2010年以前为西北边境省，是巴基斯坦的四个省份之一。

拉什卡（*Lashkar*）——地方民兵组织。

虔诚军（LeT）——Lashkar-e-Taiba，字面意思为"纯洁之师"。虔诚军是巴基斯坦最古老、势力最强大的军事团体之一，活跃在克什米尔地区，与三军情报局联系密切。

宗教学校（*madrasa*）——教授伊斯兰教义的学校。

大毛拉（*maulana*）、穆夫提（*mufti*）——伊斯兰教学者。

梅玛斯蒂亚（*melmastia*）——热情好客。

摩哈拉（*mohalla*）——社区。

统一民族运动党（MQM）——Muttahida Qaumi Movement，巴基斯坦政党，总部位于卡拉奇，代表 1947 年印巴分治时期从印度逃离的穆斯林。

南（*nang*）——荣誉。

PBUH——愿主赐福之，并使其平安。

巴基斯坦穆斯林联盟（PML）——Pakistan Muslim League，巴基斯坦保守派政党，前身是全印度穆斯林联盟（All India Muslim League），是印巴分治时期唯一的主要政党，1958 年与所有政党一同被禁。

巴基斯坦人民党（PPP）——Pakistan People's Party，佐勒菲卡尔·阿里·布托于 1967 年创立的中左翼政党，后来由其女儿贝娜齐尔·布托领导，目前由贝娜齐尔·布托的丈夫阿西夫·扎尔达里和他们的儿子比拉瓦尔共同领导。

普什图瓦里（*Pashtunwali*）——普什图人的传统行为准则。

皮尔（*pir*）——世袭的圣人。

皮硕（*pisho*）——猫咪。

深闺制度（purdah）——指（女性）与他人隔离居住或幽居深闺，佩戴面纱。

考米（*qaumi*）——民族的。

萨巴尔（*sabar*）——忍耐。

赛义德（*sayyed*）——圣人，自称先知后裔的人。

沙尔瓦·卡米兹（shalwar kamiz/salwar kamiz）——由宽松外衣和长裤组成的传统服饰，男女均可穿着。

苏拉（*surah*）——《古兰经》中的章节。

斯瓦拉（*swara*）——通过交出妇女或少女解决部落争端的做法。

塔利布（*talib*）——宗教学生，也指塔利班武装组织成员。

塔帕（*tapa*）——一种普什图语民间诗歌，一般分为两行，第一行九个音节，第二行十三个音节。

塔尔布尔（*tarbur*）——字面意为"表亲"，但还有一重讽刺含义，指"敌人"。

保卫先知教法运动（TNSM）——Tehrik-e-Nifaz-e-Sharia-e-Mohammadi，1992年由苏非·穆罕默德创立，后由其女婿法兹卢拉大毛拉接手，又称斯瓦特塔利班组织。

巴基斯坦塔利班运动（TTP）——Tehrik-i-Taliban-Pakistan，即巴基斯坦塔利班。

副朝（*umrah*）——额外的麦加朝圣，可在一年中的任何时候进行。

巴基斯坦及斯瓦特大事年表

1947年8月14日——巴基斯坦宣告独立[1]；斯瓦特土邦加入巴基斯坦，但保持自治地位。

1947年——第一次印巴战争爆发。

1948年——巴基斯坦国父穆罕默德·阿里·真纳逝世。

1951年——巴基斯坦第一任总理利雅卡特·阿里·汗遭到暗杀。

1958年——巴基斯坦发生第一次军事政变，阿尤布·汗将军夺取政权。

1965年——第二次印巴战争爆发。

1969年——斯瓦特并入西北边境省。

1970年——巴基斯坦举行首次全国大选。

1971年——第三次印巴战争爆发；东巴基斯坦宣告独立，成为孟加拉国。

1973年——佐勒菲卡尔·阿里·布托成为巴基斯坦第一位民选总理。

1977年——齐亚·哈克将军在军事政变中掌权。

1979年——佐勒菲卡尔·阿里·布托被绞死；苏联入侵阿富汗。

1988年——齐亚将军及数名高级军官在飞机失事中丧生；巴基

---

[1] 居民95%以上信仰伊斯兰教。

斯坦举行选举；贝娜齐尔·布托成为伊斯兰世界第一位女总理。

1989年——苏联军队全部撤出阿富汗。

1990年——贝娜齐尔·布托政府被解散。

1990年——纳瓦兹·谢里夫出任总理。

1993年——纳瓦兹·谢里夫在军方逼迫下辞职；贝娜齐尔·布托组建第二届政府。

1996年——塔利班在阿富汗喀布尔掌权。

1996年——第二届贝娜齐尔·布托政府被解散。

1997年——纳瓦兹·谢里夫组建第二届政府。

1998年——印度进行核试验；巴基斯坦也进行了核试验。

1999年——贝娜齐尔·布托和丈夫阿西夫·扎尔达里被判腐败罪名成立；贝娜齐尔·布托流亡海外；扎尔达里入狱；佩尔韦兹·穆沙拉夫将军通过军事政变上台。

2001年——"基地"组织制造袭击纽约世贸中心和华盛顿五角大楼的"9·11"事件；美国开始轰炸阿富汗；塔利班政府被推翻；奥萨马·本·拉登逃往巴基斯坦。

2004年——巴基斯坦军方开始对联邦直辖部落地区的激进分子采取军事行动；美国无人机首次袭击巴基斯坦；扎尔达里流亡国外。

2005年——法兹卢拉大毛拉在斯瓦特开设电台；巴基斯坦大地震造成七万多人死亡。

2007年——军队袭击伊斯兰堡的"红色清真寺"；贝娜齐尔·布托返回巴基斯坦；法兹卢拉成立伊斯兰法庭；穆沙拉夫派军队进入斯瓦特；巴基斯坦塔利班组织成立；贝娜齐尔·布托遭到暗杀。

2007—2009年——塔利班的势力扩大到整个斯瓦特地区。

2008年——扎尔达里当选总统；穆沙拉夫流亡国外。

2009年1月15日——法兹卢拉宣布关闭斯瓦特所有的女校。

2009年2月——巴基斯坦政府与塔利班达成和平协议。

2009年4月——协议破裂，塔利班接管斯瓦特地区。

2009年5月——巴基斯坦军队开始对斯瓦特塔利班采取军事行动。

2009年7月——巴基斯坦政府宣布斯瓦特的塔利班已全部清除。

2009年12月——美国总统奥巴马宣布向阿富汗增派三万三千名士兵，北约部队总人数达十四万。

2010年——洪水席卷巴基斯坦各地，造成两千人死亡。

2011年——旁遮普省省长萨勒曼·塔西尔遭到暗杀；本·拉登在阿伯塔巴德被击毙；马拉拉荣获巴基斯坦国家和平奖。

2012年10月9日——马拉拉遭到枪击。

2013年——穆沙拉夫回国并被逮捕；尽管存在塔利班的暴力干扰，选举仍如期举行；纳瓦兹·谢里夫在选举中获胜，第三次当选总理。

2013年7月12日——马拉拉在十六岁生日当天赴纽约联合国总部发表演讲，呼吁为所有儿童提供免费教育。

致谢

马拉拉·尤素福扎伊

这一年以来,我看到了人与人之间的极端仇恨,也看到了真主的无限大爱。帮助过我的人实在太多,要一一列举他们的名字,我恐怕得再写一本书才行。不过我依然要在这里感谢巴基斯坦和全世界每一个为我祈祷过的人,感谢千万个在我倒下时拍案而起的孩童、学生和支持者。感谢每一束鲜花,感谢卡片上的每一个字。

我是幸运的。我的父亲尊重我思考与表达的自由,把我纳入他的和平团体当中;我的母亲不仅鼓励我,也鼓励我父亲为争取和平与受教育权而努力。

我还有幸遇到许多良师益友,尤其是乌尔法特女士。她教会我许多课本上学不到的美德,比如耐心、宽容和礼貌。

许多人都说,我的康复堪称奇迹,为此,我要特别感谢斯瓦特中心医院、白沙瓦军事综合医院和拉瓦尔品第军事心脏专科研究所的医生和护士们,尤其是我的英雄朱奈德上校和蒙塔兹医生,感谢他们在对的时间做了对的手术,把我从死亡线上拉了回来。我还要感谢阿斯拉姆准将,是他挽救了我的主要脏器,使其免于术后衰竭。

我要鸣谢卡亚尼将军,他对我的治疗无比关切;我还要感谢扎尔达里总统和他的家人,他们的爱与关怀令我愈加坚强。感谢阿联酋政府和穆罕默德·本·扎耶德王储让我使用他们的飞机。

贾维德·卡亚尼医生在我心情低落时逗得我开怀大笑，他就像我的第二位父亲。我能赴英国治疗并康复得如此理想，他功不可没。菲奥娜·雷诺兹医生安慰了我当时远在巴基斯坦的父母，也安慰了独自待在英国的我，我也十分感谢她敢于向我透露我悲惨遭遇的真相。

伯明翰伊丽莎白女王医院的工作人员令人赞叹。朱莉和她领导的护士团队对我无微不至地关怀，贝丝和凯特不仅是护士，更像亲爱的姐姐。我要特别感谢伊玛·乔杜里，她对我照顾有加，满足我的一切需要，甚至每天都去买肯德基给我吃。

我要特别感谢理查德·欧文先生，他精湛的手术帮我找回了笑容；我还要特别感谢安文·怀特女士，是她帮我修复了颅骨。

菲奥娜·亚历山大不仅在应对媒体方面得心应手，还给予我许多额外的帮助，甚至帮我和弟弟们安排了学校。而且，她总是面带微笑。

蕾哈娜·萨迪克极大地治愈了我，她的信仰疗法对我大有裨益。

感谢西扎·沙希德和她的家人，感谢他们惊人的慷慨与善意，感谢他们帮忙设立马拉拉基金会，也感谢西扎的雇主麦肯锡公司对她此举的支持。感谢所有为设立马拉拉基金会贡献过力量的友人与组织，尤其是梅根·史密斯、联合国基金会、生命之音（Vital Voices）和蜜蜂空间（BeeSpace）。感谢萨马尔·米纳拉为我们的事业和马拉拉基金提供有力的支持。

非常感谢爱德曼公关公司（Edelman）的每个人，尤其是杰米·伦迪和他的同事劳拉·克鲁克斯。没有你们，我父亲估计会焦头烂额！

感谢戈登·布朗先生，他从我的遭遇出发，发起了一场运动，在全世界为教育疾呼。感谢他手下优秀的员工。感谢潘基文秘书长对这个项目始终如一的支持。

感谢巴基斯坦驻伦敦的各位前高级专员，包括瓦吉德·沙姆斯·哈桑、办事处主任阿夫塔卜·哈桑·汗。尤其是阿夫塔卜·哈桑·汗和他的妻子伊鲁姆·吉拉尼,他们给了我们巨大的支持。我们在伯明翰人生地不熟,是他们帮助我们适应这片土地,并为我们找到了住处。我也要感谢司机沙希德·侯赛因。

关于这本书,我们要特别感谢克里斯蒂娜,是她让它从设想变为现实。她既不是开伯尔-普什图省的居民,也不是巴基斯坦人,我们从未想过这样一个局外人,竟能对我们的国家抱有如此深切的爱与理解。

我们非常幸运,能遇到卡罗利娜·萨顿这样一位文学经纪人。她以饱满的热情与责无旁贷的精神投入这个项目和我们的事业当中,还组建了一支不可思议的编辑团队:朱迪·克莱恩和阿尔祖·塔赫辛决心以最完美的方式呈现我们的故事。

感谢我的导师、我父亲的挚友阿卜杜勒·海·卡卡尔,感谢他从头到尾仔细审阅书稿。感谢父亲的好友伊纳姆·拉希姆对我们地区历史的宝贵补充。

我还想感谢安吉丽娜·朱莉女士对马拉拉基金会的慷慨捐助。

感谢胡什哈尔学校的全体老师,他们在我父亲缺席的情况下持续维护学校,让它保持运转。

感谢真主赐予我们那个不同寻常的日子,那一天,一位名叫沙希达·乔杜里的女士踏入我家的大门。如今她已经成为我们全家坚实的支柱,从她身上,我们学到了志愿者的真正含义。

最后,也是最重要的,感谢我的好友莫妮巴,感谢她一直支持我。感谢我的弟弟胡什哈尔和阿塔尔,是他们让我依然保有孩子的纯真。

克里斯蒂娜·兰姆

任何有幸去过斯瓦特的外国人,都知道那里的人民是多么热情好客，我要感谢那里每一个帮助过我的人，特别是玛丽亚姆校长和胡什哈尔学校的全体师生、明戈拉的艾哈迈德·沙阿，以及带我走访整个香格拉县的苏丹·罗梅。我还要感谢阿西姆·巴杰瓦将军、阿比德·阿里·阿斯卡里上校、塔里克少校以及三军公共关系局的团队协助我进行采访。感谢亚当·埃利克慷慨地与我分享他的笔记。

在英国，我得到了伊丽莎白女王医院工作人员的大力协助，尤其是菲奥娜·亚历山大和卡亚尼医生。我的文学经纪人大卫·戈德温一如既往地出色，而能拥有朱迪·克莱恩和阿尔祖·塔赫辛这样的编辑，实在是我的荣幸。我还要感谢妮可·杜威，感谢她不遗余力的支持和热情的款待，感谢她让我们在美国宾至如归。我也十分感激我在《星期日泰晤士报》的编辑马丁·伊文思，感谢他让我腾出时间，投身这项重要的工作。感谢我的丈夫保罗和儿子洛伦索，当我的生活完全被这本书占据，他们比任何人都更理解我。

最重要的是，感谢马拉拉和她可爱的家人，感谢他们与我分享他们的故事。

关于马拉拉基金会

我撰写此书的目的,是代表全世界数百万女孩发出呼喊,她们被剥夺了上学的权利,难以实现自身的潜能。我希望自己的故事能激励女孩们大声疾呼,拥抱自己内心的力量,而我的使命绝不会就此结束。我的使命,或者说我们的使命,需要我们果断采取行动,让女孩们有机会接受教育,为她们赋权,帮助她们改变生活,造福她们所在的社区。

这,就是我成立马拉拉基金会的初衷。

马拉拉基金会相信,每个女孩、每个男孩都可以改变世界,只要有人给他们机会。为了给这些女孩创造这样的机会,我们基金会希望能资助各类项目,帮助当地社区壮大实力,在传统方式的基础上开发创新方案,不仅进行基本的扫盲教育,更提供工具、理念与关系网络,帮助女孩们找到自己的声音,创造更美好的明天。

我诚挚希望诸位加入这项事业,与我们一道努力,推动女童教育和女性赋权真正成为永久性的重点议题。

请加入我的行列,与我共同完成使命。

欲知更多详情,请登录 malala.org。

欢迎在 Facebook.com/MalalaFund 和 Twitter.com/MalalaFund 加入 #withMalala 话题讨论。

马拉拉与本书编辑朱迪·克莱恩的对谈

朱迪·克莱恩：你在《我是马拉拉》出版后获得了诺贝尔奖！得知这个消息时你人在哪里？

马拉拉：我当时正在学校里上化学课，副校长走进教室，把我叫到门外。我问副校长："我惹麻烦了吗？我做错什么了吗？"副校长则告诉我，我与儿童人权活动家凯拉什·萨蒂亚尔蒂[1]一同获得了诺贝尔和平奖。听到这个消息，我惊得目瞪口呆。我的回应非常正式。我感谢她带来这个消息，说我深感荣幸。但直到看见前来向我道贺的老师们热泪盈眶，我才真正意识到这个消息意味着什么。老师们把我当女儿一样对待。他们的泪水和祝福打动了我的心。所有人都为我欢欣鼓舞，我自己也很开心，因为我长期投身的事业获得了如此重要的认可。我也很想了解凯拉什·萨蒂亚尔蒂从事的工作。

老师们把全校师生召集起来，让我在大家面前发言。我紧张极了。对着自己的老师和同学发言比在联合国演讲可怕多了！我不大记得自己讲了什么，不过内容应该跟教育、女性权利以及和平有关。我讲完就直接去上物理课了。那天我直到放学才离开学校。

现在回头看诺贝尔和平奖，我很感激它能通过这次颁奖认可儿童

---

[1] 凯拉什·萨蒂亚尔蒂（Kailash Satyarthi, 1954— ），印度儿童人权活动家，自20世纪90年代起一直在倡导运动，反对印度童工现象，他领导的"拯救儿童运动"迄今已解救出超过8万名遭受各种奴役的儿童。2014年，他与马拉拉共同获得诺贝尔和平奖。

权益的重要性。这项殊荣在全球弘扬了我们的事业。我越是了解凯拉什，就越觉得自己能与他共享这份荣誉弥足珍贵。与这位善良而执着的人会面令我深感谦卑。他的工作应该为全体成年人带来启发。他以身作则，告诉人们成人有义务保护儿童并承认他们的权利。他让人看到爱是存在的，我们的善意与关怀能产生巨大的影响。他不知疲倦地工作，把儿童从奴役和强迫劳动中解救出来。

颁奖典礼本身也十分美好，令人振奋。我很高兴能与我那些勇敢的朋友一道出席典礼，他们来自巴基斯坦、尼日利亚和叙利亚，他们也不得不站出来捍卫自己的权利。与他们共同经历这一刻，对我有非凡的意义。

朱迪·克莱恩：当然了，关于白沙瓦屠杀事件[1]的报道也令人毛骨悚然。

马拉拉：这个消息令人心碎。一百三十多名无辜儿童在学校惨遭杀害，事发地点就离我中弹后被送入的医院不远。我的家人对这起屠杀深感震惊。这是难以想象的暴行。是的，这起事件实在骇人听闻，但它丝毫无法动摇我们对这项事业的决心和承诺。每位倡导儿童权利的活动家都会更努力地工作，为孩子们创造安全的栖身之所，让他们能够安心学习、茁壮成长。每个孩子都拥有受教育的权利，每个成年人都应该为实现这个目标而努力。这是我们的责任。

令人欣慰的是，巴基斯坦所有的政党都一致反对这种残忍的暴行。世界上其他国家的领导人和巴基斯坦全体领导人都谴责这一罪恶行径。在那个日子，每个相信人性的人都应该团结在一起。我们所有人都应该这样做。

---

1 指2014年白沙瓦学校遇袭事件。2014年12月16日，白沙瓦一所军人子弟学校遭到恐怖袭击，7名巴基斯坦塔利班分子持枪进入学校，对师生进行扫射。事件共造成141人死亡，其中包括132名学生和9名教职工。

朱迪·克莱恩：你这本书在全球出版已有两年。如今，我们是否可以说你的生活已经步入"常规"了？

马拉拉：我现在过着平凡的学生生活。每天母亲或父亲都得来我房间叫醒我。我从来没法自觉地早起！在学校，大家也把我当成普通的女同学对待。现在我已经跟很多同学成了朋友。放学回家后，我喜欢稍稍休息一会儿，因为之后总得接受采访或参加节目。我每天的安排差不多就是这样。不忙的话，我还会听听新闻和音乐。除此之外就是写作业了。

朱迪·克莱恩：你曾向许多人宣传这本书，为了它接受采访并会见英国女王及众多要人。现在回想起来，你如何看待那段日子？

马拉拉：一开始我感觉很好，但把同一番话说了无数遍之后，我开始感觉兴味索然。不过我见到的人都非常和善，给我带来了力量，让我能畅所欲言，传达我想与人分享的东西。人们总是很高兴见到我，拉着我问这问那。正是大家的厚爱与关注为我注入了能量，让我愿意一次次重复做同样的事。

朱迪·克莱恩：说说你父母吧。你母亲近来可好？她有什么变化？你觉得她是你们家改变最多的人吗？

马拉拉：起初，对她而言，要在这样一个文化传统截然不同的新国家生活很不容易，甚至直到现在，她依然没有完全适应。她不会说英语。就连去市场购物，她也需要别人帮她打车，帮她跟店主沟通。她不太能交到知心的朋友。在我们巴基斯坦，邻里之间亲如手足。他们会到你家里来，你也可以到他们家里去。但在这里，人们并没有那种邻里之情，有点缺乏社区精神。

朱迪·克莱恩：你的弟弟们呢？

马拉拉：阿塔尔适应得不错。他很快就习惯了英国，比我们所有人都更快适应新的环境。胡什哈尔也在适应，不过他还需要一点时间。除此之外，我这两个弟弟还是那么淘气，还是喜欢跟我吵架！有时候我也会跟他们吵作一团。我始终觉得只要他们惹我，我就应该还击。

朱迪·克莱恩：离开巴基斯坦到西方生活之后，你最惊讶的是什么？

马拉拉：嗯，我一直在想一件事——或许这只是英国的情况，而不是所有西方国家——那就是人们特别遵守交通规则，不会一直按喇叭！这地方安详宁静。有这么一个人人遵守交通规则的国家，这非常好，也非常令人惊讶。

朱迪·克莱恩：有意思。那么你最想念巴基斯坦什么呢？

马拉拉：嗯，我想念很多东西。比如我的朋友，还有我的学校。我错失了最后一天上学时跟朋友们相聚叙旧的体验。在那个时刻，你们可以一起回忆过去十二三年里共度的日子。我错过了那个机会，因为我没能跟朋友们一起在学校度过毕业前最后的时光。

朱迪·克莱恩：你跟你的死党莫妮巴还有联系吗？

马拉拉：我在伯明翰的这所新学校也交到不少好朋友，但没有人能跟莫妮巴相比。莫妮巴有优点也有缺点，但我自己也不是什么完人！我们彼此接纳，总是陪在彼此身边。在新学校，我也有许多支持我、对我十分友善的朋友，但我觉得在你身陷绝望的时候，有个能给你加油鼓劲的人是很重要的。这个人能在你伤心的时候陪在你身旁，在你开心时也一样。

朱迪·克莱恩：你跟莫妮巴分享过见女王的经历吗？她关心这些吗？这属于你会跟她谈论的话题吗？

马拉拉：我们不会聊我见过谁、讲了什么。有时她会说："马拉拉，你都不跟我分享这些事情，我只能从别人那儿听说。我是你的朋友，我应该比其他人先知道这些。不然我怎么敢说你是我最好的朋友呢？"我则告诉她："你是我最好的朋友，因为我会跟你分享内心的感受。我对你说过那么多不会跟第三个人说的话。这些会面，像是见女王什么的，在我看来没那么有趣，所以我才不跟你谈论这些。"

朱迪·克莱恩：回想你经历的一切——被迫离开巴基斯坦，在伯明翰开启新的生活，出书，创立马拉拉基金会——你有什么感受？

马拉拉：首先，我看到了人们对我的支持与关爱，并真心为之惊叹。很难想象有人只是看到我就泪流满面。人们的反应各不相同。有人只是说："马拉拉，要平安啊。希望你在这里过得愉快。"有人则会说："马拉拉，我们跟你在一起。"还有人仅仅是流泪，连话都说不出来。他们会送我卡片或书籍，希望跟我合影。有人会默默给我一个大大的拥抱。有时，我会想："人们为什么对我这么感兴趣？我到底做了什么？我做过什么对社会有益的事吗，还是我需要去做这样的事？他们是不是对我有什么期待？"我之前为女童教育所做的一切仅仅是个开端。如今，我要做的事越来越多。这是我人生的一大目标。我不可能一蹴而就，但可以循序渐进。我一定可以做到。所以，看到人们对我这么支持，我既高兴又感觉自己重任在肩——人们对我有所期待，希望我能实现这份期待。我也希望自己不会辜负他们的期望。另外，我有幸见到了许多有名、有趣的人。这非常激动人心，因为我们对这些大人物的生活存在某种想象。我以为他们和我们不一样，以为他们过着某种非凡的生活。但这些名人，这些政治家、歌唱家或演员，其实跟我们没什么两样，他们也是人。

朱迪·克莱恩：谈谈你在叙利亚边境的感受吧，那想必是一段感人的经历。

马拉拉：在斯瓦特和英国生活时，我都经历了一些永志难忘的时刻，我的约旦之行就是其中最为……我不知该如何形容。总之我绝不会忘记那次旅行，因为抵达约旦边境时，我完全没想到从叙利亚逃往约旦的人居然那么多。我没想到会看到妇女打着赤脚，孩子们既没穿鞋也没穿外套，根本不知道自己要去哪儿，也不知道自己会不会有地方住、能不能回家。他们不知道自己会不会有水喝、有东西吃。在边境上，我亲眼看到了这一切——儿童、妇女、男人无家可归——不知自己要去向何方。他们不知道会不会有人帮助自己。他们只希望能吃饱饭，能得到安全保障。我觉得那些安全无忧、生活富足的人应该支援他们的生活，因为难民们并不指望过得多么奢侈，不要求住进设施现代的宽敞房屋。他们只希望能生活得平静安宁。他们只希望自己能在一个地方得到平等的对待，能填饱肚子，远离战争，不必每天担惊受怕，不会遭到轰炸袭击。

朱迪·克莱恩：你是跟你父亲一起去的吗，马拉拉？

马拉拉：对，我父亲也去了，马拉拉基金会的全体成员都去了。

朱迪·克莱恩：你怎样跟那些民众交谈呢？现场有那么多人，他们自然都知道你的身份，你用什么方式跟他们交流？

马拉拉：这个嘛，我帮助了几位妇女。她们带着孩子赶路，背着大包小包的行李，里面装满衣物和其他一些必需品，我实在不忍心看那么小的孩子扛这么重的东西，就帮其中几个人背大包、搬行李。我见到了许多非常小的孩子，他们并不知道自己要去哪里。他们只是尽情玩耍，四处奔跑。我还遇到一些大一些的男孩和女孩，想知道他们的学业有没有受到影响，他们告诉我，他们已经三年没上学了。三年的学业空白实在太长,会严重影响你的职业生涯。所以,在当下,开展教育工作非常重要,可以说是当务之急。因此,我们通过马拉拉基金会在当地启动了一个项目,让孩子们能获得优质的教育。

朱迪·克莱恩:你担心自己的人身安全吗?我知道你在这方面一向很淡定。

马拉拉:(笑)我并不担心自己的安全。我真正在意的是全球各地人们的安危,尤其是中东地区的穷人,因为他们的处境非常不堪。无家可归的人何止成千上万,简直有数百万之多,他们被迫去国离乡,饱受战争之苦。我很为他们担忧,觉得我们应该全力维护他们的安全与和平。为实现这个目标,我们应该共同努力。我们所有人都应该思考怎样才能更好地解决这些问题,这非常重要,因为没有了人民,国家就失去了意义。没有了人,土地还有什么用处?国家领导人、政客应该时刻为自己的国民着想,因为是人民把他们选上台,让他们负责维护安全,保障温饱,伸张正义。

朱迪·克莱恩:你对明年有什么期待?你希望自己能实现什么目标?

马拉拉:我有很多期待,还有很多宏伟的构想。我希望我们可以通过马拉拉基金会开展更多项目,走进更多遭受苦难的国家,帮助那里的失学儿童。我们希望能在当地开展工作,到各个社区去,向居民与儿童宣传教育的重要性,让他们意识到教育对他们这代人是何等重要。我们也会实地开展工作,比如修建学校、保障学校的师资力量、保障学校的便利设施。这些都是我们想做成的大事。我们想在印度和其他一些中东国家开展工作,那里也像非洲很多国家和巴基斯坦一样,存在为数众多的儿童难民。总之,我们为明年制订了许多计划。

朱迪·克莱恩:这都是一些宏大的愿望。你有没有小一点的、比较私人的愿望？马拉拉自己的愿望？

马拉拉：我希望自己明年可以考得更好，拿到全 A 或 A+，交出一份漂亮的成绩单。

朱迪·克莱恩：在这个世界上，谁是你心目中真正鼓舞人心的典范？

马拉拉：这个嘛，我见过许多鼓舞人心的人，但我一时想不到某个特定的人。不过每见到一个人，我总会设法从对方身上学到点什么，好充实自己的知识，让自己更勇敢、更有爱。所以，每认识一个新朋友，我总会向他取经，这已经成了我的习惯。我见过"解放儿童"组织创始人克雷格·基尔布格[1]，受到他的启发——他早在十二岁那年就跟几个男生一起创立了这个组织，现在已经把工作开展到全球。他十二岁的梦想正在变为现实。他一面设想，一面实践。在他的鼓舞下，我感到自己的梦想或许也能实现，我会看到许许多多的女孩走进学校，接受优质的教育，男孩们也一样，我会看到越来越多的男孩走进课堂。克雷格给我带来了希望，让我相信自己可以做到。

朱迪·克莱恩：希望的确非常重要。据我所知，你依然梦想着有一天能回到巴基斯坦，对吗？

马拉拉：是的，我思念巴基斯坦，思念我的祖国。巴基斯坦是个美丽的国度。我知道有人以为那里遍地是恐怖分子，境况也很糟糕，但其实巴基斯坦真的非常美丽。那里四季分明，拥有群山、冰川、森林、丘陵和沙漠。巴基斯坦的美是如此摄人心魄，让我深信这片土地必将迎来和平，我必将回到那里，继续开展我的工作。我是在遭遇枪

---

1 克雷格·基尔布格（Craig Kielburger, 1982— ），加拿大人权活动家，联合国和平大使，"解放儿童"组织、WE 慈善机构联合创始人。

击那段时间开始思考教育问题并筹建马拉拉基金会的。我有这样一个梦想，希望在巴基斯坦，我身边的每一个人，那些去别人家洗衣刷碗的孩子，都有机会接受教育。我想看到这些孩子手捧书本，学习知识，走进学校，穿上校服——这是我一直以来的梦想。我相信自己一定会重返巴基斯坦，去完成这个梦想，把它变为现实。

朱迪·克莱恩：你觉得你的弟弟们想回到巴基斯坦吗？

马拉拉：我们都想回去，不过我不确定小弟（阿塔尔）怎么想。他会变得跟我们完全不同。他偶尔会谈起家乡，谈得不多，但这只是因为他年纪太小。他是个好孩子，只在斯瓦特生活过很短一段时间，所以他很快就适应了另一个国家的生活。不过我希望他不会忘记巴基斯坦的美。

朱迪·克莱恩：你有什么想念的家乡美食吗？

马拉拉：我在这里过得很好。伯明翰有许多来自巴基斯坦和印度的人，所以我不必担心吃不到清真食品和印巴美食。可是在香格拉，房屋大多是土坯建的，也不像这里有天然气和炉灶，跟这里很不一样。在巴基斯坦，人们烧柴做饭，把垫子铺在地上，你晚上可以坐在上面休息，吃饭也坐在这些垫子上，而不是椅子上。所以，我们的环境完全不同，我在那边待了很久，在那个世界生活了很长时间。来到英国，坐在餐桌前用刀叉吃饭，按传统的方式正式地就餐——这些我没那么喜欢，反而更喜欢之前在家乡的时候，尤其在吃那些我们习惯手抓的食物时。而且当然，有些食物只在巴基斯坦才买得到。

朱迪·克莱恩：你对塔利班的看法改变了吗？

马拉拉：没有。我没从这个角度想过这件事。每当听到那个故事——一个叫马拉拉的女孩遭遇了塔利班的枪击——我只觉得那是个传说，不会把它和自己的生活联系起来。我还是从前那个我。我的梦想和希望都没有改变，我希望自己能继续前行，成为自己想成为的人，去帮助他人，让每个孩子都有机会上学。我真心希望马拉拉基金会能获得更多捐款。即便只帮一个孩子走进了课堂，我也会觉得我们做了件了不起的事。这个孩子会慢慢长大，再把自己的子女送进学校。因此，即使我们全部的承诺只是把一个孩子送进学校，这也不失为重要的一步。我会尽我所能为国家贡献力量。

供大家探讨的问题与议题

1. 马拉拉因热衷于教育和女性权利而知名。这份热情对她的生活有怎样的影响？您是否对某项特定的事业特别关心？

2. 马拉拉自幼便成了一名社会活动家。请谈谈您读到她经历时的感受。马拉拉从哪里获得了勇气与启发？

3. 马拉拉和她父亲有着非常独特而亲密的关系。想想你生活中的良师益友，她或他是如何启迪你的？

4. 请讨论马拉拉与母亲的关系。她对马拉拉有着怎样的影响？马拉拉与母亲的关系跟她与父亲的关系有什么不同？

5. 您是否经历过创伤或重大变故？您事后有什么反应？您在哪些方面认同或钦佩马拉拉的韧性？

6. 马拉拉在短时间内经历了周遭环境戏剧性的变化。请复述《我是马拉拉》中巴基斯坦全国和斯瓦特地区发生的变化。马拉拉是如何经受和应对这些变化的？环境如何影响和塑造了马拉拉的性格？

7. 马拉拉在整本书中都表达了重返斯瓦特的愿望。但作为社会活动家，她与斯瓦特的关系变得更加复杂。你认为马拉拉最终能重返巴基斯坦和斯瓦特吗？

8. 面对灾难，马拉拉展现了惊人的勇气。请谈谈马拉拉是如何应对自己面临的挑战，以及斯瓦特和巴基斯坦面临的挑战的。她的同龄人又做出了怎样的反应？是什么为他们注入了力量？

9. 马拉拉一家目前居住在英国伯明翰。您是否有过离乡背井的经历？当时发生了什么？您是如何适应新的生活的？这段经历如何改变了您对世界的看法？